山西省教育厅 2023 年度研究生精品课程项目（研究生优质课程——语文微格教学）研究成果

山西省教育科学"十四五"规划项目"促进中学生高阶思维发展的整本书整合阅读教学研究"研究成果

山西省教育科学"十三五"规划 2020 年度课题——"互联网+"下的语文核心素养培养策略研究研究成果

核心素养下中学语文教学课例解读

王建英　著

中国纺织出版社有限公司

图书在版编目（CIP）数据

核心素养下中学语文教学课例解读／王建英著．--
北京：中国纺织出版社有限公司，2024.3
ISBN 978-7-5229-1525-8

Ⅰ.①核… Ⅱ.①王… Ⅲ.①中学语文课-教案（教
育） Ⅳ.①G633.302

中国国家版本馆 CIP 数据核字（2024）第 058793 号

责任编辑：张 宏 责任校对：高 涵 责任印制：储志伟

中国纺织出版社有限公司出版发行
地址：北京市朝阳区百子湾东里 A407 号楼 邮政编码：100124
销售电话：010—67004422 传真：010—87155801
http://www.c-textilep.com
中国纺织出版社天猫旗舰店
官方微博 http://weibo.com/2119887771
河北延风印务有限公司印刷 各地新华书店经销
2024 年 3 月第 1 版第 1 次印刷
开本：710×1000 1/16 印张：14.25
字数：200 千字 定价：98.00 元

凡购本书，如有缺页、倒页、脱页，由本社图书营销中心调换

前　言

目前，学界对于核心素养已经有了很多理论探讨和观点阐述，这些研究和观点可以帮助我们澄清概念、更新教育教学理念。

本书立足核心素养，围绕《义务教育语文课程标准》（2022 年版）与《普通高中语文课程标准》（2017 年版，2020 年修订）中的语文学科核心素养要求，结合已有的经验和探索，通过具体的中学语文阅读教学课例探讨在中学语文阅读教学中如何落实核心素养，促进学生发展。

基于此，本书首先结合学界研究成果和语文课程标准相关内容，简要地阐述了核心素养与语文课程语文学科核心素养的内涵，明确了核心素养对语文教学的指导意义。

本书阅读教学课例类型的选择，涉及常见的散文、诗歌、小说等文学作品及文言文、实用文的单篇教学课例，还有近年探讨比较多的群文阅读教学课例、整本书阅读教学课例、学习任务群教学课例与项目式学习教学课例。课例的来源，有近两年参加全国"田家炳"杯全日制教育硕士专业学位研究生学科教学（语文）专业技能大赛和师范生教学技能大赛的优秀课例，也有获得校级或省级优秀硕士论文的课例，或者是一线优秀教师的教学课例，或者是学科教学（语文）方向的研究生以及汉语言文学专业本科师范生的微格教学、教育实习或毕业论文课例。每个课例的设计或执行在教学内容上各有自己的聚焦点，课例的内容和体量因解决问题的多少、难易程度等而各不相同，呈现出来的形式也不尽相同。

对于这些课例，本书的解读分别围绕下面这些问题展开思考与分析：课例的教学目标是否与课程标准建立了关联；是否与学科核心素养发展建立了关联，如果建立了关联是怎样的关联；教学设计与执行过程是否落实

了课标要求和学科核心素养要求，怎么落实的，运用了什么样的方法和途径，学生从这样的学习中是否经历了语言理解与运用的实践；语言理解与运用实践中是否有思维的发展与提升、审美鉴赏与创造、文化的理解与体认；等等。通过对这些课例的解读分析，探寻其中落实核心素养的一些有效路径、方法、工具或支架，同时发现教学中存在的问题并引以为戒。

促进学生发展核心素养的学科教学，教师要走出旧经验的窠臼，改变传统重"教"的教学方式，不停留于局部的"知"与"技"的层面，而要关注学生的完整成长，促进学生知识成长、能力成长、精神成长的融合。语文教学要在核心素养理念指引下突出语文学习的整体性、综合性、实践性、生活性与情境性，引导学生在语言文字运用过程中学习语文、学会学习、学会思考，引导学生在解决问题的过程中积累语文学习经验，养成勤于思考、乐于探索的良好学习习惯，增强学科学习的"软实力"，促进核心素养发展。

书中各类课例及来源如下。

（1）单篇教学课例。

散文课例 1：《阿长与〈山海经〉》（乔桂英、王帆，参加 2023 年全国"田家炳"杯全日制教育硕士专业学位研究生学科教学·语文方向专业技能大赛课例）

散文课例 2：《散步》（王建英、王鸿萍，学科教学·语文方向研究生 2023 年微格教学及教育实习课例）

散文课例 3：《我与地坛》（王建英、刘涛、朱颖，参加 2023 年全国"田家炳"杯师范生教学技能大赛课例）

诗歌课例 1：《天净沙·秋思》（乔桂英、苗婕，参加 2022 年全国"田家炳"杯全日制教育硕士专业学位研究生学科教学·语文方向专业技能大赛课例）

诗歌课例 2：《红烛》——躯体与灵魂的拷问之旅（王建英、成晓艺，参加 2023 年全国"田家炳"杯全日制教育硕士专业学位研究生学科教学·语文方向专业技能大赛课例）

诗歌课例 3：《梦游天姥吟留别》（王建英、张玉姣，学科教学·语文方向研究生 2023 年微格教学及教育实习课例）

小说课例 1：《我的叔叔于勒》（王建英、毛佳雨，学科教学·语文方向研究生 2023 年微格教学及教育实习课例）

小说课例 2：《祝福》（王建英、武晓宇，学科教学·语文方向研究生教育实习及 2020 年毕业论文课例）

文言文课例 1：《爱莲说》（王建英、张瑀，学科教学·语文方向研究生 2023 年微格教学及教育实习课例）

文言文课例 2：《登泰山记》（王建英、毛佳雨，学科教学·语文方向研究生 2023 年微格教学及教育实习课例）

实用文课例 1：《活板》（一线优秀语文教师沈燕课例）

实用文课例 2：《喜看稻菽千重浪——记首届国家最高科技奖获得者袁隆平》（王建英、张玉姣，参加 2023 年全国"田家炳"杯全日制教育硕士专业学位研究生学科教学·语文方向专业技能大赛课例）

（2）群文阅读教学课例。

群文阅读课例 1：初中鲁迅作品群文阅读（王建英、郭圆，学科教学·语文方向研究生教育实习及 2020 届校级优秀毕业论文课例）

群文阅读课例 2："嘴脸之变"群文阅读（王建英、常慧超，学科教学·语文方向研究生 2023 年微格教学及教育实习课例）

群文阅读课例 3："登临诗"群文阅读（王建英、李蓉菁，汉语言文学专业师范生教育实习及 2023 年毕业论文课例）

群文阅读课例 4："劝学类"文言文群文阅读（王建英、高瑜，汉语言文学专业师范生教育实习及 2023 年毕业论文课例）

（3）整本书阅读教学课例。

整本书阅读课例 1：《艾青诗选》中土地意象赏析专题阅读（王建英、柴玉洋，学科教学·语文方向研究生教育实习及 2022 年毕业论文课例）

整本书阅读教课例 2：《西游记》中重复叙事的比较阅读（王建英、冯秀霞，学科教学·语文方向研究生教育实习及 2023 年毕业论文课例）

（4）其他课例。

学习任务群课例：高中语文"中华传统文化经典研习"任务群教学（王建英、冯子凯，汉语言文学专业师范生教育实习及 2023 年毕业论文课例）

项目式学习课例：《朝花夕拾》整本书阅读的项目学习（路遥、米姣贞，学科教学·语文方向研究生教育实习及 2023 年毕业论文课例）

王建英
2023 年 12 月

目　录

第1章 核心素养与语文学科核心素养

1.1 核心素养解读

党的二十大确立了以中国式现代化全面推进中华民族伟大复兴的中心任务，将高质量发展作为全面建设社会主义现代化国家的首要任务。高质量、现代化成为我国教育发展的指针。2017 年颁布的普通高中课程方案、课程标准与 2022 年颁布的义务教育课程方案、课程标准，构建起我国新时代中小学课程体系。各阶段课程在党的新时代思想理念引领下，全面贯彻党的教育方针，遵循教育教学规律，落实立德树人的根本任务，聚焦中国学生发展核心素养，培养学生适应未来发展的正确价值观、必备品格和关键能力。

"核心素养"（key competencies）最初是由经合组织（OECD）在 DeSeCo 项目中提出的。DeSeCo 项目关注核心素养的出发点是：为适应当今信息化、全球化及新技术革命的要求和挑战，教育应突出培养学生哪些核心素养，才能使学生个人生活成功和社会健全发展。中国学生发展核心素养，以"全面发展的人"为核心，将素养分为文化基础、自主发展、社会参与三个方面，综合表现为人文底蕴、科学精神、学会学习、健康生活、责任担当、实践创新六大素养。❶ 文化基础，重在强调能习得人文、科学等各领域的知识和技能，掌握和运用人类优秀智慧成果，涵养内在精神，追求真善美的统一，发展为有宽厚文化基础、有更高精神追求的人；自主发展，重在强调能有效管理自己的学习和生活，认识和发现自我价值，发掘自身潜力，有效应对复杂多变的环境，成就出彩人生，发展成为有明确人生方向、有生活品质的人，

---

❶ 核心素养研究课题组．中国学生发展核心素养［J］．中国教育学刊，2016（10）：1-3.

其中，乐学善学、勤于反思、信息意识等自主学习能力，是学生在学习意识形成、学习方式方法选择、学习进程评估调控等方面的综合表现；社会参与，重在强调能处理好自我与社会的关系，养成现代公民所必须遵守和履行的道德准则和行为规范，增强社会责任感，提升创新精神和实践能力，促进个人价值实现，推动社会发展进步，发展成为有理想信念、敢于担当的人，其中特别强调实践创新，这主要是学生在日常活动、问题解决、适应挑战等方面所形成的实践能力、创新意识和行为表现。

DeSeCo 项目对核心素养的关注，以及中国核心素养研究课题组对中国学生发展核心素养内涵的界定，都强调核心素养是指能够应对未来信息化、全球化社会复杂情境中工作的要求并成功开展工作的能力。可见，核心素养是基于行动和情境导向的，即倾向从具体生活情境中成功行动的角度界定素养概念。它是比知识、技能更宽泛的概念，是一个人成功行动或工作所需要的各种素质要素如文化知识、自主学习能力、实践创新能力等的集合体，或成功应对当今复杂情境中的某项工作或行动所需要的"胜任力"（competency），这种胜任力是由成功完成该种工作或行动所需要的知识、技能、态度等各种素质要素构成的综合性的素质结构或整体性的素质面貌。所以，核心素养在本质上是一种活动素养（做事的素养），即成功完成某种活动所需的素养，影响活动的状况和质量。

1.2　语文学科核心素养解读

学生发展核心素养在学科领域中具体为学科核心素养，学科核心素养是指学科教育给予学生未来发展所需要的关键能力和必备品格。

义务教育语文课程培养的核心素养，是学生在积极的语文实践活动中积累、建构并在真实的语言运用情境中表现出来的，是文化自信和语言运用、思维能力、审美创造的综合体现。❶

---

❶　中华人民共和国教育部. 义务教育语文课程标准（2022 年版）［S］. 北京：北京师范大学出版社，2022.

　　"文化自信"是指学生认同中华文化，对中华文化的生命力有坚定信心。学生通过语文学习，热爱国家通用语言文字，热爱中华文化，传承和弘扬中华优秀传统文化、革命文化、社会主义先进文化，关注和参与当代文化生活，初步了解和借鉴人类文明优秀成果，具有比较开阔的文化视野和一定的文化底蕴。

　　"语言运用"是指学生在丰富的语言实践中，通过主动的积累、梳理和整合，初步具备良好语感；了解国家通用语言文字的特点和运用规律，形成个体语言经验；具备正确、规范运用语言文字的意识和能力，能在具体语言情境中有效交流沟通；感受语言文字的丰富内涵，对国家通用语言文字具有深厚感情。

　　"思维能力"是指学生在语文学习过程中的联想想象、分析比较、归纳判断等认知表现，主要包括直觉思维、形象思维、逻辑思维、辩证思维和创造思维。思维具有一定的敏捷性、灵活性、深刻性、独创性、批判性。有好奇心、求知欲，崇尚真知，勇于探索创新，养成积极思考的习惯。

　　"审美创造"是指学生通过感受、理解、欣赏、评价语言文字及作品，获得较为丰富的审美经验，具有初步感受美、发现美和运用语言文字表现美、创造美的能力；涵养高雅情趣，具备健康的审美意识和正确的审美观念。

　　高中阶段的语文学科核心素养包括"语言建构与运用""思维发展与提升""审美鉴赏与创造""文化传承与理解"四个方面，❶ 其内涵和水平在义务阶段基础上有所提升。

　　"语言建构与运用"指学生在丰富的语言实践中，通过主动的积累、梳理和整合，逐步掌握祖国语言文字特点及其运用规律，形成个体言语经验，发展在具体语言情境中正确有效地运用祖国语言文字进行交流沟通的能力。

　　"思维发展与提升"是指学生在语文学习过程中，通过语言运用，获得直觉思维、形象思维、逻辑思维、辩证思维和创造思维的发展，以及深刻性、敏捷性、灵活性、批判性和独创性等思维品质的提升。

---

❶　中华人民共和国教育部．普通高中语文课程标准（2017 年版，2020 年修订）［S］．北京：人民教育出版社，2020：4-5.

"审美鉴赏与创造"是指学生在语文学习中,通过审美体验、评价等活动形成正确的审美意识、健康向上的审美情趣与鉴赏品位,并在此过程中逐步掌握表现美、创造美的方法。

"文化传承与理解"是指学生在语文学习中,传承和弘扬中华优秀传统文化、革命文化、社会主义先进文化,理解与借鉴不同民族和地区的文化,拓展文化视野,增强文化自觉,增强中国特色社会主义文化自信,热爱祖国语言文字,热爱中华文化,防止文化上的"民族虚无主义"。

义务阶段和高中阶段的语文学科核心素养、素养水平有所不同,但内涵本质是一致的。语文学科核心素养的四个方面是一个整体。语言是重要的交际工具,也是重要的思维工具;语言的发展与思维的发展相互依存、相辅相成。语言文字是文化的载体,又是文化的重要组成部分;学习语言文字的过程也是文化获得的过程。语言文字作品是人类重要的审美对象,语文学习也是学生审美能力和审美品质发展的重要途径。语言建构与运用是语文学科核心素养的基础,在语文课程中,学生思维能力的发展、审美鉴赏与创造能力的提升、文化传承与理解甚至文化自信,都是以语言的建构与运用为基础,并在学生个体言语经验发展过程中得以实现的。

语文学科核心素养,其中的关键能力要求是学生顺利完成语文学习、应用实践和迁移创新的学科认识活动和问题解决活动的学科语文能力。

1.3 核心素养导向的语文教学解读

在党的新时代思想理念和教育方针政策的引领下,我国中小学语文教育教学改革要以学生核心素养发展为本持续推进。

首先,要立足学生核心素养发展,充分发挥语文育人功能。义务教育语文教学要围绕立德树人的根本任务,充分发挥其独特的育人功能和奠基作用,以促进学生核心素养发展为目的,以识字与写字、阅读与鉴赏、表达与交流、梳理与探究等语文实践活动为主线,面向全体学生,突出基础性,使学生初步学会运用国家通用语言文字进行交流沟通,吸收古今中外优秀文化成果,提升思想文化修养，建立文化自信，德智体美劳得到全面发展。❶ 高中语文教学应继续引导学生丰富语言积累，培养良好语感，掌握学习语文的基本方法，养成良好的学习习惯，提高运用祖国语言文字的能力；促进学生思维能力的发展与思维品质的提升；让学生在语言文字运用的学习中受到美的熏陶，培养自觉的审美意识和高尚的审美情趣，培养审美感知和创造表现的能力；引导学生自觉传承中华优秀传统文化和革命文化，吸收世界各民族文化精华，积极参与中国特色社会主义先进文化的建设与传播；引导学生积极参与实践活动，学习认识自然、认识社会、认识自我、规划人生，在促进人的全面发展方面发挥应有的功能。❷

其次，增强情境性和实践性，促进学生语文学习方式变革。语文教学应着力于语文实践中培养学生的语言文字运用能力。义务教育语文教学从学生语文生活实际出发，创设丰富多样的学习情境，设计富有挑战性的学习任务，激发学生的好奇心、想象力、求知欲，促进学生自主、合作、探究学习；引导学生注重积累，勤于思考，乐于实践，勇于探索，养成良好的学习习惯；关注个体差异和不同的学习需求，鼓励自主阅读、自由表达；倡导少做题、多读书、好读书、读好书、读整本书，注重阅读引导，培养读书兴趣，提高读书品位；充分发挥现代信息技术的支持作用，拓展语文学习空间，提高语文学习能力。❸ 高中语文教学应进一步增强学生学语文、用语文的自觉意识，积极利用信息技术以及身边的各种资源和机会，通过阅读与鉴赏、表达与交流、梳理与探究等语文实践，积累言语经验，把握语文运用的规律，学会语文运用的方法，有效地提高语文能力，并在学习语言文字运用的过程中促进方法、习惯及情感、态度与价值观的综合发展。❹

---

❶ 中华人民共和国教育部. 义务教育语文课程标准（2022 年版）［S］. 北京：北京师范大学出版社，2022.

❷ 中华人民共和国教育部. 普通高中语文课程标准（2017 年版，2020 年修订）［S］. 北京：人民教育出版社，2020.

❸ 中华人民共和国教育部. 义务教育语文课程标准（2022 年版）［S］. 北京：北京师范大学出版社，2022.

❹ 中华人民共和国教育部. 普通高中语文课程标准（2017 年版，2020 年修订）［S］. 北京：人民教育出版社，2020.

再次，教师应向学生提供有效的学习支持。如围绕一定主题设计学习任务，开展阅读与探究活动，做好问题设计，提供阅读策略指导，适时组织经验分享和成果交流活动；在学习过程中趁机进行指导点拨，组织并平等参与问题讨论；引导学生制订阅读计划，并要求阅读一定数量的经典文学作品；鼓励和引导学生自主组织、举办诗歌朗诵会、读书报告会、话剧表演等活动，丰富学生的审美体验；创造更多展示交流学生作品的机会或平台，激发学生文学创作的成就感。

最后，语文教学评价要有利于促进学生学习，全面落实语文课程目标。教学评价应准确反映学生的语文学习水平和学习状况，注重考察学生的语言文字运用能力、思维能力、审美情趣和价值立场，关注学生学习过程和学习进步；注重评价主体的多元与互动，以及多种评价方式的综合运用，充分利用现代信息技术促进评价方式的转变。如义务教育阶段"实用文阅读与交流"的教学评价应注重学生在真实生活情境中语言运用的实际表现；"思辨性阅读与表达"的教学评价要关注学生在问题探究解决过程中的表现，以及活动过程中产生的学习成果，要特别关注学生思考的过程和思维的方法；高中"文学阅读与写作"任务群的教学评价要引导学生进行自我反思性评价，为学生提供自评互评的工具，促进学生不断进步。

第2章　散文单篇教学课例解读

2.1　课例1：《阿长与〈山海经〉》

本课例由乔桂英老师指导2022级学科教学（语文）方向研究生王帆设计，参加了2023年度全国"田家炳"杯全日制教育硕士专业学位研究生学科教学（语文）专业技能大赛并进入决赛。

本课例是初中一年级下册第三单元第一篇课文《阿长与〈山海经〉》第二课时的教学环节，创设了雇佣工档案的生活情境及探讨体验小雇主情感态度的学习任务，学生在完成任务的过程中，逐步探究鲁迅对阿长的情感态度，最终明确孩提时的喜欢和厌恶，都是儿童最纯真的感受。通过成年视角再次回溯，鲁迅童年最美好的回忆是由阿长带来的，他对阿长的喜欢此时变得更加深刻。

2.1.1　教材分析

2.1.1.1　单元分析

统编本初中语文一年级下册第三单元的课文都是关于"小人物"的故事。这一单元由两篇散文《阿长与〈山海经〉》《老王》、一篇小说《台阶》、一篇古代笔记小说《卖油翁》、一个"抓住细节"的写作训练和一篇名著《骆驼祥子》导读组成。这些小人物中，有让鲁迅深情回忆的阿长、让杨绛产生愧怍的老王、要强坚韧却谦卑的父亲、不起眼但沉稳智慧的卖油翁，他们共同向我们诠释了小人物虽然平凡有弱点，但同时有着优秀品格的光芒，引导人们向善、务实、求美。英雄人物固然伟大，值得仰视，但小人物更需要学生怀有本真之心，观察、发现、以欣赏的眼光看待平凡。

本单元的语文训练注重熟读精思，提出了具体的阅读策略。初中一年级下册第一单元提出了学习精读，理解人物的思想感情；第二单元继续学习精读，感受作者情怀；第三单元注重熟读精思，感受文章意蕴。意蕴指事物的内容和含义，是文本的灵魂所在。意蕴存在于语言形式或具体形象中，与中心思想相比更含蓄、多义。也就是说第三单元更强调在感知课文、梳理内容、理清结构的基础上，反复品味语言，思考文字背后的多层含义，探寻更深层次的情感。

2.1.1.2 课文分析

《阿长与〈山海经〉》是《朝花夕拾》中的一篇回忆性叙事散文。鲁迅以双重叙事视角——儿时的感受和成人视角回忆了童年时与保姆阿长相处的琐事，将写作时的回忆与童年的感受彼此交错转换，表达出鲁迅对阿长这位身处社会底层却质朴善良的女性的怀念以及对童年时光深深的眷恋。

这篇散文的关键点不在于阿长的人物形象，而是在记叙、描述中所灌注的鲁迅的感情，将全文连贯起来的是鲁迅对阿长态度和情感的变化过程。文中虽然描写了鲁迅不喜欢阿长的事件，但将这些事件联系起来，我们可以发现真相也许并不是像鲁迅所写的那般，例如强迫鲁迅吃福橘，是在阿长的认知中为鲁迅谋划一年到头顺顺流流的重要方式；阿长并不是有意"谋害"隐鼠，而是受了惊吓踏死了它。鲁迅讨厌阿长只凭感觉，不论原因，这是因为作者在使用儿童的叙事视角。鲁迅对阿长产生敬意也是同样的理由，并非只有阿长才能买到《山海经》，鲁迅的家人不给他买此书自然有为人父母的道理。再用成年后的视角怀念阿长，阿长带给他美好的回忆使这份喜欢不再是童年直观感受，而变得深刻。学习本文，学生要带着儿童视角去揣摩作者情感，也要明确成年后的鲁迅为何怀念阿长。另外，散文要"体味精准的言语表达"，本篇散文中蕴含着不少精彩而又意味深长的用词表达，例如"大词小用"就承载着儿童世界的童趣与心理。这也是着重需要注意的地方。

2.1.2 学情分析

学生在初中一年级上学期已读过鲁迅名著《朝花夕拾》，还学过《从百草园到三味书屋》，在这篇文章当中就已提及阿长，所以学生对这一人物并不陌生。学生的理解障碍在于回忆性散文的两种叙述视角下鲁迅对阿长的情感态度的不同。文中所述的小事，无论是"憎恶"还是"敬意"都是儿童时期最直观最纯真的感受，在成年后，这些小事和质朴善良的长妈妈给鲁迅留下了最为温馨的回忆。最近网络上有一句话引发了许多人的共鸣："人不能同时拥有青春和对青春的感受。"相应地，鲁迅在成年后也怀念儿时最纯粹、最温暖的那份时光。正因成熟，才使得这份感情那么令人动容。"纯真的喜恶，绵长的怀念"这一主题，更契合七年级学生的认知水平与心理特征。

2.1.3 教学设计

【教学目标】

（1）梳理作者对阿长的情感变化。

（2）通过关键词，品味作者童年对阿长的喜恶情感。（重点）

（3）通过两种视角，探究作者情感变化的本质。（难点）

【教学环节】

（一）创设问题情境

这段时间，鲁迅的家人要对家中所有的雇佣工进行考核，来决定他们是否有资格继续续约。作为照顾小雇主的女工——阿长，也在考核范围内，为了考核的规范，我们为包括阿长在内的每位雇佣工都建立了一份人事档案，如表 2-1 所示。

表 2-1 阿长"人事档案"表

阿长	
姓名	阿长/阿妈/长妈妈
婚姻状况	孤孀
文化程度	文盲
生活习惯	切切察察、睡觉摆"大"字……
工作经历	7 件事
小雇主态度	？

学生已经填写完成了阿长的姓名、婚姻状况、生活习惯、工作经历相关信息。但是在完成小雇主态度这一栏信息时学生犹豫了，鲁迅对阿长的态度好像很复杂，不容易辨明，现在一起来填写完成这一栏信息。

（二）明确阅读任务

任务：小雇主鲁迅对阿长是怎样的态度？

环节一：梳理作者情感态度

活动1：梳理作者对阿长的情感态度变化。

活动具体步骤如下：

（1）圈画出在具体事件中能体现鲁迅对阿长的情感态度的词语。

（2）用各种形式呈现出这种变化。

（3）通过折线图再次引发学生疑问，鲁迅到底喜不喜欢阿长？

环节二：字斟句酌，探明鲁迅不喜欢阿长的真正原因

活动2：找出原文关键语句，填写表2-2中的具体事件。

表2-2　小雇主对阿长的情感态度梳理表

小雇主鲁迅不喜欢阿长		
情感态度词	具体事件	不喜欢阿长的原因
不大佩服/讨厌	最讨厌的是常喜欢切切察察，向人们低声絮说些什么事，还竖起第二个手指，在空中上下摇动，或者点着对手或自己的鼻尖	爱絮叨、爱说闲话举止不文明
	又不许我走动，拔一株草，翻一块石头，就说我顽皮，要告诉我的母亲去了	爱管束、爱告状
	但到夜里，我热得醒来的时候，却仍然看见满床摆着一个"大"字，一条臂膊还搁在我的颈子上	睡相不好、粗俗
不耐烦	"恭喜恭喜！大家恭喜！真聪明！恭喜恭喜！"她于是十分欢喜似的，笑将起来，同时将一点冰冷的东西，塞在我的嘴里	繁文缛节强迫自己
憎恶	大概是在知道她谋害了我的隐鼠之后。那时就极严重地诘问，而且当面叫她阿长	没有爱心伤害小动物

活动3：找出事件中的关键词语，品味作者不喜欢阿长的原因。

活动具体步骤如下：

（1）有感情地朗读表格内容，关注文章下注释。

（2）圈画关键词语，品味鲁迅对阿长的描写，填写鲁迅不喜欢阿长的原因。

（3）问题引导，阿长是一个十恶不赦的坏人吗？为什么作者会因为这样的小事而讨厌一个人？

（4）提示并明确：文中所有的不喜欢都是孩子那份纯真的不喜欢。小孩子的情感直接而分明，只要做了他不喜欢的事，有他不喜欢的习惯，不会考虑什么原因，哪怕多小的事，都会把它无限夸大。

活动 4：用原文中的语言填写表 2-3 中的具体事件和喜欢阿长的原因。

表 2-3 小雇主对阿长的情感态度梳理表

小雇主鲁迅喜欢阿长		
情感态度词	具体事件	喜欢阿长的原因
空前的敬意	"我们就没有用么？我们也要被掳去。城外有兵来攻的时候，长毛就叫我们脱下裤子，一排一排地站在城墙上，外面的大炮就放不出来；再要放，就炸了！"	有伟大的神力
新的敬意	"哥儿，有画儿的'三哼经'，我给你买来了！"我似乎遇着了一个霹雳，全体都震悚起来；赶紧去接过来，打开纸包，是四本小小的书，略略一翻，人面的兽，九头的蛇，……果然都在内	别人不肯做，或不能做的事，她却能够做成功。她确有伟大的神力

活动 5：联系生活经验，理解"伟大的神力"。

活动具体步骤如下：

（1）问题引导，讲故事和买书，在我们日常生活中，都是很小的事情，用"伟大的神力"这样的表达是否合适，这是不是有些大词小用？

（2）有感情地朗读买山海经的具体事件，着重读出鲁迅得到书的心情。

（3）交流分享，请学生说出自己因为小事产生激烈心情变化的事例。

（4）提示并明确：在孩子眼里，别人都不肯做，不能做的事，她却能够做成功。只要能满足"我"的心愿，就称她为有"伟大的神力"。这也是独属于儿童那份纯真的喜欢。

环节三：读中感悟，通过视角转换明确情感态度本质

活动6：通过朗读，体会成年鲁迅如何对待当时的阿长。

主要活动步骤：

（1）通过课文关键句，明确文中存在的两个鲁迅。

（2）有感情地朗读，体会成年后作者对阿长的情感，用一个词概括。

（3）问题引导：站在现在回溯过去，鲁迅为何怀念阿长？

（4）提示并明确：是阿长使鲁迅寻常的童年闪闪发光。作为一位社会底层的妇女，她固然有愚昧粗俗的一面，但这并不影响她淳朴善良的本心，她不认识字，买书这件事对她来说哪怕很困难，也愿意满足鲁迅的愿望，是阿长带给鲁迅最美好的回忆。

（5）最终完成总任务：小雇主鲁迅对阿长的真正态度——喜欢。周家人决定继续雇佣阿长，并为家中有她而万分欣慰。

（三）作业布置：我身边的"阿长"

在你童年生活中，有没有像阿长这样给你留下深刻印象的普通人？请你谈谈你从前和现在分别是怎样看待他们的，请你以"我身边的'阿长'"为主题，用你喜欢的方式为大家讲述和介绍（可以用视频、图片、文字等形式），下节课请同学们来分享。

2.1.4 课例解读

2.1.4.1 创设生活情境，提出学习任务

《义务教育语文课程标准》（2022版）课程理念指出要"增强课程实施的情境性和实践性"。该课例首先创设了一个填写雇佣工档案的有意义的情境：周家人作为雇主，会对雇佣工进行考核，为了考核的规范就会建立档案；阿长作为带小孩的保姆式的女工，周家人在决定是否雇佣她的时候肯定会参考小鲁迅的意见，这是档案填写的重要内容，而鲁迅的情感恰恰是学习这一篇回忆性散文的关键点。情境创设给学生提出了有待完成学习任务，可以激发他们探究作者情感的好奇心、想象力、求知欲，并通过自主、合作、探究的学习方式来解决问题。

2.1.4.2 品味散文语言，感受作者的深情厚意

《义务教育语文课程标准》（2022 版）指出，阅读文学作品要"学习欣赏、品味作品的语言、形象等，交流审美感受，体会作品的情感和思想内涵"。在《阿长与〈山海经〉》中，鲁迅表现情感的语言具有隐蔽性，他深藏的情感又较为复杂。该课例对解决这个问题的活动设计环环相扣，逐步推进：首先，梳理作者的情感态度词时，发现他对阿长的情感经历了强烈的波折变动，使得"鲁迅喜不喜欢阿长"这一问题更加扑朔迷离。其次，将代表不喜欢和喜欢的所有事件进一步整合，再从事件中字斟句酌体会感情；再次，联系学生的生活经验，品味作者童年对阿长的喜恶都是最纯真的感受；最后，从成年视角回溯过去，学生通过找关键句、朗读等活动步骤，最终明确鲁迅童年最美好的回忆是由阿长带来的，这时的喜欢才更为深刻。这样，对作者情感的把握就不是简单地贴标签或抽象地概括，而是在揣摩语言的过程中更加细致深入地体察、感受和品味，从而触摸到作者深藏在记叙和描写的文字背后的真实情感。

2.1.4.3 注意读写结合，鼓励表达独特感受

《义务教育语文课程标准》（2022 版）指出，"在主题情境中，开展文学阅读与创意表达，引导学生感受文学之美、表达自己的独特感受，促进学生的精神成长""注意整合听说读写"。该课例档案任务最终完成后，还设计了以"我身边的'阿长'"为主题的作业，鼓励学生联系生活实际表达自己的独特感受，目的是将学生从课内引向生活，从阅读引向写作，并鼓励学生运用多种形式加以分享，呼应了"文学阅读与创意表达"学习任务群的学习要求。

2.2 课例 2：《散步》

本课例由王建英老师指导 2022 级学科教学·语文方向研究生王鸿萍在文本细读的基础上设计的微格教学及教育实习课例（2023 年）。

2.2.1 单元解读

《散步》是统编初中语文七年级上册第二单元的一篇叙事散文，本单元还包括史铁生的散文《秋天的怀念》，泰戈尔《金色花》和冰心《荷叶·母亲》散文诗二首，《世说新语》中的《咏雪》和《陈太丘与友期行》二则。

从本单元导读可以知道，本单元的主题是"加深对亲情的感受和理解，丰富自己的情感体验"，学习目标是"继续重视朗读，把握文章的感情基调，注意语气、节奏的变化。在整体感知全文内容的基础上，体会作者的思想感情"。同时还强调"有的文章情感显豁直露，易于直接把握；有的则深沉含蓄，要从字里行间细细品味"。本课例尝试在文本细读的基础之上对《散步》进行教学设计。

2.2.2 文本细读

2.2.2.1 整体把握

《散步》是当代作家莫怀戚于 1985 年创作的一篇散文。此文语言平易朴实，但内涵丰富，耐人寻味。全文 600 字左右，篇幅短小，却蕴含作者丰富的思想情感。文章通过写一次全家一起散步的事件，表现文中"我"与家人之间浓浓的亲情，引发"我"作为一名中年男子对家庭责任的担当，同时也抒发"我"对于生命的感慨和思考。

2.2.2.2 课前预习提示与课后学习任务

课前提示提到"课文是一家人散步的琐事，内容好像比较浅，但仔细品味，会感觉到正是这平常生活中流淌着的亲情，滋润着家人的心灵，承托起一个温暖的家。"这里强调了课文的取材虽然平常细小，但在字里行间的细品中却有着作者独特的生活体验。

课后学习任务要求思考题目取名"散步"的理由，以及品味文中内容深厚、形式对称和写景的句子，激发学生的感受和理解。因此《散步》这篇文章文浅却意丰，值得细细品读。

2.2.2.3　文本细读

1. 揣摩语句

1）我们在田野上散步：我，我的母亲，我的妻子和儿子。

这是文章开篇的第一句话，文中突出"我"的位置，"我"的后面有"我"的母亲，"我"的妻子和儿子，暗示"我"是要担起照顾母亲、妻子、儿子责任的人。

2）母亲本不愿出来的；她老了，身体不好，走远一点儿就觉得很累。我说，正因为如此，才应该多走走。

一方面，母亲行动不便，她不愿出来散步，也许是怕在散步过程中，因为自己的不便而给儿子带来麻烦；另一方面，作为儿子，他叫母亲一同散步并不是"象征性"地问一问，他这次外出散步实则是想借此机会带母亲去领略春光，锻炼身体。他的一句"正因为如此，才应该多走走"就做到了把"孝"落到实处。

3）她现在很听我的话，就像我小时候很听她的话一样。

这个句子把母子关系倒溯到几十年前，幼童的柔弱乖顺和老人的孤弱依赖，生命的轮回之感尽在其中。小时候是母亲照顾"我"，"我"听从母亲的话，现在"我"长大了就是"我"来照顾年迈的母亲，母亲就自然听从"我"的安排，也不想让"我"失望，突出的孝顺和责任，母亲的慈爱，是责任的转换也是母子之间和谐的情感的表现。

4）天气很好。今年的春天来得太迟，太迟了，有一些老人挺不住，在清明将到的时候去世了。但春天总算来了，我的母亲又熬过了一个严冬。

首先，"太迟，太迟了"并不是时间上这个春天来得特别晚，它反映的是作为儿子的作者内心的一种担忧、一种期盼，他希望这个严冬赶快过去，期盼母亲能平安地度过这个严冬。其次，"挺"和"熬"两个字，给我们的直观感觉就是痛苦和艰辛，由这两个字我们可想而知作者的母亲是如何苦度这个严冬的。对于时时为母亲担忧的儿子来说，这个冬天又何尝不是苦熬过来的呢。最后，"总算"一词写出了"我"为母亲最终安然无恙而庆幸的心情。

通过细读这些词语，我们能够看出作者是一个十分孝顺的儿子，他的心

被母亲的精神状态、身体状况所牵动，可以想象他应该是心惊胆战地度过了这个严冬。事实上，作者如此担忧母亲，是因为这个冬天对于母亲来说是十分危险的。文章写作的时期处于作者莫怀戚的父亲刚去世，照料了莫怀戚父亲多年的母亲似乎一下子没有了生活目标，身体状况变得很复杂。莫怀戚有个弟弟是医生，私下说母亲处于丧偶综合征中，这是一个微妙的阶段，必须谨慎度过，否则很可能熬不过这个冬天。了解了这些写作背景后，我们从这几个非"常态"的词语中，就可以理解作者的那份担忧和恐惧了。

5）这南方初春的田野！大块小块的新绿随意地铺着，有的浓，有的淡；树上的嫩芽也密了；田野里的冬水也咕咕地起着水泡。

6）那里有金色的菜花、两行整齐的桑树，尽头一口水波粼粼的鱼塘。

《散步》不是一篇写景散文，却在仅仅几百字的篇幅中，用了不少的笔墨写景色，那一定是作者有话要说。并且景物描写是需要花费很大工夫的，景物的选取都是经过作者细心考虑的，因为其既要贴切自然，又要用词准确，最重要的是还要能很好地为表达作者的情感服务。因此，在解读《散步》这篇文章时，景物描写是万万不能忽略的。

文中这两处对初春的描写，在全文中起到了衬托的作用，为散步提供了一个美妙的背景，在轻描淡写中充满了浓郁的诗情画意。其中"大块小块""随意""浓淡"等词刻画出了初春田野各种的草木生长的画面，寥寥几笔就写出这些草木的状态，在平实的语言描写中表现出春天的生命美。"新绿""嫩芽""冬水"的水泡分明是春天气息的透露，春在召唤，生命在呼唤。这些景物描写显示了不可遏制的生机，一种生命的萌动和力量，这是作者对生命的高歌和礼赞。

7）后来发生了分歧：母亲要走大路，大路平顺；我的儿子要走小路，小路有意思……不过，一切都取决于我。我的母亲老了，她早已习惯听从她强壮的儿子；我的儿子还小，他还习惯听从他高大的父亲；妻子呢，在外面，她总是听我的。一霎时，我感到了责任的重大，就像领袖人物在严重关头时那样。

"取决"一词，通常是一种权力、威严的象征，但这里更是一种责任的诠释。"我"作为一个中年男人，在这个家庭中扮演了"顶梁柱"的角色，事无大小都需要我的最终决断。换言之，上至老母亲，下至小儿子，甚至于同是中年人的妻子，都需要"我"对之负责。通过细品"取决"一词，我们就应该理解作为一个中年男人的责任与担当。

8）因为我伴同他的时日还长，我伴同母亲的时日已短。

那次散步，就是一次陪伴。而与陪伴相伴的，就是对"生命"这个命题的感受和思考。生命一直是人类永恒的话题，作为独立个体的生命有限，作者的母亲年迈且身体不好，对于母亲来说每一天都是未知的，作者陪同母亲的时间也所剩不多，陪伴显得弥足珍贵。中学生因为生活经验的不足，对于"生命陪伴"的感受不能充分体会，而老师作为比中学生生活阅历更丰富、年龄更长的人，面对母亲生命在一天天消逝的话语，很容易引起情感的共鸣。所以老师可以通过自己的一些故事、视频播放带领学生进入情境，分享作者对于母亲"生命陪伴"独特的体验。

9）但我和妻子都是慢慢地，稳稳地，走得很仔细，好像我背上的同她背上的加起来，就是整个世界。

这既是作者对生命的慨叹，也向我们展示了三代人不同阶段的生命所代表的生命状态：母亲，作为老年人，已是风烛残年，她体现的是对生命的留恋，但又无可奈何的苍凉；"我"和妻子，作为中年人，正值壮年，我们体现的是对生命的责任与担当；儿子，作为少年，虽是青春年少，但恰恰是蓬勃与昂扬的生命体现。由此可见，每一个阶段的生命都有它的美好与残忍。我们应该对老去的生命怀有一份尊重与敬爱，对正在蓬勃成长的生命给予一份关怀与呵护，对看似强壮却要承担两端的生命施以一份同情与理解。

"慢慢地""稳稳地"表现了"我"和妻子尊老爱幼，生怕稍有闪失会给自己所背的亲人带来惊恐、不安甚至害怕的心理。按原生语义，"世界"是很大的，很广阔的，不但包括我们人类，还有很多其他物种，也就是字典中"地球上万物的总和"的义项。文中作者眼里的"世界"是包括以母亲、"我"和妻子、儿子为代表的老、中、幼三代人构成的传承体系，此时作者是想表达作为中年人或中年一代所担负的赡养老人、抚养孩子的义务和责任。

2. 揣摩标点符号

1）我们在田野上散步：我，我的母亲，我的妻子和儿子。

单从语句看，在单个词或短语之间可以用顿号表示并列关系，但我们注意到这里作者用了逗号，似乎并没有把"我"和母亲及妻儿完全视为简单的并列，用逗号分隔开，更表现出一种郑重之意。

2）这南方的初春的田野！

作者用了感叹号，而不是逗号或者句号。现在春天终于来了，"我"的母亲又熬过了一个严冬，又见到了春天，又可以生活在春天里了，表明作者对初春到来的欣喜、激动，寄寓着充满希望的情感，同时发出生命的感慨。

3）但我和妻子都是慢慢地，稳稳地，走得很仔细，好像我背上的同她背上的加起来，就是整个世界。

作者都用了句号，而不是感叹号。写作时，作者已是中年人，中年人对感情的表达多是内敛而不外露的，尤其面对生命、责任这样重大的话题时更是如此，句号更能表明作者内心对生命、责任勇于承受或担当的沉稳与坚定。

3. 揣摩句式

1）我的母亲老了，她早已习惯听从她强壮的儿子；我的儿子还小，他还习惯听从他高大的父亲；妻子呢，在外面，她总是听我的。

2）她现在很听我的话，就像我小时候很听她的话一样。

3）我和母亲走在前面，我的妻子和儿子走在后面。小家伙突然叫起来："前面也是妈妈和儿子，后面也是妈妈和儿子！"

4）我的母亲要走大路，大路平顺；我的儿子要走小路，小路有意思……

5）我蹲下来，背起了我的母亲，妻子也蹲下来，背起了我们的儿子。

6）我的母亲虽然高大，然而很瘦，自然不算重；儿子虽然很胖，毕竟幼小，自然也很轻。

作用：这些句子把事物的两个方面并列、对举着说，有对称之意。从语义表达上看，对称增加了思想内涵的张力，引人注意，耐人寻味；从语音美感上看，句式整齐，富有对称之美，两句互相映衬，在朗读上增强了文章的音韵之美，富有情趣。

2.2.3　《散步》教学设计与实施

【教学目标】

（1）有感情地朗读课文，体会浓浓的亲情，并读出文章的情味。

（2）赏析文中人物描写、景色描写及对称句子，体会其中的深层意蕴，理解"我"对生活的责任感和对生命的思考。

【教学重点】

把握文章的感情基调，有感情地朗读课文，并读出文章的情味。

【教学难点】

赏析文中对称、写景等句子，体会词句所表达的深层意蕴。

【教学方法】

朗读法、讲解法、自主合作探究。

【教学过程】

（一）导入

多媒体展示：伴随着轻悠的钢琴曲《爱的协奏曲》（背景音乐），在春光烂漫的田野上，一家人在高兴地散步（背景画面）。

师：请学生看画面，回忆与家人散步的情景，并说说留在自己记忆深处的散步时的精彩瞬间（2~3 名学生回答）。当代作家莫怀戚也曾经和家人一起散步，他在散步的过程中又会有什么独特的体验呢？今天这堂课让我们一起来探讨学习莫怀戚的课文《散步》的丰富情感。（板书题目和作者）

（二）朗读课文，把握感情基调

（1）教师范读课文，学生标注重点字词的读音，并用相关的符号的划分句子的重音（▲）、轻读（—）、停顿（／）等。

（2）指导全体学生有感情地朗读课文（要求读出语气、语调、重音、感情），并明确本文的感情基调。

本文感情基调是欢愉而深沉的，因此朗读语调要平稳，不应过高或过低，语速为中速为主，语气温和、亲切中含有庄重，第 4 自然段应快些，第 6、

第8自然段应慢些。

（3）选一个到两个同学朗读课文，老师和其他同学进行点评。

（4）勾画文中人物的对话，并分角色朗读对话，揣摩人物语气。

儿子：小家伙突然叫起来："前面也是妈妈和儿子，后面也是妈妈和儿子！"我们都笑了。（可爱）

我：我说："走大路。"（坚定）

母亲：但是母亲摸摸孙儿的小脑瓜，变了主意："还是走小路吧！""我走不过去的地方，你就背着我。"母亲说。（慈爱）

（三）默读课文，把握课文主要内容

（1）以"《散步》这篇课文写了这么一件事"开头概述文章内容，并填写表2-4。

表2-4　《散步》主要内容梳理表

散步的时间	初春
散步的地点	田野
散步的人物	"我"、母亲、妻子、儿子
散步中发生了什么	分歧：母亲要走大路，大路平顺；儿子要走小路，小路有意思
谁来解决分歧	"我"
为什么"我"来解决	我的母亲老了，她早已习惯听从她强壮的儿子；我的儿子还小，他还习惯听从他高大的父亲；妻子呢，在外边，她总是听我的
"我"要如何解决	我决定委屈儿子，因为我伴同他的时日还长，我伴同母亲的时日已短。我说："走大路。"
最后是如何选择的	最后，我们走了小路，在不好走的地方，我背着母亲，妻子背着儿子，稳稳地走了过去
为什么选择了小路	母亲改变了主意

（2）学生、师生之间相互交流谈谈对这篇文章的初步感受。

初步感受：祖孙三代在初春的田野散步，生动地展示了这一家人互敬互爱、和睦相处的深厚感情和生活情趣，体现了中华民族尊老爱幼的传统美德，感受到了"我"与家人之间浓浓的亲情。

（四）品读课文，体会丰富的情感

（1）品读人物，体验"我"的温暖亲情。

故事中的这四个人，你最喜欢谁呢？说出你的理由，可以从文章中找到相关的段落和语句加以说明，如表2-5所示。

表 2-5　《散步》品读人物梳理表

喜欢母亲：慈爱、爱幼	"母亲本不愿出来的……很听她的话一样。"（从"本不愿"到出来体现母亲对我的迁就。）"但是母亲摸摸孙儿的小脑瓜，变了主意：还是走小路吧。"（"摸摸"体现慈爱）
喜欢儿子：可爱、懂事	"前面也是……，后面也是妈妈和儿子。"（前后对比的聪明可爱。）
喜欢妻子：贤惠、温柔	"妻子呢，在外面，她总是听我的"（抓住"外面"这一限制词和表程度的"总是"体现贤惠）
喜欢"我"：孝顺	"我"决定委屈儿子，因为"我"伴同他的时日还长。"我说：'走大路。'"言外之意，"我"伴同母亲的时日很短，"我说'走大路'。"语调何其铿锵有力，体现"我"的大孝

思考：这是怎样的一家人，表现出了一种怎样的情感？

明确：温馨、和睦、互敬互爱，感受到作者四口之家和谐温暖的亲情。

（2）赏析语言，体会"我"的责任担当和生命思考（小组合作探究）。

小组合作探讨：要求四人为小组，从内容、标点符号、景物描写、对称句式、表现手法等角度，用圈点法画出自己认为精美的句子，并想一想这些句子好在哪里，说明理由。小组交流派代表发言，本组组员、其他组和老师进行补充。

以"我们组从_____角度思考，选择第____段'_____'这个句子，因为_____"的句式描述。

例如，小组（1）：我们组从内容角度思考，选择第一段"我们在田野上散步：我，我的母亲、我的妻子和儿子。"这个句子，因为"这是文章开篇的第一句话，给读者的印象最深刻，句子中反复强调并突出"我"的位置，在"我"的后面有"我"的母亲、"我"的妻子和儿子，表明"我"是家中的顶梁柱，上有老下有小，是要担起照顾母亲、妻子、儿子责任的人。"

组员补充：句子中去掉"我的"，改为"我，母亲，妻子和儿子。"就不

能进一步突出"我"对于母亲、妻子和儿子的重视程度，更不能表现出"我"的责任担当。

小组（2）：我们组从对称句角度思考，选择第二段"她现在很听我的话，就像我小时候很听她的话一样。"这个句子，因为"小时候是母亲照顾我，我听母亲的话，现在我长大了就是我来照顾年迈的母亲，母亲就自然听从儿子的安排，同时不想让我失望，突出的孝顺和责任，母亲的慈爱，这是责任的转换也是母子之间和谐的情感的表现。"

教师补充：第六段中"因为我伴同他的时日还长，我伴同母亲的时日已短。"这句也是一个对称句。那次作者的散步，就是一次陪伴。而与陪伴相伴的，就是对"生命"这个命题的感受和思考。生命一直是人类永恒的话题，作为独立个体的生命有限，作者的母亲年迈且身体不好，对于母亲来说每一天都是未知的，作者陪同母亲的时间也所剩不多，陪伴显得弥足珍贵。同学们现在生活经历还不够，无法深入感受作者对这种生命陪伴的思考，所以我们一起来看一个年迈母亲与她孩子之间的生活视频。（播放视频）看完视频后，相信同学们心中有了更直接深入的感受，所以平时在家多陪陪父母。

小组（3）：我们组从景物描写角度思考，选择第四段"这南方初春的田野！大块儿小块儿的新绿随意地铺着，有的浓，有的淡；树上的嫩芽儿也密了；田野里的冬水也咕咕地起着水泡……"和第七段"那里有金色的菜花、两行整齐的桑树，尽头一口水波粼粼的鱼塘。"这两处句子，因为"文中这两处对初春景物的描写，在全文中起到了衬托的作用，为散步提供了一个美妙的背景，在轻描淡写中充满了浓郁的诗情画意。其中'大块小块''随意''浓淡'等词刻画出了初春田野各种的草木生长的画面，寥寥几笔就写出这些草木的状态，在平实的语言描写中表现出春天的生命美。'新绿''嫩芽''冬水'的水泡分明是春天气息的透露，春在召唤，生命在呼唤。这些景物描写显示了不可遏制的生机，一种生命的萌动和力量，这是作者对生命的高歌和礼赞。"

其他组（4）补充：我们组从标点符号角度思考，也选择第四段"这南方初春的田野！"这个句子，因为"作者在这里用了感叹号，而不是逗号或者句号。现在春天终于来了，作者的母亲又熬过了一个严冬，又见到了春天，又可以生活在春天里了，表明作者对初春到来的欣喜、激动，寄寓着充满希望的情感，同时发出对生命的感慨。"

（五）探讨题目

通过对语句的品读，感受到了"我"与家人之间浓浓的亲情，也体会其中的深层意蕴，理解"我"对家庭的责任感和对生命的思考。那为了反映这样的主题，用"散步"为题好不好？你还可以用其他的题目吗？说说你的看法和理由。

学生：交流讨论，相互评判，鼓励创意。如责任、深沉的爱、和美的一家等。

教师：同一篇文章，可以从不同的角度来拟定标题。只要标题符合文章内容，都是值得肯定的。不过，本文用"散步"作标题很好，一是朴实，二是题目不太大，三是不过于直白地点明中心。

（六）小结与作业

（1）小结：散步原本是生活中最普通的一件事，但是在作者的笔下却折射出了整个生命世界。作者以春风化雨的笔触为我们描摹了充满亲情之美、生命光辉的田野散步图，认识到作者作为一名家庭中年男子的责任担当，使得文章以小见大，让平易朴实的语言文字背后耐人寻味，充满意蕴。

（2）作业：世界有家，家中有情，亲情的体现不是轰轰烈烈、惊天憾地，而是点点滴滴，如春雨般悄悄滋润着我们的生命。请大家联系自己的生活实际，谈谈发生在自家的充满亲情的故事（某个细节），完成一次片段写作，字数 300 字左右。之后把同学们的作业汇集成册，放在我们的班级文化角展示。

2.2.4 课例解读

2.2.4.1 散文阅读要把握文中的"我"

散文写作基于作者真实经历与体验，笔触所及是"我"心中所念所感所

思，是自己经历的痛与痒，是对自己曾经的生命记忆的打开与梳理，是自己生命的一部分，作者在表达中呈现出一个真的自我。阅读散文，就是要感受和体验作者依据其独特的境遇所生发的极具个人色彩的感触、思量，把握那个"我"，把握那些渗透着"我"的所念所感所思所想，或在那个人事景物的世界里隐藏一个独特的"我"。如文章开篇的第一句话"我们在田野上散步：我，我的母亲，我的妻子和儿子"，"我"放在首位，并不是一般意义上的"我很重要""我比其他人重要"，结合下文可以看出，这句更意味着"我"是要担起照顾母亲、妻子、儿子责任的人，现出一个有担当、有责任的儿子、丈夫和父亲的形象。文学语言，往往是超越字典语义规范的，带着强烈的个人的、瞬息的感情色彩，这种语义离不开特殊的语境，表现的是作者或者人物瞬时的、个人化的感受，正是在这种个人化的运用中，我们能够辨认出作者深层的、潜在的那个"自我"。

2.2.4.2   品味散文融化在个人化言说方式中的情思

散文作者的独特人生经验、个人化情思，融会在他的独特的个人化言说的"语文经验"里，散文作者的言语表达，那些个性化的语句章法所表现的是丰富甚至复杂、细腻甚至细微的感官所触、心绪所至。因此，散文语言的细腻、丰富，正是作者心灵细腻丰富的体现，怎么样的言说就承载着怎么样的情思，言说的方式与言说的内容水乳交融，言与思、言与情不分彼此。而阅读散文品味语言，就是要通过那些个性化的章法、语句、修辞，寻找到语言的动情点，感受体认作者所传达的丰富细腻的心灵感受与体验，提高语言鉴赏能力，而对篇章的理解也是通过具体的字、词的解读来落实的。如文中写作者携家人走出户外，看到初春的田野景象，写了一句"这南方的初春的田野！"作者用了感叹号，而不是一般陈述句结束后的句号，表明作者对初春到来的欣喜、激动，有感慨也充满希望：现在春天终于来了，"我"的母亲又熬过了一个严冬，又见到了春天，又可以生活在春天里了。

2.2.4.3   在有感情地朗读中体会作者的情感态度

优美的散文作品，可以在反复朗读诵读中积累大量的语言材料和感受。朗读是语言品味的最基本的方法，通过对精彩文段的反复朗读可以感受语言的丰富性，领会语言的巨大魅力。有感情地读可以通过美读、分角色读、富有想象力读等方式进行，也可以选择重点段、关键词句进行抑扬顿挫、缓急恰当的朗读，读出作者凝聚在语言中的那种独特情感，读出真实的作者，读出其中的感情基调，可谓读懂读通了。本课例中教师自己不仅要范读，还要指导学生用相关的符号勾画句子的重音、轻读、停顿等，指导全体学生有感情地朗读课文（要求读出语气、语调、重音、感情），明确本文欢愉而深沉的感情基调，朗读时要语调平稳，不应过高或过低，语速为中速为主，语气温和、亲切中含有庄重；选一个两个同学朗读时注意及时点评，等等。这些做法，无疑都是在帮助学生在有感情地朗读中体会作者的情感态度，值得肯定。

2.3　课例 3：《我与地坛》

本课例由王建英、刘涛指导汉语言文学专业师范生朱颖设计，参加了2023 年全国"田家炳"杯师范生教学技能大赛。

2.3.1　教材分析

《我与地坛》是人教版高一必修上册第七单元的第三篇文章。本单元的教学重点是学习写景抒情的散文，体会民族审美心理，提升文学欣赏品味，培养对自然的热爱之情。

在本堂课中要紧扣文章中的景物描写，把握作者浓厚的感情。由于本文具有深厚的哲理性，教学重点首先应落在对语句内涵的探讨和挖掘上，其次要引领学生关注文中景物特点，体悟不同状态下作者面对景物的情思变化。

2.3.2　学情分析

学生在初中阶段已学习过史铁生的散文《秋天的怀念》，对作者的经历有了一定的了解，能从文本中找到情感动因。但本文具有深厚的哲理性，高一的学生共情力虽有一定的提高，但对深入体会作者的心路历程、心绪转变

及生命思考可能有一定的难度。鉴于此，教学中要引导学生对文中这部分内容的关注、思考和理解。

2.3.3 教学设计

【教学目标】

（1）整体把握文意，理解作者与地坛的"宿命"之缘，能梳理出作者在地坛经历的前后情思变化，感悟作者的生命思考。

（2）针对文中融合着作者生命体验的情景交融优美语段进行品读和鉴赏，写出评点性文字，培养学生分析、评价的高阶思维。

【教学重点】

体悟作者在看透生死后步入地坛时的情与景的投射与呼应。

【教学难点】

体悟作者投射融化在景物中的生命思考。

【教学方法】

讨论法、问答法、讲授法。

【教学环节】

（一）导入

以前学的散文《秋天的怀念》中作者是什么样的状态？作者在这样的状态下走进了地坛；十五年后，写出了思考生命价值的作品《我与地坛》，今天，我们一起走进《我与地坛》。

（二）走进文章，探究我与地坛的"宿命"关系

文章中哪些语句体现了我与地坛的"宿命"之缘？学生找出文中体现我与地坛"宿命"之缘的语句并做思考。

"地坛离我家很近。或者说我家离地坛很近。总之只好认为这是缘分。"

"地坛在我出生前四百多年就坐落在那儿了，……而历尽沧桑的在那儿等待了四百多年。"

"它等待我出生，然后又等待我活到最狂妄的年龄上忽地残废了双腿。"

（三）梳理文章，理解"我"在地坛经历的前后的情思变化

（1）"我"是以什么样的状态走进地坛的？

"两条腿残废后的最初几年，我找不到工作，找不到去路，忽然间几乎什么都找不到了。"——孤独痛苦，颓废迷茫

（2）我在这样的状态下，走进地坛，看到了哪些景象，地坛有哪些特点呢？

"四百多年里，它一面剥蚀了古殿檐头浮夸的琉璃，淡褪了门壁上炫耀的朱红，坍圮了一段段高墙，又散落了玉砌雕栏，祭坛四周的老柏树愈见苍幽，到处的野草荒藤也都茂盛得自在坦荡。"——衰败、荒芜、野草横生

明确作者初入地坛时的情景呼应：地坛是被遗弃的古园，"我"是被社会遗弃的人，两者同病相怜。

（3）"在我理解了它的意图"后，我看到了地坛的哪些景物？自己的情感变化又是怎样的？

"……满园子都是草木竞相生长弄出的响动，窸窸窣窣窸窸窣窣片刻不息。"——地坛荒芜但不衰败，内在的景物生机勃勃，充满活力；人虽残疾，也不应颓废。

（四）品读文章，体悟"我"在地坛的生命思考

（1）作者在精神家园中思考了哪些问题？得出了什么答案？

为什么出生？"死"？"活"？

"上天在交给我们这个事实的时候，已经顺便保证了它的结果，所以死是一件不必急于求成的事，死是一个必然会降临的节日。"——死于人是不可回避的。

（2）在看透生死后，作者又描写了古园的哪些景象？

教师带领学生激情朗读，引导分析文章最后一段落中六个景象传达的哲理。

第一张寂静石门中的落日，想象落日所体现的濒临生命终点的情绪和心境，在即将沉入地平线之时获得"寂静的光辉"，意喻着人在生命即将结束之时所表现出的对于生命的释怀，与来时的苦难与坎坷相和解；第二张高歌

的雨燕，天地间渺小的雨燕却能高歌，展现了弱小生命勇于对抗命运的生命色彩；第三张冬天雪地孩子的脚印，折射出生命触角与年轻的活力；第四张苍黑的古柏，表现出历经百年岿然不动的古老的生命特征；第五张暴风雨中的草木和泥土气味，蕴含了生命的热烈；第六张秋天里的落叶，在秋风与早霜的吹打下散发出熨帖的味道，体味落叶所表现的沉静。

（五）师生小结

虽为落日，却也灿烂；虽为古柏，却也执着追求；虽为落叶，却也飘摇歌舞，坦然安卧，为秋天增色。这些环境的永恒特点给作者思考"怎样活"提供了一种氛围和启示。作者由衷地喊出了对生活无比精彩和无穷魅力的赞美之情。作者完成了我与地坛关系的升华，在地坛中找到了自己的精神家园，燃起了对生命的渴望。

（六）作业

反复朗读文章细加品味，结合史铁生传达的生命哲理，写一段评点文字。

2.3.4　课例解读

2.3.4.1　新旧联系，立足文本思考问题

教师在导入学生进入文章学习环节的过程中，注意引导学生回忆《秋天的怀念》中作者的情感状态，建立新旧知识之间的联系，始终立足课本，让学生带着问题进入文本，围绕作者与地坛的关系展开思考，训练学生的思考能力、语言组织和表达能力。

2.3.4.2　精读理解作者"眼中之景"与"景中之情"

《普通高中语文课程标准（2017年版，2020年修订）》指出，要"精读古今中外优秀的文学作品，感受作品中的艺术形象，理解欣赏作品的语言表达，把握作品的内涵，理解作者的创作意图。结合自己的生活经验和阅读写作经历，发挥想象，加深对作品的理解，力求有自己的发现。"这篇散文的情与景，水乳交融。教师指导学生抓住这篇散文情景交融的特点，思考讨论文章景物描写特点及作者的情思变化，学生跟随教师的点拨逐渐深入地理解

作者"眼中之景"与"景中之情"的密切关系。如落日的博大、雨燕的纤微、孩子脚印的年轻活力、古柏的古老、草木气味的热烈与落叶味道的沉静，学生也从中感受到其中蕴含的独特生命力量。

2.3.4.3　品读形象中感悟哲理，师生朗读体会感情

《普通高中语文课程标准（2017 年版，2020 年修订）》的"课程目标"中指出要"增强形象思维能力""获得对语言和文学形象的直觉体验；在阅读与鉴赏、表达与交流、梳理与探究活动中运用联想和想象，丰富自己对现实生活和文学形象的感受与理解，丰富自己的经验与语言表达。"该课例中教师反复创设思考情景，充分发挥学生的主观能动性，让学生走近文本形象，品味其中的生命意味与生命哲理，加深对文章的理解，如教师通过落日、雨燕等六幅图片引导学生联系、思考，发展了学生的形象思维能力，避免学生长时间阅读课文引发的疲惫，能够让学生更好地感知作者的语言魅力，体悟其中的内容哲理。教师还创设了激情朗读情境，让朗读促进学生更好地体会作品情感，也增进师生的情感交流。学生跟着教师富有情感的朗读，深入文章，走进作家的内心，增进了学生对祖国语言文字的美好体验。

品读语言，把握形象，发展思维，增进理解，积极表达，等等，这都是让学生在积极的语言实践活动中发展语言能力、思维方法与思维品质以及情感态度价值观，促进核心素养的落实与发展。

第3章 诗歌单篇教学课例解读

3.1 课例1:《天净沙·秋思》

本课例由乔桂英老师指导2021级学科教学（语文）方向研究生苗婕设计，参加了2022年全国"田家炳"杯全日制教育硕士专业学位研究生专业技能大赛并进入决赛。

3.1.1 教材分析

3.1.1.1 单元分析

《天净沙·秋思》选自统编本初中语文教材七年级上册第一单元第4课。本单元的人文主题是"四季美景"，《春》《济南的冬天》表达了作者对特定季节的独特感受，而《雨的四季》则描绘了经由作者感官过滤后的四季之雨。这三篇散文都抒发了亲近自然、热爱自然的情怀。在《观沧海》《闻王昌龄左迁龙标遥有此寄》《次北固山下》《天净沙·秋思》这四首诗歌中，诗人是借由特定时节，选取了能体现季节特点的景物来抒发情感的。在诗歌中，这些客观景物渲染了作者的主观情感后就成了意象，而意象本身就是诗歌的关键部分，学生在学习过程中需要重点关注诗歌中出现的意象，通过意象来体会诗人的情感。本单元的语文要素是朗读、想象、修辞手法的表达效果等。学生只有通过反复朗读，在字里行间中品味语言才能获得体验，加深感受。学习诗歌更需要反复吟诵，在诵读中感受诗歌特有的节奏美和音韵美。同时，诗歌的语言凝练，诗人是依靠形象思维、借助直觉和想象来表达对事物的特殊感受，学生需要充分发挥自己想象力才能和诗歌建立起联系。

3.1.1.2 课文分析

《天净沙·秋思》是元曲中的小令，马致远通过"枯藤""老树""昏鸦"等密集的意象来传达自己的悲秋之感、思乡之情、羁旅之苦，可谓景中有人，景中寓情。王国维评价《天净沙·秋思》"寥寥数语，深得唐人绝句之妙境"，绝句和小令的共同特点是篇幅短小，正因受到篇幅的限制，诗人往往都是表达自己刹那间的心灵震颤。这首小令中的前四句都是各具特色的，能体现作者情感的景物，作者为抒发情感做足了铺垫，当一切的景和人被笼罩在夕阳中时，"断肠人在天涯"的这一声喟叹呼之欲出。

《天净沙·秋思》只有 28 个字，但整首小令共 10 个意象，意象之多是这首小令比较明显的一个特点，作者就是通过"意象并置"这种独特的意象组合方式将众多意象巧妙的结合在了一起。虽然教材没有明确提出"意象并置"，但课后的思考探究第四题提到了"诗人把富有特征的景物直接组合在一起"，"意象并置"就是名词性意象直接组合在一起，从形式上看意象与意象之间没有任何动词、连接词，并列出现；从意义上看意象与意象之间不受时空的限制，也没有关系的承接，作者的情思就是连接它们的纽带。在《天净沙·秋思》这首小令中前三句都运用了"意象并置"，9 个意象之间没有任何动词、连接词，意象与意象的关系是不确定的，通过合理的想象，我们能获得不同的阅读感受，这众多的意象组合在一起并不凌乱、突兀，仍是有意义的，这就是"意象并置"所产生的艺术效果。前三句虽未见作者其人，但处处都是他个人的体验和感受，我们将这 9 个意象连接起来，读到的就不仅仅是意象本身，而是意象背后的作者。

3.1.2 学情分析

初中一年级的学生在小学阶段已经积累了阅读诗歌的经验，能掌握一些鉴赏诗歌的方法，加之刚学过《观沧海》《闻王昌龄左迁龙标遥有此寄》《次北固山下》这三首诗歌，而且《天净沙·秋思》的内容本身不难理解，所以这首小令中有哪些意象，通过意象营造了怎样的意境，诗人又传达了怎样的情感，都是相对基础的，是学生读过就能懂的，并不复杂。但学生对这首小令中独特的意象组合方式——"意象并置"应该是陌生的，也是以前没有接触到的，这就是学生在学习过程中的难点。在 2022 年新版义务教育《语文课程标准》学业质量描述第四学段中提出要让学生"归纳总结出一些文化现象，了解基本的中国古代文化常识"。事实上"意象并置"在诗歌中是很常见的，《天净沙·秋思》中的"意象并置"更是明显，值得学生学习。综上所述，"意象并置"对于初中一年级的学生来说既是有挑战的，也是有价值的。在教学过程中为了避免学术化倾向，同时要给学生留下关于语文的、文学的东西，让学生了解我们的传统文化，就需要通过可操作、可落实的活动来让学生参与其中，去感受"意象并置"给这首小令带来的艺术魅力。

3.1.3　教学设计与实施

【教学目标】

（1）能找到诗歌中的意象，通过对比阅读，观察意象的组合方式，认识"意象并置"。

（2）能充分发挥想象，扩写诗词，感受"意象并置"的留白之美。

（3）通过补充表示时间和空间的词将意象串联起来，探究"意象并置"的内在逻辑。

【教学流程】

（一）导入

教师活动：

（1）安排学生朗读《天净沙·秋思》，边读边把诗歌中出现的意象用横线画出，读完后数一数共有几个意象。

（2）提问：这短短 28 个字为何能容纳如此多的意象？请同学们直观地感受这些意象是如何组合在一起的？

（3）明确：这些意象是一个接一个并列出现，直接组合在一起。这种独特的意象组合方式是什么？下面我们就一起学习。

学生活动：

（1）根据要求，朗读《天净沙·秋思》，边读边用横线画出诗歌中的意象。

（2）思考并回答问题。

（二）对比阅读，初识"意象并置"

教师活动：

（1）安排学生朗读《闻王昌龄左迁龙标遥有此寄》，要求学生一边朗读，一边给诗歌中出现的意象画上横线。

（2）分别拿出两首诗的第一句"枯藤老树昏鸦"和"杨花落尽子规啼"进行对比，让学生观察两句诗中的意象有什么不同，再让学生关注横线所对应的意象，进而明确《天净沙·秋思》中独特的意象组合方式——"意象并置"。

（3）出示一道选择题，让学生抢答，选出运用了"意象并置"的诗句。

下列诗句中运用了"意象并置"的有（BD）［多选］

A. 春风又绿江南岸，明月何时照我还。（《泊船瓜洲》王安石）

B. 鸡声茅店月，人迹板桥霜。（《商山早行》温庭筠）

C. 日照香炉生紫烟，遥看瀑布挂前川。（《望庐山瀑布》李白）

D. 桃李春风一杯酒，江湖夜雨十年灯。（《寄黄几复》黄庭坚）

学生活动：

（1）根据要求，一边朗读诗歌，一边用横线画出诗歌中出现的意象。将《闻王昌龄左迁龙标遥有此寄》和《天净沙·秋思》进行对比，再次感受《天净沙·秋思》中的意象数量之多。

（2）回答问题，说出自己的阅读感受，观察两句诗中的意象组合方式各有什么特点。

（3）听清问题后进行抢答，选出运用了"意象并置"的诗句。

设计意图：

选择《闻王昌龄左迁龙标遥有此寄》来和《天净沙·秋思》进行对比的理由是：《闻王昌龄左迁龙标遥有此寄》也出自古代诗歌四首，是学生刚学过的，非常熟悉，同时《闻王昌龄左迁龙标遥有此寄》和《天净沙·秋思》一样都是28个字，二者具有一定的可比性，同样的字数，同样的篇幅，《闻王昌龄左迁龙标遥有此寄》只有3个意象，《天净沙·秋思》中却有10

个。学生通过给两首诗歌中的意象画横线，对比观察两首诗中的横线排列方式可以更直观的感受《天净沙·秋思》中意象组合的独特之处，进而认识什么是"意象并置"。最后设置一道选择题可以检测学生是否认识了"意象并置"，同时让学生意识到"意象并置"在诗歌中是很常见的。

（三）扩写诗词，感受"意象并置"的留白之美

教师活动：

（1）布置学习任务，提出具体要求，让每位学生扩写《天净沙·秋思》的前三句，要求学生将扩写好的内容上传学习通。（学习通：教学、学习的一款软件，可以发布任务，收集、展示学生的学习成果等）

（2）请学生在小组内互相分享自己第一句的扩写成果，并推选出一名代表来朗读展示第一句的扩写成果。

（3）安排各小组交流分享后两句的扩写成果，继续感受"意象并置"的留白之美。

学生活动：

（1）根据要求扩写诗词，完成后将自己的扩写成果上传学习通。

（2）学生先在小组内互相分享自己第一句的扩写成果，再由各小组代表朗读展示，其他同学一边听一边结合画面感受。

（3）各组同学继续交流分享自己后两句的扩写成果。

设计意图：

在这一环节将听说读写整合起来，"鼓励学生在口头交流和书面创作中，运用多样的形式呈现作品，发挥自己的创造性"。学生不仅要发挥想象进行扩写，还要将扩写成果朗读出来，结合画面感受。通过想象、扩写，学生就能发现意象与意象之间的关系是灵活的、自由的，枯藤可以是一条，可以是几条，它可以挂着、掉着，还可以缠满老树，老树可以是一棵也可以是几棵……这就是"意象并置"带来的留白之美。在这样的活动中可以培养学生的想象力和创意表达能力，还能让学生获得审美体验。

（四）时空串联，探究"意象并置"的内在逻辑

教师活动：

（1）提问：刚刚我们是一句一句扩写，一句一句感受，那这三句诗九个意象之间又有着怎样的联系呢？

组织学生活动：让学生站在作者的立场上给这前三句的前后分别补充一个表示时间的词和一个表示空间的词，将这九个意象连起来。

示范：（现在）枯藤老树昏鸦在我的（头顶），（过去）小桥流水人家在我的（身旁），（未来）古道西风瘦马在我的（脚下）。

（2）请学生朗读展示自己补充好的内容。

（3）提问：刚刚就有同学提出"小桥""流水""人家"与其他几个意象格格不入，那作者为什么要把它们组合在一起呢？我们将九个意象放到变换的时空中连起来阅读感受后能解决这个问题吗？请各小组内交流探讨。

学生活动：

（1）学生先要想一想表示时空的词各有哪些，再根据要求填词补充，最后将补充好的内容上传到学习通。

（2）同学们在互相交流后展示自己补充搭配好的内容。

（3）小组内交流探讨并回答问题。

设计意图：

要求学生站在作者的立场上给"枯藤老树昏鸦""小桥流水人家""古道西风瘦马"这三句前后分别补充一个表示时间的词和一个空间的词是为了让学生明白这 9 个意象是不受时空限制的，而连接它们的纽带正是作者。接着让学生们思考作者为什么要把"小桥流水人家"这清新安逸的画面和"枯藤老树昏鸦""古道西风瘦马"这凄清悲凉的画面结合在一起，思考探究后学生可以得出不论时空如何变化，"小桥流水人家"只能是作者过去所怀念的，现在所渴望的，未来所向往的，而他现在切身经历的，真正与他相伴的只有"枯藤老树昏鸦"和"古道西风瘦马"。学生将这 9 个意象放到变换的时空中连起来读，读到的就不仅是意象本身，而且是意象背后作者流动着的情感。

（五）回顾总结，布置作业

教师活动：

（1）让学生结合音乐和画面有感情地朗读《天净沙·秋思》。

（2）回顾总结本节课的内容。

（3）布置作业，让学生课后阅读白朴的《天净沙·秋》。

学生活动：

（1）跟教师一起结合着音乐、画面有感情的朗读《天净沙·秋思》。

（2）听教师回顾总结本节课所学的内容，并在课后完成本节课的作业。

（六）板书设计（略）

3.1.4　课例解读

3.1.4.1　扣准课标中有关"文学欣赏"的目标要求展开学习

《义务教育语文课程标准（2022 年版）》课程总目标中指出，"感受语言文字的美，感悟作品的思想内涵和艺术价值，能结合自己的经验，理解、欣赏和初步评价语言文字作品，丰富自己的情感体验和精神世界。"第四学段目标又具体指出："欣赏文学作品，有自己的情感体验，初步领悟作品的内涵，从中获得对自然、社会、人生的有益启示。能对作品中感人的情境和形象说出自己的体验，品味作品中富于表现力的语句。"诗歌是文学作品中的重要部分，初中学生对诗歌的阅读能力要求既要理解，还要在理解的同时加以欣赏或初步鉴赏，即具有理解、体验、欣赏、分析、评价诗歌美的意识与能力，逐渐提高审美趣味，陶冶情趣，丰富自己的精神世界，为健康人生奠定一定的人文底蕴。该课例的教学体现了课程目标中诗歌欣赏的要求，与课标精神一脉相通。

3.1.4.2　抓住"意象并置"文本特点重点理解

"意象并置"是这首诗"诗歌美"的艺术构造特点，该课例的教学内容紧紧围绕其"意象并置"的特点，对其学习不是浅尝辄止，而是层层推进。首先是能找到诗歌中的意象，通过对比阅读，分析意象的组合方式，认识

"意象并置"。其次是能充分发挥想象，扩写诗词，感受"意象并置"的留白之美；最后是通过补充表示时间和空间的词将意象串联起来，探究"意象并置"的内在逻辑。这样，对诗歌艺术美的欣赏中包含了比较、分析、理解、领悟、运用、评价等思维认知活动，有利于深入地领会本诗的艺术构造特点。

3.1.4.3 注重运用文学知识表现美和创造美

文学作品的赏析，教学时一般就作品本身展开赏析，强调读得深入细致，体会得感同身受。但是，本课例不仅强调理解，还在理解中引导学生辨识与欣赏作品本身内含的艺术特点"意象并置"的诗歌构造知识，并在扩写诗词的迁移运用中、创造性的想象中活化语文知识，在一定程度上落实了课标"能借助不同媒介表达自己的见闻和感受，学习发现美、表现美和创造美"的"审美创造"核心素养，有利于学生获得较为丰富的审美经验，提高其感受美、发现美和运用语言文字表现美、创造美的能力。

3.2 课例2：《红烛》——躯体与灵魂的拷问之旅

本课例由王建英指导 2022 级学科教学（语文）方向研究生成晓艺设计，参加了 2023 年全国"田家炳"杯全日制教育硕士专业学位研究生专业技能大赛。

《红烛》是部编版高中语文高一年级必修上册第一单元中的课文。

3.2.1 课标与教材分析

《普通高中语文课程标准（2017 年版，2020 年修订）》中"文学阅读与写作"任务群的学习目标和内容是：要求精读古今中外优秀的文学作品，感受作品中的艺术形象，理解欣赏作品的语言表达，把握作品的内涵，理解作者的创作意图；根据诗歌、散文、小说、剧本不同的艺术表现形式，从语言、构思、想象、意蕴、情感等多个角度欣赏作品，获得审美体验，认识作品的美学价值，发现作者独特的艺术创造。这些学习内容要求强调了文学阅读的重点，即引导学生感受作品中的艺术形象，理解欣赏作品的语言表达，把握作品的内涵，理解作者的创作意图；加深对作品的理解，力求有自己的发现；获得审美体验，认识作品的美学价值，发现作者独特的艺术创造；积累、丰富、提升文学鉴赏经验等。高一必修上第一单元对应的学习任务群是"文学阅读与写作"。

高一必修上第一单元的人文主题是有关青春的体验与思考。学生刚进入高中阶段，正值青春年华，有必要让他们在经典作品的启发和引导下对青春的内涵、青年的责任有所思考，树立正确的人生观、价值观和世界观，养成积极向上、奋发有为的人格。该单元导语部分有两个语文学习要点：要理解诗歌运用意象抒发情感的手法，把握小说叙事和抒情的特点，体会诗歌和小说的独特魅力；学习从语言、形象、情感等不同角度欣赏作品，获得审美体验。课文学习提示指出，闻一多的《红烛》化用"蜡炬"这一意象，赋予了它新的含义，赞美了红烛以"烧蜡成灰"来点亮世界的奉献精神。教学时要注意体会诗人如何借助与红烛的"对话"表达青春的困惑与希望，以及对理想的坚毅追求；还有洋溢在诗歌中的激情，感叹词的反复使用，诗句长短错落形成的节奏美，也是学生在阅读欣赏时要关注的。

3.2.2　学情分析

刚刚步入高一阶段的学生在经历初中阶段的诗词学习后，具备了基本的诗歌鉴赏能力，能够把握《红烛》中"红烛"这一意象的基本内涵，也能通过初步阅读理解诗歌的基本含义。但对于《红烛》背后所蕴含的诗人内心深处的哲理性思考，还需要引导学生慢慢深入体悟。

3.2.3　教学设计与实施

【教学目标】

（1）以诗人关于红烛生命历程的困惑与思考为抓手，梳理出诗情推进的脉络，探求诗人内心对人生价值丰富而复杂的思考。

（2）了解闻一多的生平事迹，深入体会《红烛》中诗人的伟大抱负以及对于生命存在价值的深度思考。

【重点难点】

以诗人关于红烛生命历程的困惑与思考为抓手，梳理出诗情推进的脉络，探求诗人内心对人生价值丰富而复杂的思考。

【教学方法】

讲授法、问答法、讨论法。

【教学过程】

（一）问题导入

本单元的人文主题是对于青春的体验与思考，五首诗歌创作于不同的历史时期，都是对青春的吟唱。作者或感时忧国、抒发情怀，或感悟人生、思考未来。本节课要学习的《红烛》，诗人又拥有哪些体验与思考呢？化用"蜡炬"这一意象，诗人要表达些什么？学生带着疑问，走进本首诗。

（二）梳理诗情的推进

PPT上为大家展示红烛，同学们可以结合自身的生活经验，思考红烛从点燃到烧毁需要经历的过程。

明确：完好的红烛⟹点燃，绽放光芒⟹流下油脂，个子逐渐短小⟹燃烧殆尽，残留蜡芯和油脂

师生齐读诗歌，依据以上内容梳理诗歌脉络的推进：

第一小节：赞美红烛、自我拷问⟹第二、三、四小节：红烛燃烧、烧蜡成灰⟹第五、六、七小节：流下油脂、伤心流泪⟹第八、九小节：总结升华、莫问收获、但问耕耘

（三）细读文本，探求诗人的内心

任务一：探求《红烛》诗句背后诗人内心对人生价值的丰富而复杂的思考

（1）教师启发：从标点符号入手，观察本首诗每小节使用最多的是哪些标点符号，学生基于对标点符号所代表的语气和感情的认知，意识到诗人在书写本首诗时内心存在一系列困惑和思考。

感叹号代表强烈的感情，问号代表疑问的语气。有问号就代表作者有困惑，那这些诗人生发出来的困惑是否给予答案，学生可以默读诗歌，原文寻

找，以小组为单位合作完成表格内容。

教师提示：表 3-1 内容分为三栏，分别是诗人之问、诗人之思、最后一列可以写自己对于前两列内容背后所蕴含的深意的理解和不懂的语句。（约 8 分钟）

表 3-1 有关诗人之思的梳理提纲表

诗人之问	诗人之思	自己思考

（2）教师随意挑取一个小组展示成果，小组成员对表格所填写的内容做简要阐述。

（3）师生围绕小组所填充的表 3-2 内容展开文本细读。

表 3-2 有关诗人之思的内容梳理

诗人之问	教师启发、引导	诗人之思	学生思考、明确
1. 诗人啊！吐出你的心来比比，可是一般颜色	（1）诗人由红烛联想到诗人的心，它们之间的相似点或者相关处是什么呢 （2）提问这一小节中哪个字用的最好或者是最贴切，提供"吐"字的基本含义是使东西从嘴里出来，呕吐的意思	经过全诗的阅读，不难发现，诗人的心是和红烛一样那么红，在他眼里，红烛就是理想人格的化身	（1）两者的颜色都是红色。可见，诗人在这里进行了自我拷问，自己的心是否也和红烛一样那么红、那么热烈而赤诚？是否也具备红烛这样的品质 （2）学生感受作者内心的坚定、热烈、志向明确
2. 是谁制的蜡 ——给你躯体 是谁点的火 ——点着灵魂	（3）红烛点燃之后是由蜡和火两个部分组成的，诗人在这里将蜡比作了身体，将火比作了灵魂，是谁做的蜡，谁点着的火？诗人并没有给出答案，这引起我们读者的无限遐想，有可能是诗人内在的自身力量，也有可能是诗人的外在力量	未明确回答	（3）诗人将蜡比作了躯体，将火比作了灵魂，对应板书上的蜡烛简笔画，学生要明确这两个意象的象征

诗人之问	教师启发、引导	诗人之思	学生思考、明确
3. 为何更须烧蜡成灰，然后才放光出	（4）由上文得知蜡指的是躯体，光指的是灵魂，蜡烛在燃烧的同时在不断的消耗油脂，那么躯体和灵魂两者是什么样的关系呢 （5）表格中学生表示不理解"一误再误"的含义，教师提供误字的五个基本含义，引导学生理解"一误再误" （6）第三小节，诗人给出了答案。所谓自然的方法就是指本应该有的方法，也就是说红烛本就为燃烧而诞生，燃烧自我就是红烛生来的天赋和使命。诗人此时的内心是了悟的，他认识到了责任与担当，明确了自身的使命，对于生命存在价值的思考得到了领悟	原是要"烧"出你的光来，这正是自然的方法	（4）躯体和灵魂的关系在这里是矛盾的、冲突的，两者不可同时拥有，如果你选择拥有躯体，那就不可以拥有灵魂；如果你选择拥有灵魂，那就必然要面临烧蜡成灰的结果 （5）选择第四个更为贴切，使受损害，一次有一次地使得红烛的躯体受到损害、不断地衰败、不断地烧毁 （6）诗人此时的内心是了悟的，他认识到了责任与担当，明确了自身的使命，对于生命存在价值的思考有了新的领悟
	（7）师生齐读诗歌，教师以这一小节中出现的动词作为引导，从动词的使用和语气程度来感受作者内心的激昂 （8）提问：这一小节中有哪些不理解的字词？ 梦、血、灵魂、监狱 诗人在这里企图要像红烛一样去拯救沉睡的中国，让民众的思想能够解放出来，让民众能够从封建主义当中解脱出来	红烛啊！ 既制了，便烧着！ 烧吧！烧吧！ 烧破世人的梦， 烧沸世人的血——也救出他们的灵魂，也捣破他们的监狱！	（7）如此激切的字眼，代表了诗人对于那个时代的控诉，对于红烛使命的思考。 （8）烧破世人的梦，说明世人还在做着不切实际的梦，民族看不到希望和未来；烧沸世人的血，说明世人的血是冰冷的、温度是低的，需要用火来烧沸世人的血。灵魂更多的指的是人的思想和精神，监狱是四处封闭的、与世隔绝的，代表着一种落后、封闭

续表

诗人之问	教师启发、引导	诗人之思	学生思考、明确
4. 红烛啊！ 匠人造了你， 原是为烧的。 既已烧着， 又何苦伤心 流泪	（9）红烛本身的职责是燃烧自己、照亮别人，那既然已经在燃烧自我，又为什么流泪 （10）残风代表着什么	哦！我知道了！ 是残风来侵你的光芒， 你烧得不稳时， 才着急得流泪	（9）诗人自问自答，因为烧得不稳，所以着急的流泪 （10）"残风"指阻碍理想信念前进的黑暗势力。作者因为没有很好地绽放出光芒，因此焦急地流泪，从这里可以读出他内心的自责、焦急、以及对于生命存在价值的重视程度
	（11）红烛的结局可谓是"落红不是无情物，化作春泥更护花。"	红烛啊！ 流吧！你怎能不流呢？ 请将你的脂膏， 不息地流向人间， 培出慰藉的花儿， 结成快乐的果子	（11）诗人经历一番自我拷问之后，在第七小节作了号召，用脂膏代替红烛的泪水，红烛此时已经真真正正、完完全全实现了人生价值。燃烧，然后奉献，度过自己的一生
	（12）如果按照表达因果关系的一般语序来讲，这句话如何表达 （13）因果关系不同寻常，原因在后，结果在前，为的是什么	红烛啊！ 你流一滴泪，灰一分心。 灰心流泪你的果， 创造光明你的因	（12）因为创造光明，所以灰心流泪。 （13）为了突出强调红烛以躯体的烧毁来改变黑暗、绽放光芒的作用和价值

教师小结：诗人借助与红烛的对话，进行了一场躯体与灵魂的拷问之旅，表达了对于生命存在的困惑与希望；借助红烛这一意象，赋予了它新的含义，表达了自己的心志。以上的学习，以《红烛》这首诗中的情感矛盾为抓手，探求了诗人内心对于生命存在的丰富而复杂的思考。

任务二：分享诗人事迹，深入体会《红烛》中诗人的伟大抱负

学生课前收集有关闻一多先生的生平和事迹资料，结合任务一所学内容，挑选相契合的内容自主展示分享，教师简要补充解释。

第一组：

1923 年，闻一多先生准备出版第一部诗集，此时，作者在回顾自身甘愿为理想奉献的经历和诗歌创作成就的过程中，便写下了《红烛》这首诗。

第二组：

抗日战争胜利后，蒋介石坚持独裁、内战政策。1945 年 12 月 1 日，昆明发生国民党当局镇压学生爱国运动的"一二·一"惨案，闻一多亲自为死难烈士书写挽词："民不畏死，奈何以死惧之。"出殡时，他拄着手杖走在游行队伍前列，并撰写了《一二一运动始末记》，揭露惨案真相，号召"未死的战士们，踏着四烈士的血迹"继续战斗。

7 月 11 日，李公朴在昆明被国民党特务暗杀。闻一多当即通电全国，控诉反动派的罪行。他为《学生报》的《李公朴先生死难专号》题词："反动派！你看见一个倒下去，可也看得见千百个继起来！"7 月 15 日，在云南大学举行的李公朴追悼大会上，主持人为了他的安全，没有安排他发言。但他毫无畏惧，拍案而起，慷慨激昂地发表演讲，痛斥国民党特务，并握拳宣誓："我们有这个信心：人民的力量是要胜利的，真理是永远存在的""我们不怕死，我们有牺牲精神，我们随时准备像李先生一样，前脚跨出大门，后脚就不准备再跨进大门！"当天下午，他主持《民主周刊》记者招待会，进一步揭露暗杀事件的真相。散会后，闻一多在返家途中突遭国民党特务伏击，身中十余弹，为建立新中国洒尽了最后一滴血。

教师小结：

闻一多，作为中国现代史上著名的革命志士，为了民主和自由，年仅 47 岁，献出了自己宝贵的生命，他的革命理想和为了信念不惜牺牲自己的精神令我们每个人都为之动容。

（四）作业

课下，请同学们结合《红烛》以及诗人的个人事迹，写一段 200 字左右的文学短评。

3.3　课例 3：《梦游天姥吟留别》

本课例由王建英指导 2022 级学科教学·语文方向研究生张玉姣设计，并进行了微格教学及教育实习（2023 年）。

3.3.1　教材要求

《梦游天姥吟留别》是部编版高中语文高一年级必修上册第三单元中的课文。学习本单元，要逐步掌握古诗词鉴赏的基本方法，认识古诗词的当代价值，增强对中华优秀传统文化的传承意识。要在诵读和想象中感受诗歌的意境，欣赏其独特的艺术魅力；感受诗人的精神世界，体会诗人对社会的思考和对人生的感悟，提高自身的思想修养和文化品位；尝试写作文学短评。

3.3.2　教学设计

【教学目标】

（1）欣赏李白梦中之境的多重美。

（2）从诗歌语言的变化中体会李白情感的起落。

【教学重点】

体会李白梦中的情感变化。

【教学难点】

以文学短评的形式赏析李白梦境之美。

【教学过程】

（一）问题导入

这是一首写梦的诗。梦是虚幻的、无序的，而诗在超越现实的想象这一点上与梦相通。想象和梦一样，可以超越时空，便于抒发情感；想象和梦一样有释放情绪的功能，潜意识里面受压抑的意象在梦中以变异的形态表现出来，成为情感的载体。这节课就让我们来看看，李太白在梦中都遇见了哪些美景，而这些梦中之景又承载了李太白怎样的情感呢？

（二）从"美"的角度划分李白梦境的层次

请同学们先用五分钟时间再次朗读课文第二段，展开想象的翅膀，进入李白的梦境，从"美"的角度为李太白的梦境划分层次，并为梦境中的多重"美"加一个定语，如"壮美""悲凉美"，最后找几位代表来说一下。

综合各位代表的发言，我们总结出李太白梦境中有着五重美：浪漫美——人文美——朦胧美——惊险美——瑰丽变幻的仙境美。

（三）分组赏析每一重美

教师先进行示范，展示出自己对于第一重美的赏析：

（1）"我欲因之梦吴越，一夜飞度镜湖月。湖月照我影，送我至剡溪。"——第一重美：优美/浪漫美。

"我欲因之梦吴越"，由醒境转入梦境。在这短短两句诗中竟出现三处地名：吴越、镜湖、剡溪。驾长风，披月光，越镜湖，抵剡溪，倏忽就来到当年谢灵运留宿处，这是梦中的奇景，也是只有在梦中才能够实现的，足以见其梦中经历之浪漫；一个"飞"字，形容速度之快，瞬息万变，给人以一跃而行千里之感。"湖月照我影"，湖和月构成一幅画面，月光把人的影子映在湖中，光影阴暗反差，月光和湖光的透明不言而喻，在这明净的水光月色中，一切都显得那么的空灵优美。这两句诗所描绘的景象极具梦之特点，充满浪漫的想象。结合课下注释我们知道，谢灵运喜欢游山访胜，他游天姥山时，曾在剡溪住宿。

把同学们分为四个大组，每组写一重美的赏析，十分钟后各组推选出两位代表分享自己的作品。第一大组赏析优美，第二大组赏析朦胧美，以此类推（注意：抓住每一重美的主要特征，结合诗句内容赏析）。

（2）"谢公宿处今尚在，渌水荡漾清猿啼。脚著谢公屐，身登青云梯。"——第二重美：人文美。

壮丽美和浪漫美的交融固然精彩，但还限于自然景观。梦中的李白，不仅神与景游，而且神与人游。在梦中，李白这个政治上的失败者与前朝山水诗人谢灵运神交。他选择谢灵运的宿处，谢灵运式的木屐，目的就是要进入谢灵运的感觉，遗忘政治上的失意，达到精神上的解脱。"我"随着这种感觉，眼见渌水荡漾，耳闻清猿啼鸣，于是游兴更浓，连夜登山。

（3）"半壁见海日，空中闻天鸡。千岩万转路不定，迷花倚石忽已暝。"——第三重美：朦胧美。

"千岩万转路不定，迷花倚石忽已暝。"效果强烈到忘记了时间的推移，忽略了从曙色到暝色降临。迷花倚石突出的是山水恍惚迷离之美，也是梦的变换万千的飘忽感。

（4）"熊咆龙吟殷岩泉，栗深林兮惊层巅。云青青兮欲雨，水澹澹兮生烟。列缺霹雳，丘峦崩摧。洞天石扉，訇然中开。"——第四重美：惊险美。

景观突然变得可怕起来，这似乎是突发的地震，与外部景观的可怕相对应的是李白内心的惊惧，李白以他艺术家的魄力把凶而险、怪而怕、惊而惧转化为一种惊险的美，把梦游与现实的山水、历史人物结合，另一方面又把极端欢快的美化和相对的"丑化"交织起来；"丑化"即外部景观的可怕，与之相对应的是李白内心的惊惧，这是李白的"梦中奇景，梦中危景"。在这部分我们更能明显地发现，整首诗虽以七言为基调，但交错地运用了四言、五言、六言的句子，这样灵活多变的句法用在同一首诗里，并不觉得生拼硬凑，而是浑然一体，非常协调。这是因为全诗为一条情感发展的脉络，随着感情的起落，诗句有长有短，节拍有急有缓。李白的诗"虽千变万化，如走珠之盘，自不越乎法度之外"（李东阳《怀麓堂诗话》）。

（5）"青冥浩荡不见底，日月照耀金银台。霓为衣兮风为马，云之君兮纷纷而来下。虎鼓瑟兮鸾回车，仙之人兮列如麻。"——第五重美：仙境美。

与怪怕、惊险之美相对照，又产生了瑰丽变幻的仙境美。这个境界的特点：

①色彩反差极大。在黑暗的极点上出现了光明。

②意象群落变幻丰富，金银之台、风之马、百兽鼓瑟、仙人列队，应接不暇的豪华仪仗都集中在了一点上——尊崇有加。

（6）"忽魂悸以魄动，恍惊起而长嗟。惟觉时之枕席，失向来之烟霞。"然而，身处逆境的李白并没有流连忘返，最终，他还是选择了意识清醒代替潜意识的凯歌，这毕竟只是"梦游"而已。从恍惚的持续，到忽然的清醒，

情感在高潮上戛然而止。狂想的极致伴随着清醒的极致。

（四）欣赏名家评论，感受诗的意脉

（1）托言梦游，穷形尽相，以极"洞天"之奇幻；至醒后，顿失烟霞矣。知世间行乐，亦同一梦，安能于梦中屈身权贵乎？吾当别去，遍游名山，以终天年也。诗境虽奇，脉理极细。——沈德潜《唐诗别裁》

（2）出以千丝铁网之思，运以百色流苏之局，忽而飞步凌顶，忽而烟云自舒。想其拈笔时，神魂毛发尽脱于毫楮而不自知，其神耶！——周敬、周珽辑《唐诗选脉会通评林》

（3）七言歌行，本出楚骚、乐府。至于太白，然后穷极笔力，优人圣域。昔人谓其"以气为主，以自然为宗，以俊逸高畅为贵，咏之使人飘飘欲仙"，而尤推其《天姥吟》《远别离》等篇，以为虽子美不能道。盖其才横绝一世，故兴会标举，非学可及，正不必执此谓子美不能及也。此篇夭矫离奇，不可方物，然因语而梦，因梦而悟，因悟而别，节次柑生，丝毫不乱；若中间梦境迷离，不过词意伟怪耳。——清高宗敕编《唐宋诗醇》

（五）作业

课下查找文学短评相关资料，深入了解文学短评是什么、怎样写，结合各重美的赏析写一段文学短评。

【教学反思】

（1）对各重"美"的总结有失妥当，如把第一层次"我欲因之梦吴越，一夜飞度镜湖月。湖月照我影，送我至剡溪"的美总结为"优美"，虽然此两句确实有"优美"，但并不是主要特征，李白在梦中飘游肆意不受空间限制更为突出，可总结为"浪漫美"。对各重美的赏析，应当更加深入，不必急于解读，要细致揣摩作者的情感。

（2）教师出示了名家对于《梦游天姥吟留别》的短评，但只是让学生朗读，没有做解读，学生可能体会不到名家评论妙在何处，也没有达到学生学习短评怎样写的效果。

3.3.3　课例解读

3.3.3.1　教学体现了高中鉴赏文学作品的要求

《普通高中语文课程标准（2017 年版，2020 年修订）》课程总目标中指出，要增进对祖国语言文字的审美体验，感受祖国语言文字独特的美；鉴赏文学作品，要"感受和体验文学作品的语言、形象和情感之美，能欣赏、鉴别和评价不同时代、不同品格的作品，具有正确的价值观、高尚的审美情趣和审美品位。"《红烛》课例引导学生梳理诗情脉络，逐渐走近诗人与"红烛"对话的场域中，理解"红烛"形象中蕴含的丰富意蕴，感受作者内心的坚定、热烈、困惑、痛苦等丰富热烈的情感；《梦游天姥吟留别》课例着重引导学生欣赏李白梦中之境的多重美，以及从诗歌语言的变化中体会李白情感的起落。这两个课例的教学都体现了鉴赏文学作品时感受体验形象、情感之美的审美要求。

3.3.3.2　展开深层思考，引导正确人生观建构

《红烛》课文所属单元的人文主题是对于青春的体验与思考，五首诗歌创作于不同的历史时期，作者或感时忧国、抒发情怀，或感悟人生、思考未来，表现了对青春的不同体验与思考。《红烛》通过诗人与红烛对话的形式，展开对红烛生命历程、价值的追问，进而表现了诗人内心对人生价值丰富而复杂的思考。如"烧破世人的梦，烧沸世人的血，也救出他们的灵魂，也捣破他们的监狱！""请将你的脂膏，不息地流向人间，培出慰藉的花儿，结成快乐的果子！""你流一滴泪，灰一分心。灰心流泪你的果，创造光明你的因。"从这些振聋发聩的诗句中，可以更加深入体会诗人像红烛那样烧毁自己的躯体来驱除黑暗、绽放光芒的牺牲精神与伟大抱负，从而引发学生对于青春、对于人生价值的深度思考，引导学生树立正确人生观、价值观。

3.3.3.3　撰写文学评价，提高审美鉴赏能力

统编本高中语文教材中的"文学阅读与写作"学习任务群，课内阅读篇目中中国古代优秀作品占 1/2，任务群旨在引导学生阅读古今中外诗歌、散

文、小说、剧本等不同体裁的优秀文学作品，使学生在感受形象、品味语言、体验情感的过程中提升文学欣赏能力，并尝试文学写作，撰写文学评论，借以提高审美鉴赏能力和表达交流能力。两个课例都布置了文学短评或文学评论的作业，文学评论离不开对文学形象、语言、情境等的感受、理解、欣赏，但又是比文学感受、理解、欣赏的更高阶、更理性的转化与表达活动，因此，这个作业环节使"审美鉴赏与创造"的学科核心素养的培养落了地，即通过审美体验、评价等活动形成正确的审美意识、健康向上的审美情趣与鉴赏品味。

第4章 小说单篇教学课例解读

4.1 课例1:《我的叔叔于勒》

该课例由王建英老师指导 2022 级学科教学·语文方向研究生毛佳雨设计,并进行了微格教学及教育实习(2023 年)。

4.1.1 文本解读

作为一篇优秀的短篇小说,《我的叔叔于勒》借助少年若瑟夫的观察视角,通过精致的剪裁,迅速展开矛盾冲突,更以丰富细腻、层次分明的人物刻画展现了小人物的辛酸,引领读者一步一步发掘小说内核,令人回味无穷。

4.1.1.1 叙述视角与叙述节奏

《我的叔叔于勒》讲述了这样一个故事:菲利普一家因于勒的挥霍陷入困境,他们等待在海外发财的于勒归来解困,可在一次旅行中发现于勒破产成了穷光蛋,菲利普夫妇弃于勒而去。初读下来,我们能发现,作者用近乎平铺直叙的方式还原故事,但如此平实的讲述却屡屡能牵动我们的心弦,让我们频频紧张、疑惑,读至结尾仍欲罢不能,原因在于作者善用叙述技巧,巧妙却不显刻意地裁剪素材,达到起伏有致、详略得体的效果。作者高超的叙述技巧主要体现在两个方面:巧选叙述视角,巧定叙述节奏。

1. 叙述视角

小说虽以《我的叔叔于勒》为题,但放在于勒身上的笔墨并不多,作者聚焦于菲利普夫妇,通过他们对于勒的几次态度变化,来揭露与批判"金钱至上"的冷酷现实。因此,作者以"我",即菲利普夫妇的儿子、少年若瑟

夫的视角展开叙述，不仅能够近距离地观察、叙述主要人物的行为表现，且利于情节安排，减少第三人称叙述所带来的多余解释说明。同时，作为唯一的少年，"我"和故事中其他成人角色看人、看世界的角度截然不同，"我"还不需要承担起经济重担，内心尚未被物质世界污染，对待金钱、亲情仍保有朴素的看法。从"我"的角度看菲利普夫妇，能够看到他们为了不被拖累，费尽心思躲开甚至抛弃亲弟弟的冷酷自私，更能够看到作为父母的菲利普夫妇维持生计的艰辛、一心为儿女着想的温情。"我父亲做着事，很晚才从办公室回来，挣的钱不多。""我母亲对我们的拮据生活感到非常痛苦。那时家里样样都要节省，有人请吃饭是从来不敢答应的，以免回请；买日用品也是常常买减价的，买拍卖的底货。"正是通过"我"的观察，读者可以感受到日复一日的贫苦压得菲利普夫妇无法喘息，而不会再以高高在上的道德卫士视角，来苛责菲利浦夫妇对待于勒的冷漠。

从"我"的角度，看到的于勒是怎样的呢？"我看了看他的手，那是一只满是皱纹的水手的手。我又看了他的脸，那是一张又老又穷苦的脸，满脸愁容，狼狈不堪。"年少的"我"看到了可怜的于勒，在同情心驱使下给了于勒"巨额"小费。而从我心里默念的话"这是我的叔叔，父亲的弟弟，我的亲叔叔"来看，我并没有像大人一般时时刻刻衡量于勒对改善家庭处境的价值，而是把于勒当成自然形成的、血脉相连的亲人，这样一份天真美好的情感在字里行间如一股溪流静淌，更能映衬出现实、社会、金钱对于成人的考验。

2. 叙述节奏

文章开头两段以极其质朴的语言，几笔带过父亲的工作、母亲和姐姐的节省法子，交代一家人拮据度日的处境。第三段陡然一转，说起每星期日的特别散步活动，以父亲挂在嘴边的那句"唉！如果于勒竟在这只船上，那会叫人多么惊喜呀！"引出重要人物于勒。以"全家唯一的希望"形容于勒，夸张的表述吸引着读者探究于勒的传奇故事。简单交代了于勒寄来的两封"福音书"后，作者略去不必要的叙述，直接跨越到十年后，在读者对于勒能否归来、能否改变菲利普一家的处境极度好奇时，作者宕开一笔，说起

"我"两位找不着对象的姐姐。托了菲利普来信的福，二姐终于出嫁，并且一家人快活地乘船，要到哲尔赛岛出游，读到这里，读者紧张的心情得以暂时舒缓。紧接着，文章自然而然又出乎意料地进入叙述高潮——菲利普夫妇认出船上售卖牡蛎的老水手就是多年杳无音讯的于勒，并迅速决定要躲开于勒，让"我"去与其交涉、结账。作者没有交代一家人到达哲尔赛岛后如何各怀心思地游玩，而是以"我们回来的时候改乘圣玛洛船，以免再遇见他"收束全文，留下读者沉浸于无限回味与感慨之中。总的说来，文章以恰到好处、精而少的铺垫使故事极具戏剧性又不失合理性，同时以张弛有度的情节安排、详略得当的画面剪裁，定下不见斧凿痕迹却时刻调动着读者好奇与期待的叙述节奏，每每宕开一笔，都在暗暗推动情节迅速向矛盾爆发点靠近，灵巧、自然，引人入胜。

4.1.1.2　人物形象

小说对主要人物菲利普夫妇的塑造极其精彩。作者莫泊桑鲜少直接对人物进行评价，而是在故事发展过程中，通过少年若瑟夫，即"我"的观察，还原菲利普夫妇自身的言行，来反映人物的内心、揭露人物个性。同时，作者更是巧妙地利用菲利普夫妇对于勒的称谓变化，展现人物复杂而隐秘的内心世界。

1. 人物直接描写

以对菲利普的观察与刻画为例：小说开头一笔带过父亲菲利普忙于工作、挣钱养家的艰难处境。当好不容易有机会乘船出游，菲利普先生看到漂亮太太们吃牡蛎的高贵姿态，立即想要带着儿女体验一次，体现了他对上流社会"体面"生活的极度向往。小说前半段反复引用了菲利普那句"永不变更"的话："唉！如果于勒竟在这只船上，那会叫人多么惊喜呀！"表现了他对于勒归来的强烈期盼，可当于勒真的出现时，若瑟夫所看到的菲利普先生的表现却是这样："我父亲突然好像不安起来，他向旁边走了几步，瞪着眼看了看挤在卖牡蛎的身边的女儿女婿，就赶紧向我们走来。他的脸色十分苍白，两只眼睛也跟寻常不一样，他低声对我母亲说：'真奇怪！这个卖牡蛎的怎么这样像于勒？'"瞪着眼、十分苍白的脸色、跟寻常不一样的两只眼睛透

露着菲利普的强烈不安与惶恐，疑似遇到日日期盼归来的弟弟，他却"向旁边走了几步"赶紧躲开。当最终和船长确认这位衣衫褴褛的老水手就是弟弟于勒时，"我父亲脸色早已煞白，两眼呆直"；"他回到我母亲身旁，是那么神色张皇"，"他坐在长凳上，结结巴巴地说：'是他，真是他！'父亲神色很狼狈，低声嘟囔着：'出大乱子了。'"这一系列反应把父亲如临大敌、急剧波动的内心世界展露无遗，显然，他朝夕所盼的是以大富豪身份归来的弟弟于勒，而不是眼前的落魄老水手。由此，一个虚荣势利、重钱轻义的底层劳苦人物形象跃然纸上。

2. 称呼变化

小说中菲利普夫妇对于勒的称呼有：好心的于勒、一个有办法的人、这个小子、这个贼、那个讨饭的人、这个流氓。每一次称呼的转变，都体现出于勒在菲利普夫妇心中对于这家人的价值。当于勒在国外发达并且写信回来表明想要弥补菲利普的损失时，他是好心的、有办法的救世主；当于勒衣衫褴褛、狼狈不堪地劳作，并很有可能拖累家人时，他是没有尊严可言的小子、贼、讨饭的人、流氓。称呼几经变化，不变的是菲利普夫妇度量他人、世界的尺度：是否对自己有好处。此时人与人之间的血缘关系、情感关系分外淡漠，利益关系分外重要。正是在小小的称呼转换之间，我们看到了菲利普夫妇庸俗狭隘、薄情寡义的本性流露。

4.1.1.3 小说的丰富内涵

结合上述分析可知，《我的叔叔于勒》以高超灵巧的叙述、细腻生动的描写批判了金钱世界对于人性的伤害，也借由少年视角，表达了对在底层挣扎的小人物的理解与同情。事实上，《我的叔叔于勒》在入选教材前进行了修改。原小说开头是这样的：

一个白胡子穷老头儿向我们乞讨小钱，我的同伴若瑟夫·达佛朗司竟给了他五法郎的一个银币。我觉得很奇怪，他于是对我说：这个穷汉使我回想起一桩故事，这故事，我一直记着不忘的，我这就讲给您听。事情是这样的……

小说结尾也被删掉了，原小说结尾如下：

此后我再也没有见过我父亲的弟弟。以后您还会看见我有时候要拿一个五法郎的银币给要饭的，其缘故就在此。

还原小说的开头、结尾能更为丰满地展现作者莫泊桑的写作意图。结合写作背景可知，19 世纪 80 年代的法国陷入了经济萧条的困境，人们渴望到海外淘金获得一笔横财。拜金主义弥漫于整个社会，诸如莫泊桑等名家大师用犀利的文笔揭露并批判金钱至上的社会风气。而莫泊桑借由《我的叔叔于勒》这个故事，除了批判还深情寄托着对美好人性的期待与信心，这一点，只有通过加上原来的开头结尾才能传递给读者：小时候的"我"对于勒的同情，可以理解为未具有强烈金钱意识的纯真少年郎对亲人朴素、真诚的情感，而长大成年后的"我"已然了解金钱世界的"规矩"，却仍会向一个毫不相干的乞讨者施以援手，这样的善良心灵、悲悯情怀越显得弥足珍贵。正因有"我"这样没有被拜金主义思想毒害的孩子存在，整个社会才有希望，这无疑是作者创作这篇小说，塑造菲利普夫妇、若瑟夫的等鲜明角色的真正意图，也丰富了整篇小说的精神内核。

4.1.1.4　文体分析

小说是虚构的叙事文体，叙事是其主要的功能。从阅读的角度来说，首先要感知小说的主要情节，了解小说讲了一个怎样的故事，是在怎样的时空中发生的，有哪些主要人物，并与自己的经历、体验相印证，从而大致理解小说的主旨。叙述与描写是小说展开故事的基本手法，情节的发展，主要是由人物的语言、行为、心理描写，以及适切的环境描写来推动的，这些地方也就成为阅读时的重点所在。与叙事紧密结合的议论、抒情性文字，是小说有机的组成，发挥着营造氛围、凸显主题、推动情节等多方面的作用，阅读时也应注意体会，加深对小说内涵的理解。

4.1.2　教材分析

《我的叔叔于勒》是统编本语文教材初中三年级上册第四单元第二篇课文。本单元为小说体裁，几篇小说表现了不同人物少年时代的经历，正是这些人生经历与体验，让一个人发现世界、认识社会，从而推动自我的成长，

这构成小说内隐的思想线索；小说的文笔摇曳多姿，能带给读者不同的审美享受和对人生社会的无尽思索，阅读这些作品，可以加深学生对社会和人生的理解。根据单元导语可知，学习本单元要学会梳理小说情节、多角度分析人物形象，深入理解小说的主题。

4.1.3　教学设计与实施

【教学目标】

（1）厘清小说情节，感受小说情节设置的巧妙。

（2）通过菲利普夫妇对于勒前后态度的变化，把握菲利浦夫妇的人物形象特征。

（3）从叙述视角出发，感受"我"这一人物形象的塑造意义。

【教学过程】

（一）导入

莫泊桑是19世纪法国优秀的批判现实主义作家，与俄国契诃夫和美国欧·亨利并称为"世界三大短篇小说巨匠"，其中莫泊桑被誉为"世界短篇小说之王"。莫泊桑有一句名言："你想成为什么样的人，你将成为什么样的人。"那么，本文中的"于勒"是想成为什么样的人呢？他又成为怎样的人呢？今天，就让我们一起走进莫泊桑，走近他笔下的于勒。

（二）初读文章，厘清小说情节

梳理《我的叔叔于勒》小说情节。

请用一个词告诉大家你的感受。（预设：失望、失败）

（三）整体感知，分析人物

（1）从文中找出菲利普夫妇对于于勒称呼变化的词语，用折线图的方式画出来，并思考这种变化背后的原因。

明确：没钱——坏蛋、流氓、无赖——撵

有钱——正直的人、有良心的人、好心的于勒——盼、赞

没钱——小子、家伙、贼、流氓

称呼变化——有钱/没钱——金钱、利益的眼光

（2）文中的"我"对于勒的态度又是如何呢？请结合具体文本进行分析。

明确：付小费的场景。先生——称呼，有礼貌，手、脸——外貌描写，"我的叔叔、父亲的弟弟、我的亲叔叔"——三句话表达的是一个意思，为什么要重复呢，重复表示一种强调，强调于勒与"我"、与"我的父亲"之间的血缘关系，强调亲情的重要性。若瑟夫对于勒的态度，言语上称他为先生，行动上给他小费，可以看出若瑟夫的善良、有同情心。

（3）"我"又是如何看待自己的父母呢？

明确：一方面对父母的行为表示不认同，但结合当时社会和家庭情况，又对父母这种行为表示理解、体谅，甚至怜悯。

（4）作者莫泊桑为何要塑造"我"这一人物，"我"成年后会成为父母那样的人吗？

明确：原文删掉了开头和结尾，小说原是一个"套层叙述"，"我"的这种"给小费"的行为一直延续到"我"的成年期，并且扩大到没有亲情关系的穷人身上。一来是"我"为了弥补年幼时期由于自己能力不足而没有帮助叔叔的遗憾，二来也是将某种关爱推而广之，延伸到陌生人身上。可以说，小说的主题是为了表现"我"身上的那种对亲情的珍视以及对陌生人的人道主义关爱之情。应该说，"我"的存在就像是黑暗里的一道光，"我"在童年时就已经超越了周围人特别是家人的境界，成年以后又将对亲人的关爱推广到陌生人，这是难能可贵的。"我"的存在，恰恰寄托着作者某种超越现实的理想。而且因为"我"的存在，小说的主题也不再是过去那种"批判资本主义社会赤裸裸的金钱关系"，而是寄寓着人性关怀的理想。

（四）作业布置

本文从若瑟夫的角度看到了在当时那个金钱至上的社会风气下人与人之间异化的关系，无论是菲利普夫妇还是于勒，虽有着所谓的"可恶"的一面，但更透露着小人物的心酸可怜、善良无奈、让人同情的一面。课下请阅读《孔乙己》，从咸亨酒店小伙计的角度，思考文中的人以及那个时代所造

成的悲剧。

4.1.4　课例解读

4.1.4.1　文本解读，读出人性的丰富

《我的叔叔于勒》屡被选入中学语文教材，但是以往的解读和教学常常受限于批判资本主义社会金钱至上等先入为主的观念，对人物性格的分析概括比较单一、抽象，这样对人物丰富性的认识就会有所不足。本课例的文本解读，如从"我"的角度看菲利普夫妇，不仅能够看到他们为了不被拖累、费尽心思躲开甚至抛弃亲弟弟的冷酷自私，更能够看到作为父母的菲利普夫妇维持生计的艰辛、一心为儿女着想的温情。这样的人物形象不是单一的、扁平的，在现实生活的不同情境、与不同的人交往中表现出了人性的不同方面，作者对这些在底层挣扎的小人物也不完全是批评指责，是有理解与同情的。教师读出了人性的丰富，读出了作者隐藏着的真实的情感态度，这是教学的重要前提，为引导学生深度理解人物奠定了基础。

4.1.4.2　关注小说艺术，提高学生欣赏能力

《义务教育语文课程标准（2022 年版）》中的"文学阅读与创意表达"任务群指出，要"引导学生在语文实践活动中，通过整体感知、联想想象，感受文学语言和形象的独特魅力，获得个性化的审美体验；了解文学作品的基本特点，欣赏和评价语言文字作品，提高审美品位"。该课例引导学生关注和分析了小说设置巧妙的情节、高超灵巧的叙述、细腻生动的描写等，这些分析可以提高学生欣赏和评价文学作品的能力。

4.2　课例 2：《祝福》人物形象的批判性阅读

本课例由王建英老师指导 2018 级学科教学·语文方向研究生武晓宇设计，并进行了教育实习及以此为基础的毕业论文设计（2020 年）。

4.2.1　高中小说人物形象批判性阅读的维度及策略

《普通高中语文课程标准（2017 年版）》在核心素养之一"思维发展与提升"和"思辨性阅读与表达"任务群等都明确提出了发展"批判性思维"的要求。

本课例基于杜威、罗伯特·恩尼斯、彼得·范西昂、林崇德等人的批判性思维与达齐和皮罗齐等人的批判性阅读理论，以及一线名师在批判性阅读实践中总结得出的批判性阅读学习行为特征的基础上，确立高中小说人物形象批判性阅读的维度及策略，如表 4-1 所示。

表 4-1　高中人物形象批判性阅读策略表

一级维度策略	二级维度策略
走近文本，全面梳理人物形象信息，基本理解人物形象	分类析读人物形象细节，如外貌、动作、神态、心理、对话
	梳理情节脉络，把握人物形象基本信息及结构关系
	探寻"作者"寄寓在人物形象身上的褒贬态度
	延读人物形象在整本书其他部分的言行（＊就节选文本而言）
聚焦问题，深入辨析和论证，把握人物形象的本质特征	选择"议题"，触及题旨，揣摩人物形象的本质特征
	援引并辨析不同的言论与材料，对人物形象进行比较与权衡
	辩证把握人物形象的性格与社会现实、文化因素间的关系
全面审视人物形象分析过程，创造性综述人物形象	转化性写作，如为他/她写一份"人物小传"或"人物自述"

4.2.2　《祝福》人物形象批判性阅读教学实施

鲁迅的《祝福》是部编版高中语文教材必修下第六单元中的第一篇小说。这篇小说以启蒙知识分子"我"的角度切入，用倒叙的手法，叙述了穷苦农家妇女"祥林嫂"的人生经历，情节完整曲折，人物形象的外貌、语言等描写十分传神，揭露了中国封建社会底层劳动妇女的悲惨命运。

本单元的学习提示指出，"阅读这些小说，可以丰富人生体验，提升对

社会现实观察、分析、判断的能力，激发想象，培养高尚的审美情趣"；"要注意知人论世，在人物与社会环境共生、互动的关系中认识人物性格的形成和发展，关注作品的社会批判性。要了解作者如何运用多种艺术手法实现创作意图，品味小说在形象、情节、语言等方面的独特魅力"。

4.2.2.1　走近文本，全面梳理人物形象信息，基本理解人物形象

1. 分类析读人物形象细节，如肖像、动作、神态、心理、对话等

（1）分类析读"祥林嫂"的肖像描写。在细读全文的基础上，对祥林嫂三次来鲁镇的肖像描写进行提取筛选，从脸色、两颊、眼睛、衣着服饰四个方面对三次肖像描写进一步整合，如表4-2所示。

表4-2　祥林嫂三次肖像描写的梳理整合

次数	脸色	两颊	眼睛	衣着、服饰
第一次	脸色青黄	两颊还是红的	顺着眼	白头绳，乌裙，蓝夹袄，月白背心
第二次	脸色青黄	两颊已经消失了血色	顺着眼，眼角上带些泪痕，眼睛没有先前那样精神	白头绳，乌裙，蓝夹袄，月白背心
第三次	瘦削不堪、黄中带黑	消尽了悲哀的神色	眼珠间或一轮	竹篮，空的破碗，下端开裂的竹竿

对三次肖像描写进行分析：A 从脸色看，由"青黄"到"黄中带黑"揭示了祥林嫂由遭遇丈夫离世打击较重再到这几年来所经历的沧桑痛苦；B 从脸颊看，祥林嫂由初到鲁镇时感到人生有了希望到生命活力渐渐消失，再到生命中多了许多悲哀；C 从眼睛看，祥林嫂虽然始终是顺从的样子，但却在顺从之中一步步变成行尸走肉；D 从衣着服饰看，祥林嫂的境遇每况愈下。

三次肖像描写分别揭示了祥林嫂人生当中的三种不同状态。第一次是一个对生活充满希望，并以饱满的精神面貌对抗生活灾难的青年妇女。她的物质生活是困苦的，"脸色青黄"，但精力却是充沛的，双颊是红的，她的衣着表现了旺盛的生命活力，也映射出了内心世界的清澈明净。第二次是一个精神受到打击、意志力在现实的重压之下已经损伤但仍然在极力维持之前的打扮，眼光和脸色显示她已经失去了那充盈的精神力量。第三次是一个精神彻

底枯竭的妇女形象，物质上的一贫如洗和精神上的无所寄托让她真正成为由外而内都垮掉了的妇女形象。通过对三次肖像描写的爬梳整理，学生对祥林嫂的不幸遭遇有了深刻体悟，也从中窥见了其内心深处的悲凉。

（2）分类析读"祥林嫂"与"我"的对话。《祝福》中还有一处较为成功的细节是祥林嫂死前和"我"进行了三次有关"灵魂有无"的对话，比较典型且意味深长，对此进行梳理，如表4-3所示。

表4-3　祥林嫂与"我"的三次对话

	祥林嫂	我
三问三答	人死了之后，有无魂灵？	也许有
	有无地狱？	也未必
	死后的一家人能否见面？	说不清

对这三次对话作一分析，针对祥林嫂有关魂灵有无的发问，"我"总共回答了三句话，一是"也许有"，二是"也未必"，三是"说不清"。A 第一句在"我"来看是慰藉的话，在祥林嫂那里却是表面不确定实则肯定的答案，这对她"希望有，又希望没有"是一大冲击。B 第二句在"我"是意识到了给祥林嫂加添了苦恼，于是吞吐其辞，而在"祥林嫂"却由此想象到死之后的痛苦，更增加了苦恼。C 第三句是"我"的禽棍之词，在祥林嫂心里掀涌了更为巨大的波澜，客观上加剧了她悲惨命运的到来。总之，"我"的初衷是想帮祥林嫂消除痛苦，然而实际上却事与愿违，某种程度上加快了祥林嫂的"凋落"死亡。

2. 梳理情节脉络（表4-4），把握人物形象基本信息及结构关系

首先，将《祝福》一课情节脉络作一梳理，作者围绕鲁四老爷家的几次祝福，用倒叙的叙事手法，通过一连串的故事情节追忆了祥林嫂不幸的一生，揭示了她的悲剧命运。第一任丈夫祥林死后，心狠的婆婆打算把她卖出去。她被逼无奈逃出家中，来鲁镇的鲁四老爷家当佣工，工作繁重，工钱不多，却很是"满足"。好景不长她再次被婆婆一家抢走，卖到贺家成婚。贺老六是个老实忠厚的农民，不久有了可爱的儿子阿毛，祥林嫂暂时过上了安宁日子。然而命途多舛，第二任丈夫贺老六患伤寒去世，"心肝儿"阿毛不幸又被

狼吃掉。经历重重打击的祥林嫂又一次来到鲁镇，可民众们认为她改嫁"有罪"，让她去捐门槛来"赎罪"，否则即使下到"阴间"还要受难。她历经艰辛积钱捐过门槛后，仍然遭受民众的歧视。最终，她被鲁家辞退以乞讨为生，在岁尾的祝福声中惨死街角。

表4-4　《祝福》情节脉络梳理

	序幕	祝福景象与鲁四老爷（1~2）
	结局	祥林嫂在祝福声中凄然死去（3~33）
倒叙（"现实——	开端	祥林嫂初到鲁镇（34~53）
过去——现实"）	发展	祥林嫂被卖再嫁（54~65）
	高潮	祥林嫂再到鲁镇后变成乞丐（66~110）
	尾声	鲁镇"祝福"景象及"我"的感受（111）

其次，梳理与"祥林嫂"有关的主要人物的基本信息及结构关系。

（1）祥林嫂的婆婆：强迫祥林嫂干活，逼迫她劳动；责罚殴打她；为小儿子成亲之事，把她从鲁家绑架并强卖给贺家墺村的贺老六。

（2）卫老婆子：封建社会农村中无是非观念、好事的人。

（3）贺老六的哥哥：收回房子，逼死祥林嫂的"帮凶"。

（4）鲁四老爷：鲁四老爷是辛亥革命时期一个教理学的老监生，思想僵化，崇拜祖宗，反对社会上所有新的变革。对祥林嫂他一开始只是反感她是个寡妇，还算能够容忍。后来祥林嫂改嫁后再回到鲁家，则不能容忍，不让她在祝福礼上沾手，死后还呵骂她是一个"谬种"，三次皱眉和三次说话的用意各不相同，是封建礼教和封建思想的化身和坚决捍卫者，是酿成祥林嫂悲剧的一个主要人物。

（5）四婶：她第一次留下祥林嫂是认为其能干，之后祥林嫂被恶毒的婆婆策划绑架，她担心给鲁家惹上麻烦。再后来挂念祥林嫂是因为现在的佣工没有祥林嫂这样可心。祥林嫂再来，她开始还犹豫，随后倒也是发自内心怜悯祥林嫂，想留下她。但祥林嫂没有先前手脚麻利了，四婶变得"不满"，接着"警告"，终于把祥林嫂赶出鲁家。四婶从头到尾只把祥林嫂当成一个工具看待。

（6）柳妈：她主观愿望是想拉祥林嫂跳出苦海，但事实上却为祥林嫂带来了极大的心理重压，将祥林嫂推入无尽的深渊中。柳妈就是这样一个可怜他人而又给他人带来痛苦的人。

（7）鲁镇的女人们：这群人听祥林嫂悲苦的故事，其中有同情的成分，但更多把她当作无聊生活的一剂调味品。

（8）茶房：对祥林嫂的死十分漠然，事不关己则高高挂起。一句"还不是穷死的？"就足以证明。

（9）"我"：被沦为乞丐的祥林嫂截住时，最先想拿几个铜板将她打发走。当祥林嫂问有关"魂灵有无"的三个问题时，"我"吞吐其辞，害怕担责任。只在祥林嫂死去后内心觉得"不安"，然而内疚不过是暂时的。

通过梳理情节脉络，把握人物形象基本信息及结构关系，我们进一步了解了祥林嫂悲惨一生的生命轨迹，她的死亡，周围人的一言一行都难逃干系。

3. 探寻"作者"寄寓在人物形象身上的褒贬态度

《祝福》中鲁迅对祥林嫂的"意义倾向"主要体现在作品伟大的艺术构思之中，细读文本后发现，作者刻意把祥林嫂的悲剧都安排在春天发生，这就需要我们挖掘这一隐含信息并进行整合，进而分析鲁迅倾注在祥林嫂身上的思想和情感内涵。

在小说中，祥林嫂是一个受尽礼教迫害的旧农村妇女，其每次悲剧的发生都和"春天"这个季节紧密相关。

（1）丽春之时，痛失丈夫。"她是在春天失了丈夫的；他原本也以打柴为生，只比她小十岁"，祥林死后，凶狠的婆婆策划将她卖出。她无奈下出逃，到鲁家做女佣，受尽鄙夷和虐待。

（2）孟春之时，被逼改嫁。很快婆婆以"开春事忙"为托辞将她抢走，卖到贺家墺成亲。贺老六是个纯朴忠厚的农民，不久有了心肝宝贝阿毛，祥林嫂暂时过上了安宁日子。然而命途多舛，贺老六因伤寒再次发作而死。

（3）暮春之时，再失爱子。"幸亏有儿子；她又能做，打柴摘茶养蚕都来得，原本还可以守着，可谁知道那孩子又会被狼衔去呢？春天快完了，村子里倒反来了狼，谁料到？现在她只剩自己孑然一人了。"

（4）迎春之时，凄惨死去。屡遭不幸的祥林嫂，失魂落魄，好似白痴，可是民众依旧不依不饶，说她再嫁"有罪"，让她捐门槛进行"赎罪"，否则下到"阴间"仍然要受苦。她历经艰辛积钱捐过门槛后，却还是逃不脱人们的歧视。最后，她沦为乞讨，当"祝福"的鞭炮声响起，生命走向了尽头。

对全文中有关"春天"的信息进行剔抉整合，我们发现，作者把丧夫、再嫁、失子、归天几个最关键的情节，都安排在春季，有着深刻的象征意义，这表明春天永远不属于祥林嫂，春天不会带给她美好与温暖，在礼教的摧残迫害下，她的一生都不会有明媚的春天，足见作者对其不幸遭遇的同情与怜惜。

4.2.2.2　聚焦问题，深入辨析和论证，把握人物形象的本质特征

1. 选择"议题"，触及题旨，揣摩人物形象的本质特征

在第一阶段的"走近文本，全面梳理人物形象信息，基本理解人物形象"过程中，我们发现，祥林嫂对自己的境遇与命运并不麻木，她并不总是逆来顺受。事实上，她不仅"争"了，而且做了顽强的抗争：她以死相拼，拒绝再嫁，是抗争；她不甘心在祝福礼上被人冷落，是抗争；临死前对于魂灵的追问，其实也是一种抗争。

祥林嫂第一次反抗行为可以概括为"逃"与"撞"。祥林嫂的婆婆在其第一任丈夫祥林死后不久，为给小儿子筹备成亲的礼钱，狠心策划将她卖出去。祥林嫂不顾一切地从家里逃了出来，做了鲁家的一名佣工，后被恶婆婆绑架回去，硬生生嫁给贺家墺的贺老六，祥林嫂以死抗争，在行礼时将头撞在桌角上，鲜血直流。

祥林嫂的第二次反抗行为可以概括为"捐"。祥林嫂在相继痛失新一任丈夫贺老六和疼爱的阿毛后，被夫家的大伯扫地出门，又重回鲁家做工。不过这次的境遇和之前大相径庭。鲁镇上所有的人都厌弃她，甚至连祝福时的福礼也不让她沾手。祥林嫂为了扭转被歧视、被厌恶的境地，听从柳妈的建议去捐门槛进行赎罪。

祥林嫂的第三次反抗行为可以概括为"疑惑"。祥林嫂在受到一系列的摧残和凌虐后，终于被赶出鲁家，沦为大街上行乞的乞丐，神思恍惚。这样的她产生了一个"疑惑"——"人死之后，究竟还有没有魂灵？"

祥林嫂的三次抗争行为："逃""撞"→"捐"→"疑惑"

一个底层妇女缘何有如此坚定的心志与至死不"服"的灵魂？她的抗争是自发的还是被迫的？循着这些疑问，我们确定了议题：祥林嫂的抗争是自发的吗？

接着我们进行分析论证。

为了反抗被改嫁，祥林嫂进行了异乎寻常的反抗，不只为反抗自己像牲畜一样被随意买卖，更是为了力保"贞节"，捍卫"一女不侍二夫""从一而终"等封建纲常伦理；为了赎"罪"，她去到庙里捐门槛，为的是能再次过上佣工的生活，从本质上看还是为了顺应旧社会的那一套道德准则，抑或说是为了能在"吃人"的社会立足而进行的自我保护。"逃""撞""捐"的抗争表面上是为生计的反抗，实质上是为坐稳奴隶位子的反抗。

祥林嫂临死时的"疑惑"简直讽刺之至，信了一生的礼教、地狱、鬼神，在经历了一系列的戕害和摧残后，她终于怀疑了。尽管心里极其的矛盾，但她最后一次的抗争，是为扭转自己奴隶命运的真正"呐喊"。

我们看到，祥林嫂自始至终是在礼教文化和迷信思想的泥潭里挣扎和反抗的。封建礼教把一整套残害生命的义理和规则，以潜移默化的方式注入祥林嫂坚定的信念之中，并将其化为自觉的行动。它不仅见缝就钻，四处弥散，而且浸透骨髓，深入人心。

因此，祥林嫂的挣扎与抗争，完全是出于自发的，从某种意义上来说，祥林嫂的反抗本身就有着深厚的悲剧性，她不仅难逃酿成她人生悲剧的那片"苦海"，而且只会越逃越深，直至死亡。图 4-1 为《祝福》中确定议题步骤。

准备阶段：分析祥林嫂的三次抗争行为

↓

确定议题：祥林嫂的抗争是自发的吗？

↓

分析论证：触及"礼教吃人"题旨

↓

得出结论：是自发的，具有深厚悲剧性

图 4-1 《祝福》中确定议题步骤

2. 援引并辨析不同的言论与材料，对人物形象进行比较与权衡

（1）援引相关的背景资料，深入把握人物形象。《祝福》写于一九二四年二月七日，起初发表在一九二四年三月十五日《东方杂志》第二十一卷第六号上，后收录到鲁迅的小说集《彷徨》，作为《彷徨》的第二篇。

辛亥革命只是推翻了帝制，而没有从根本上摧毁封建制度之下的经济基础，旧社会仍然处于帝国主义与封建主义的压迫之下，依旧处在半封建半殖民地的社会，政权仍掌握在官僚买办与地主阶级的手中。封建宗法的制度与思想是桎梏中国人民尤其是平民百姓的绳索，而农村的穷苦妇女所受的迫害最深，苦痛最大。她们不仅处于社会底层，而且毫无人身自由；倘若是再嫁寡妇，就更是备受歧视，甚至连生活和劳动的权利也被抢夺了。这一时期的鲁迅作为一个革命民主主义者，对现实深感怀疑、失望和忧愤，怀着对劳动人民不幸遭遇的深切同情，塑造了"祥林嫂"这一旧社会底层劳动妇女的悲剧形象。通过引入背景资料，我们了解了地主阶级对农村妇女的戕害，更为深入地把握了"祥林嫂"这个从来都身不由己的典型人物形象。

（2）援引评价者的不同评价，多元比较人物形象。《祝福》文本中有关祥林嫂的死亡原因，鲁迅借茶房之口进行了简要交代："如何死的——那还不是穷死的。"但历来读者们对祥林嫂的死亡原因众说纷纭，存在着多元解读的现状，对此我们可以援引评价者的不同评价来进行比较与权衡（表4-5）。比如：

冯光廉在其编著的《中国现代文学史教程》中把祥林嫂的死解释为"因为挨饿，惨死在了年末祝福时的雪地里"。❶

唐荣昆先生在其《关于祥林嫂的死》一文中解释为："祥林嫂是由于自杀而死的。"❷

姚敏勇同志认为，祥林嫂是属于年老型的自然死亡，即"老死"，如同

---

❶ 冯光廉，朱德友，等. 中国现代文学史教程［M］. 济南：山东教育出版社，1984：134.
❷ 唐荣昆. 关于祥林嫂的死——也谈《祝福》的思想和艺术［J］. 名作欣赏，1986（4）：86-89，85.

一盏油灯，油尽芯竭，烛火自己熄灭了。❶

鲁迅的好友许寿裳如是说："世间的惨事，不是惨在狼吃了阿毛，而是惨在礼教吃了祥林嫂。"钱谷融在他的《祥林嫂是怎么死的?》一文中解释道："祥林嫂最主要是被程朱理学崇奉的礼教文化所迫害而死的。"❷

表4-5 关于"祥林嫂死因"的不同评价

援引评价者的不同评价"——祥林嫂的死因"	冯光廉	冻饿说
	唐荣昆	自杀说
	姚敏勇	老死说
	许寿裳、钱谷融	礼教致死说

对以上评论进行分析，第一种评价"冻饿说"是立足于文本的直接原因，祥林嫂是直接死于穷困，因为穷，冷冻挨饿最后死了，这比较直白的因果逻辑，是合理的。

唐荣昆的"自杀说"就小说文本中的许多暗示来证明其观点，比如以"我"在遇到祥林嫂前后的一连串心理反应为根据，认为"其目的是为突出强调祥林嫂非同寻常的死"。姚敏勇则以祥林嫂临死前的神态、心理以及"我"与"短工"的旁证来证明自己的"老死说"。这两种评论各有千秋，对自己所持的理据也言之凿凿，在我们看来这两种死亡说法更侧重于死的方式和过程。

如果从更深层次的因果逻辑来看，许寿裳和钱谷融认为"封建礼教杀人"的评论则更为透辟，不管死于何种方式、手段和场合，祥林嫂确是死了，其根源在于封建礼教与自私、愚昧、冷酷的社会环境和社会氛围。

经过多元比较与权衡，我们不难得出，鲁迅写祥林嫂的死还是为了控诉和披露封建礼教对妇女的戕害，不管祥林嫂的死因如何，都归于礼教的残酷无情。

---

❶ 姚敏勇. 对《关于祥林嫂的死》的异议——也谈祥林嫂之死兼与唐荣昆同志商榷 [J]. 名作欣赏，1987（2）：128-130.

❷ 钱谷融. 祥林嫂是怎么死的? [J]. 华东师范大学学报，1981（4）.

3. 辩证把握人物形象的性格与社会现实、文化因素间的关系

祥林嫂是旧社会农村妇女的典型人物形象，她勤恳善良、朴质顽强，同时又无知懦弱。在礼教文化和封建思想占据统治地位的旧中国，她被摧残、被践踏、被戕害，最终生命如草芥般枯萎凋零。

祥林嫂的性格特征主要反映在以下三方面：第一、勤恳、善良、质朴。她成为寡妇之后，逃到鲁家当佣工，从不挑食物，力气还大，比世上有些男人还要勤快。到了岁尾，洗地、扫尘、宰鹅、杀鸡、彻夜的煮福礼，都是她一人来做，鲁家居然没有再添一个短工。第二、顽强、倔强。她曾数次与命运对抗，被恶婆婆狠心绑架，在河的岸边猛烈反抗，被卖贺家墺，她一路上边嚎边骂，拜天地的时候，将头撞到桌角上，破了个大窟窿，鲜血流淌不止，后来还是失败，面对民众的各种打击、侮辱和嘲讽，她报之以无言的抗争，后终于怀疑魂灵的有无。第三、愚昧、懦弱。祥林嫂听从了柳妈的建议费尽辛苦到庙里捐了门槛"赎罪"，任由众人来踏。在临近死亡的前夕，拦住"我"询问关于魂灵的有无。直到最后依旧遭人鄙视、于事无补地死去，这些都证明了她的麻木和无知。

但是，我们应该看到，其复杂性格的形成与当时社会现实、文化因素密不可分。辛亥革命之后，地主阶级官僚军阀的极端统治使得下层百姓更加穷困，他们过着饥寒交加的苦难生活，礼教制度和宗法观念依旧是拷在百姓身上的精神枷锁。她的勤恳、善良和质朴在一定程度上是为了自己能够坐稳奴隶的位子；她的反抗，也只是在礼教文化和迷信思想支配下的反抗，并未认识到封建势力和神权等是戕害自己的主要仇敌；而她性格上的无知懦弱也是宗法观念和礼教文化的毒害所致。

4.2.2.3　全面审视人物形象分析过程，创造性综述人物形象

之前我们对祥林嫂这一人物形象进行了抽丝剥茧、层层深入式的理解、分析和论证，在此基础上我们有必要对之前的整个认知和思维过程作一综合性的回顾和检视，即进行转化性写作。通过表达练习，我们可以把自己对人物形象的理解系统深刻地传达出来，这既是对之前过程的"反刍"、梳理、回味和整合，也是再一次的认知、比对、判断、辨析和选择的过程，还是再

一次的理性反思和创造。如可以为"祥林嫂"写一则"人物小传"或"人物自述"。为"祥林嫂"写"自传","我"的述说中必然包含着对自我的反省、辩护或质疑;而给她写评传,则要在同情和理解的前提下,力图作出较为客观的评价。

4.2.3　课例解读

4.2.3.1　遵循批判性阅读策略,进行合理的反思

在"走近文本,全面梳理人物形象信息,基本理解人物形象"阶段,学生基本可以做到直面小说文本,抛除自己先前的偏见和蒙蔽,能够通过全文阅读和反复阅读理解文本自身的逻辑,在不断走近文本和对人物形象进行细心揣摩的过程中,凭借自身的体验和经验来捋顺其中的社会背景、情节线索以及人物形象关系,尽最大可能贴近文本,步入人物世界,换位思考,移情感受,思索的种子自然在文本细读的过程中发芽。

在"聚焦问题,深入辨析和论证,把握人物形象的本质特征"阶段,学生基本可以用客观的姿态审视、观照文本,凭借多方的分析和论证,最后在内心深处确立自己对人物形象的真正理解。经过分析,形成对人物形象的彻底理解;经过论证,下达理性的论断和断言,并尽可能对自己的分析、推论和判断作出相对客观的调整、评估和反思,对人物形象作出比较公正的评价。在深入分析人物形象的过程中仔细辨析和剖断,整合和构建,最大化追求分析论证的条理性与完整性,在现存的多元化的解读当中选出最为合理的那一种。

在"全面审视人物形象分析过程,创造性综述人物形象"阶段,学生基本能够通过写作练笔,把自己对人物形象的理解相对完整清晰地表达出来。借助转化性写作,学生将先前分析论证的系统过程作一个综合性的梳理和品味,在随时反思自己的思维材料运用和逻辑论证推断的前提下,最终给出自己的合理判断。

因为小说本身具有开放性和多义性,我们对人物形象的多元解读是十分正常的现象,这在一定程度上给我们的合理评估造成了阻碍。但要明确的是,

读者依据质疑来探求原由、搜寻信息、辨别真假、区分别人的观点并试着确立自己的观点，再以写作的形式有逻辑地把观点呈现出来，使之有较强的说服力。这一过程本来就是对开放性和合理性的生动诠释，批判性阅读的过程其实就是在进行合理评估的过程。

4.2.3.2 读者需主动接受公共知识、公共逻辑和公共价值的检验

如果我们一定要对小说人物形象下一个确切的结论，力求最合理的理解和掌握，我们就必须尽量遵循社会上的公共准则。有人说他有他自己的逻辑判断，但倘若个人的逻辑不符合公共的逻辑，甚至违背了公共逻辑，那可以认为这个人是在诡辩。在小说人物形象批判性阅读的过程中，对和错不是由某一个体说了算的，每一位读者都需经过公共知识、公共逻辑和公共价值的磨炼和考验。

4.2.3.3 小说人物形象的批判性阅读还要参考人性情理

所谓人性情理，可以理解为人本来就有的人性、人心、人情和理智。可以说人性情理是理性不能透视和穷尽的地带。有些人过分估计了批判性思维的力量，对小说中每处细节都试图做出理性的推断，每处对话都要追求合理的解释，使尽浑身解数，想要极尽文本的所有，事实上这是不理智的。在人的生命的面前，逻辑的力量说到底是无力和苍白的。小说人物形象的批判性阅读，还要追求文本事实、理性逻辑和人性情理的统一性原则。

第5章　文言文单篇教学课例解读

5.1　课例1：《爱莲说》

本课例由王建英老师指导2022级学科教学·语文方向研究生张珥设计并进行了微格教学及教育实习（2023年）。

《爱莲说》是部编版语文初中一年级下册的课文。

5.1.1　教学目标

（1）理解文章内容，赏析"莲"的形象。

（2）感受并理解作者高尚的道德情操，引导学生思考有价值的人生观。

5.1.2　教学难点

理解衬托、托物言志的写作手法。

5.1.3　教学过程

春风有信，花开有期。近日，国家植物园宣布将举办花卉文化节，现公开选拔花卉节入园花卉，拔得头筹的花卉，组委会将为其单独设展。

活动1：疏通君子之文。

通知一经发布，引发了强烈反响，牡丹、芍药等花得到了诸多推荐。周敦颐携《爱莲说》前往选拔现场为莲花助力。刚穿越至现代的周敦颐，与选拔赛评委交流存在困难。请你帮助他诵读课文、整体感知，将《爱莲说》疏通一下。

要求：

（1）读准字音，结合注释，理解全文大意。

（2）读出断句和语气，注意抑扬顿挫，要有高低起伏。

（3）疏通文意。

（4）积累文言现象。

活动2：理解君子之行。

选拔以来，莲花的推荐较少。面对周敦颐《爱莲说》一文，评委们一时难解其中味。请你帮助周敦颐归纳推荐原因，归纳莲花表层与深层两方面的与众不同之处。

要求：

（1）根据原文语句归纳莲花与众不同之处。

（2）分点作答，条理清晰。

原文语句：予独爱莲之出淤泥而不染，濯清涟而不妖，中通外直，不蔓不枝，香远益清，亭亭净植，可远观而不可亵玩焉。

明确：

（1）生长环境："出淤泥而不染，濯清涟而不妖"——不同流合污，洁身自好；不妖媚，洁净，朴实。

（2）体态："中通外直，不蔓不枝"——为人正直，不趋炎附势。

（3）香气："香远益清"——香气清爽悠远，美名远扬。

（4）风骨气质："亭亭净植，可远观而不可亵玩焉"——为人独立，令人敬重不敢玩弄。

活动3：领会君子之意。

既然文章是为了推荐莲花，为什么还有那么多篇幅写到"菊"和"牡丹"呢？评委们对此略有疑惑，请你帮助周敦颐答疑。

"衬托"是用某一种事物来衬托另一种事物，以突出形象的表现手法，即为了使所写的形象更加鲜明突出，就用另外的形象来映衬它，起到烘云托月的作用。

文中有两处运用了衬托手法：一处是"晋陶渊明独爱菊。自李唐来，世人甚爱牡丹。予独爱莲……"这里作者用陶渊明爱菊和世人爱牡丹，来衬托自己与众不同的独爱莲的心意——在浊世要保持清白的情怀。一处是"菊之爱，陶后鲜有闻。莲之爱，同予者何人？牡丹之爱，宜乎众矣"，这里运用反衬的表现手法，旨在突出莲的品格，抒发感慨，含蓄地表明自己的人生态度。由此可见，本文用菊花和牡丹来衬托莲，有烘云托月的作用。

教师强调：在中国传统文化中，莲、菊、牡丹等花卉意象均含有文化象征意义，花卉的特征是可与人物的品格联系起来，给予人们启示的。于是在作者周敦颐的眼里，莲象征高洁独立，菊象征独善其身，牡丹象征富贵功名。

链接材料：《宋史》中对周敦颐的记载：

（1）担任分宁主簿，面对疑案，只审讯了一次就审清楚了。

（2）担任南安军司理参军，敢于和凶悍的上级争辩，为囚犯主持公道，使其免于一死。

（3）担任桂阳令，教郡守读书，政绩显著。

（4）担任南昌县令，百姓敬畏，富家大姓、黠吏恶少都惴惴不安。

（5）担任合州判官，上级是非不分，对他态度不佳，他处之超然。

（6）担任广东转运判官，他洗冤昭雪，不辞劳苦，体察民生。

思考：赞颂莲花高洁品质的周敦颐，自身有没有做到呢？

小结：《爱莲说》美在它有独特的艺术魅力。作者通过托物言志、衬托和象征的艺术手法，描绘了莲的整体形象，既歌颂了坚贞高洁的品格，又含蓄地表达了自己洁身自爱的高洁人格。

活动 4：表达自己之志

评委们终于明白周敦颐赞颂的莲花品质，正是他自身追求的"君子之行"。这样的深意打动了评委，莲花后来居上，拔得头筹，"君子之莲"即将独立设展。

在周敦颐的感染下，你也想以事物寄托自己的志向，于是动笔书写起来……

要求：

（1）100 字左右。

（2）托物言志。

小结：今天我们通过《爱莲说》这篇美文，与周敦颐相遇，对话，相信你一定有很多共鸣。愿在以后的求学和生活中，你能像周敦颐一样以君子的品格为毕生的追求。

反思总结：

（1）对莲花品质的分析过程推进过快。学生不可能一下就能从文章语句中得到深层次结论，应该留出时间让学生开展小组讨论，留出思考空间。

（2）情景化教学可能会对文章的整体性有所损害。在情景化教学的过程中要特别注意文章的整体构思和脉络。

（3）作业布置的难度应该贴近学生的学习情况。初一的学生可能一时难以做到马上理解托物言志并进行运用。在布置作业时要考虑学情，不应太难。

5.2 课例2：《登泰山记》

本课例由王建英老师指导 2022 级学科教学·语文方向研究生毛佳雨设计并进行了微格教学及教育实习（2023 年）。

5.2.1 教学目标

（1）整体把握文章内容，理清结构脉络。

（2）品读泰山夕照图、泰山日出图，体会作者内心感受（重点）。

（3）知人论世，体悟别样登山趣味（难点）。

5.2.2 教学过程

5.2.2.1 情境导入

2020 年，一位名叫丁真的藏族小伙子爆红，走红后他还成为甘孜理塘县的旅游大使，为自己家乡做推介。随后，全国各地官微和网友纷纷出动，邀请丁真来游玩。作为有着得天独厚的旅游资源的山东泰安也不甘落后，决定制作一部以"重走姚鼐登山路，追慕古人得真趣"为主题的泰山旅游宣传短片。假如你是文字专题的策划者，请以姚鼐的《登泰山记》为底本，带领游客完成以下任务。

5.2.2.2　解决任务

任务一：安排两日游程，设计登山路线

（1）既然是邀请人们来旅游，那我们要为前来泰安的客人们安排好行程，现在请大家默读课文，梳理出作者与友人两天的游踪和游览的景观，为游客们安排好两日游的行程。

明确：第一天：从泰安城出发，登至泰山顶，观赏泰山晚霞夕照，宿山顶。第二天：五鼓起身，在日观亭看泰山日出，上午游岱祠、碧霞元君祠、皇帝行宫。下午返程途中观道中石刻及泰山松。

（2）泰山为五岳之首，总面积为 300 多平方千米，如不提前规划好登山路线，游客们很容易迷路，齐读文章第二自然段，圈点勾画地点的变化，然后同桌间交流合作，画出登山路线图。

任务二：介绍泰山的自然景观，吸引游客前来

泰山景观众多，那如何在两天之内深切领略到泰山之美呢？这就需要我们有针对性、选择性的游览，因此我们可以为游客介绍一些重点景观，试着从文中找出描写自然景观的句子，试着用自己的话概括并进行简单分析。

明确：泰山夕照图、泰山日出图。

任务三：阐释"重走姚鼐登山路，追慕古人得真趣"这一主题游的文化内涵

（1）为何要登山？

明确："以消其沉忧"

（2）登山后有什么感慨？

明确：排解愁思、"旋即南归"

（三）布置作业

结合课文内容，撰写泰山的解说词，为泰山做广告，进一步激发游客的兴趣。

板书（略）

反思小结：姚鼐是桐城派的代表，他强调"义理、考据、辞章，三者不

可偏废",也就是说文章的思想、材料和表现形式都很重要。《登泰山记》作为他的代表作之一,虽然是一篇游记,但同样表现了其散文创作主张。就"义理"而言,本文并没有借写泰山来阐发儒家思想的微言大义,文章所记述的却是作者冬日登泰山的独特感受,表现了冬日泰山的神奇与秀丽,表达了作者对泰山的热爱和赞美之情。就"考据"而言,本文以记述游历经过为主,行文中多处融入作者的考据学问,表现出桐城派散文的独特风格。如文章开头写泰山的地理位置,第2自然段中写登山的路径和准确的数字等,都显示了作者的学问和考据功夫。就"辞章"而言,本文用词用语极为简洁、生动,如第3自然段中写日出,从作者的视觉来描写日出瞬间的变化:"极天云一线异色,须臾成五采。日上,正赤如丹,下有红光,动摇承之。"通过色彩的变换,写出了泰山日出的独特魅力。本文虽然是一篇游记散文,但是我们并不能仅仅当做游记散文来教,而应该透过散文,去观察散文背后的作者,感受作者雪夜登山来"躲避以慰寂寞,释放以泄郁闷",借山水自然之美来消解心头的深沉隐痛。

5.2.3 《爱莲说》与《登泰山记》课例解读——情境设计,层层推进

这两个课例都体现了语文课程标准修订后的课程实施理念,即增强课程实施的情境性和实践性,促进学习方式变革。义务教育语文课程实施从学生语文生活实际出发,创设丰富多样的学习情境,设计富有挑战性的学习任务,激发学生的好奇心、想象力、求知欲,促进学生自主、合作、探究学习;勤于思考,乐于实践,勇于探索,养成良好的学习习惯;充分发挥现代信息技术的支持作用,拓展语文学习空间,提高语文学习能力。高中"文学阅读与写作"任务群的教学,教师应向学生提供有效的学习支持,如做好问题设计,提供阅读策略指导,适时组织经验分享和成果交流活动;在学习过程中进行相机指导点拨,组织并平等参与问题讨论。

《爱莲说》课例以周敦颐的"君子之文"参与花卉节助力的情境创设开始,逐渐引出探究文章君子之行、君子之意、君子之作的学习活动,层层推

进，促进学生深入理解文章及作者的品格情操。《登泰山记》课例设置的情境则是：泰安市决定制作一部以"重走姚鼐登山路，追慕古人得真趣"为主题的泰山旅游宣传短片，以姚鼐的《登泰山记》为底本安排两日游程和登山路线，并介绍泰山的自然景观。这个情境将解决现实生活问题和文章阅读巧妙地结合在一起，充分挖掘了游记散文"游"的特点，读懂文章中的"游"才便于解决现实生活中的"导游"问题，带动了学生圈点勾画、分析、梳理、概括等阅读活动，以及表达、交流、合作、画图等多样化的学习实践活动。在此基础上，该课例还让学生进一步阐释"重走姚鼐登山路，追慕古人得真趣"这一主题游的文化内涵，将前面的语文综合实践活动又推进了一层，思考古代文人的游览真趣和文化意味，情境任务贯以始终，提高了学生对古代文人游览文化现象的认识能力和阐释自己见解的能力。

第6章 实用文单篇教学课例解读

6.1 课例1:《活板》

本课例由一线优秀教师沈燕老师设计执教。

6.1.1 教学目标

(1)积累常见文言实词和文言虚词,认识文言文中的一词多义现象,学会归类整理文言现象。

(2)学习本文抓住活字印刷术"活"的特点运用程序顺序进行说明,了解打比方、作比较等说明方法,培养学生独立阅读浅显文言文的能力。

(3)学以致用,能抓住主要特征,按照顺序运用多种说明方法介绍事物,从阅读迁移到写作。

6.1.2 教学过程

6.1.2.1 整体感知,疏通文意

1. 猜一猜课文内容

师:"板"又作"版"。从题目来看,你们觉得文章会写什么?怎么写?

生:肯定是要介绍活板这门技术。

师:那你觉得作者介绍的时候会重点抓住什么特征来介绍?

师:再来猜猜,作者要怎样介绍活板的"活"?大胆猜想,不要看课文哦!

生:我觉得,是不是应该从制作活板的各个流程来写"活"?

师：太棒了，你的猜想合情合理。所以，这节课我们就是要探究活板的"活"究竟体现在哪，以及又是用什么顺序什么方法来介绍它的"活"的。请同学们带着这几个问题好好地朗读课文。

2. 朗读课文（读准字音、断句）

检测读音

毕昇　薄如钱唇　和纸灰　火炀　如砥　更互　燔土　用讫

齐读：

（1）已后典籍/皆为板本

（2）其上/以松脂、蜡和纸灰之类/冒之

（3）持/就火炀之

（4）则以一平板/按其面

（5）每一字/皆有数印

（6）以备/一板内有重复者

（7）有奇字/素无备者

（8）沾水/则高下不平

（9）用讫/再火令药熔

（10）其印/为余群从所得

3. 疏通文意

学生结合注释先独立翻译，画出疑难，合作解决。老师提醒同学们在翻译过程中要特别注意并掌握文言现象，比如通假字、古今异义、一词多义、词类活用……学生根据提示，在疏通文意的基础上分类整理。

师：请同学们根据不同的语境，解释"为"的意思。

生：第1自然段的"尚未盛为之"的"为"是动词，做，使用；"皆为板本"的"为"是判断动词，是；"又为活板"的"为"是动词，发明；最后一段"其印为余群从所得"中的"为"是介词，被……还有"未为简易"的"为"，可解释为"算是"；"每字为一印""满铁范为一板"的"为"，应该解释为"作为"；而"不以木为之者"的"为"，可以解释为"刻"。

师：补充得很全面哦！同一个词在不同的语境下意思也会不同，这就是一词多义。同学们一定要结合具体语境具体分析。

……

4. 整体感知

师：通过共同学习我们已疏通了文意。现在，同学们回过头看看，这篇文章所写的是不是符合你们刚才的猜想？

生：对，就是介绍活板印刷术的整个流程。

师：集中在第几自然段？

生（齐）：第 2 自然段。

师：那第 1 自然段介绍了什么？能不能删掉这一段？

生：我觉得是在介绍雕板印刷发展的状况。不能删。

师：没错。标题是活板，开篇却介绍雕板，这是为何？有何用意？

生：是不是为了说明印刷术是慢慢继承发展的？

师：继承发展这个词用得太好了！没错，活板印刷的发明不是凭空的，而是在原有的科学技术的基础上继承并发展来的。这从下文的哪个词也可以看出来？

生："又为活板"的"又"字。

师：不愧是火眼金睛啊，除此之外还有没有其他用意？

生：以雕板的不便来衬托活板的灵活。

师：这种方法在说明文里我们把它叫作什么？

生（齐）：作比较。

师：对，那第 3 自然段是在写什么？

生：毕昇死后，他的印模被"我"的侄子们得到，到现在还（妥善地）保存和收藏着。

生：这段介绍了毕昇活字模的下落。

师：那这一段能删掉吗，为什么？

生：不能，我认为这恰恰证明活了印刷术是真实的，有迹可循的。

6.1.2.2　细节探究，品析活板之"活"

1. 抓特征

师：现在，我们重点回到第 2 自然段。这一段是介绍活板印刷术的整个

流程，突出了哪个特征？

生：活。

师：好，作者聚焦"活"字介绍了活板的哪几个方面？请同学们圈点批注，画出关键词，并用3个字来概括总结。（学生分组合作讨论，教师巡查点拨。）

生：课文里的"胶泥刻字，每字为一印"是写刻字活，"密布字印"是排板活，"奇字……旋刻之"是说造字活，"木格贮之"是贮存活。（教师边听边板书。）

师：概述得不错，不过似乎还少了一些信息，谁再来补充一下？

生：他少说了三点，还有"二板更互用之"是说印刷活，"每字皆有数印"是说字数活，而"用讫……殊不沾污"是说拆板活。

师：同学们总结得很到位，看来集体的智慧无敌啊！

（屏显）：

制字活（刻字、火烧）——设板活（药物冒之、置铁范）——排板活（布字、炀板、平字）——印刷活（活板单印，二板更互）——拆板活（炀板、拂印）——贮存活（板书）

2. 理顺序

师：作者紧紧抓住活板印刷术的主要特征"活"来介绍整个工艺流程，活板的先进也体现在"活"上。这是按什么顺序来写的？

生：工作程序的顺序。

生：时间顺序。

师：都对。那这么写有什么好处？或者说，你们按作者的写作顺序读下来有什么感觉？

生：感觉按照工序走，可以将复杂的制板过程写得井然有序。

3. 明方法

师：对，介绍事物不仅要抓住主要特征，还要按一定的顺序来写。此外，作者为了凸显"活板"的"活"，又用了哪些说明方法？大家快速浏览全文，找出相关句子圈点批注，并说说这一说明方法有什么好处。

生：找到"薄如钱唇"这句，这是打比方，把薄薄的字比作铜钱的边缘，突出了字模形状的灵巧。

生："则字平如砥"也是打比方，突出了活板的平整程度，使说明更准确形象。

师：两位同学说得很好，除了打比方之外，作者还用了什么说明方法？

生：还有作比较。

师：体现在哪？

生："若止印三二本…极为神速"，比较之后突出印刷的便捷和快速。

生：还有"不以木为之者……殊不沾污"把木头刻的字和胶泥刻字进行对比．突出了胶泥刻字的优点。

师：对，作比较总是利于体现主要事物的优越性，除了打比方、作比较，还有什么说明方法？

生：举例子。课文中的"之""也"等字，还有"有奇字素无备者，旋刻之，以草火烧，瞬息可成"，这也是举例子，这样会使说明更具体准确

师：同学们真是快、准、狠啊，可谓是一语中的。作者为了介绍活板印刷术，抓住主要特点"活"按流程顺序加以说明，使文章井然有序，同时活用多种说明方法，化抽象为具体可感，语言更是简洁、平实、准确，形容适度。这是本文值得大家学习借鉴的地方。

6.1.2.3　拓展延伸，写法运用

师：这一课教会了我们如何介绍一门技术，接下来我们也要活学活用才行。老师发现你们美术课在教剪纸，是吗？这也是一门传统的技术，你们认为剪纸的主要特征是什么？用一个字概括。

生：巧。

师：对，就是"巧"。请同学们抓住"巧"，按剪纸的流程顺序，同时巧用多种说明方法，比如打比方、作比较等，介绍剪纸技术，字数 300 字左右。

6.1.3 课例解读

6.1.3.1 文言并重，以生为本

本课的课后练习题，文言知识点的练习居多，但教学不能只把文言基础讲清楚就行，王君老师说过："文言文，言是基础，文是升华"，文言文，当然二者要并重，且务必融合扎实。即使是枯燥的文言文说明文，教学也不只是要关注学生获得了多少知识，更要关注其学习过程中语言梳理、思维品质的提升、传统优秀文化意识的激发。新课标"以生为本"的理念，决定了教学目标要着眼于学生的文言能力发展和阅读习惯、敢于发声、善于发声习惯的培养，教学内容应贴近学生实际，教学方法多运用讨论式、启发式的教学方法，对学生的评价应以鼓励激赏为主，使学生"亲其师，乐其学，成其道"。

6.1.3.2 优选策略，落实目标

《活板》文字比较浅显，学生只要结合文下注释，大体都可读懂，但还是要引导学生对文言字词进行分类整理，以便以后文言文的学习。本课的教学目标文言并重，选用的策略原则是"实"字当头、"所得"第一。在"疏通文意"这一环节上，教师先引导学生借助注释和工具书扫清文字障碍，点拨帮助学生对文中一词多义现象加以归纳，同时让学生以互问互答的"擂台"形式加深理解，巧用小伙伴的资源，让他们记得更清楚更深刻；再利用重点的问题设置，通过自主思考、讨论、发言等多种形式，引导学生深入理解课文，突破重点难点，理出活板的制作过程；最后趁热打铁，让学生学写简单的说明文，完成能力的迁移。

6.1.3.3 教给方法，提升能力

达尔文曾言，"最有价值的知识是方法的知识"。正所谓"授之以鱼不如授之以渔，授之以渔不如授之以欲"。"渔"是方法，"欲"是思想、能力，促使学生养成探索的习惯，提升他们的探究能力。

上课伊始，教师用猜想法鼓励学生大胆猜想课文内容、写作手法等，唤

起他们的阅读期待，使他们带着问题去阅读，并在"猜—扫—知"的过程中
印证自己的想法，唤醒学生的阅读自信，这样枯燥的文言文兼说明文学习起
来就事半功倍了。课堂学习是教师和学生、学生和学生之间"思维碰撞、心
灵碰撞、情感融合"的动态发展过程，会出现许多的意外和惊喜。面对学生
自主的探究，教师鼓励精彩的生成，这样不仅尊重了孩子的天性，也呵护了
孩子的灵性。整节课中，学生乐此不彼地自己总结文言知识用法，比如"名
词活用为状语"这一知识点的自主探究和总结。此外，他们还大胆发问，也
允当小老师解答同学的疑问，教师则不时地肯定表扬激励，很快便完成了
"品—感—用"的学习任务。通过这节课的学习，教师也把"猜—扫—知—
品—感—用"六步阅读法传授给了学生，培养了学生的自主阅读习惯和能
力，教师也能做一个智慧、轻松的教师。

"将知识转化为智慧和能力，使文化积淀成精神和人格"，这是我们要追
求的教育的真谛。

6.2 课例2：《喜看稻菽千重浪——记首届国家最高科技奖获得者袁隆平》

本课例由王建英老师指导2022级学科教学·语文方向研究生张玉姣设
计，并参加了2023年全国"田家炳"杯全日制教育硕士专业学位研究生专
业技能大赛。

6.2.1 课标和教材分析

《喜看稻菽千重浪——记首届国家最高科技奖获得者袁隆平》选自统编
版高中语文必修上册第二单元，单元目标为"学习通讯报道，学会准确把握
新闻信息，学会以典型事件和细节表现人物品质的写法，分析报道角度，区
分新闻事实与新闻背景，理解新闻的倾向性，有意识地提升自己的媒介素
养"。该单元是高中第一个围绕"实用性阅读与交流"任务群的课程目标而
设计的学习单元，其人文主题是"劳动光荣"。课程标准指出："本任务群旨

在引导学生学习当代社会生活中的实用性语文,包括实用文本的独立阅读与理解,日常社会生活需要的口头与书面的表达交流。通过本任务群的学习,丰富学生的生活经历和情感体验,提高阅读与表达交流的水平,增强适应社会、服务社会的能力。"学习本课,需要结合学生生活实际,设置真实具体的任务和活动,帮助学生抓住人物通讯的两大主要特征,即用典型事件和典型细节塑造新闻人物;在学习过程中帮助学生发自内心地感受到劳动的光荣与伟大,感受到袁隆平的劳动所创造出的巨大贡献;最后,学生要学会以典型事例和细节表现人物品质的写法。

6.2.2　学情分析

从语文经验看,高一的学生已经学习过不同体裁的新闻作品,如八年级上册第一单元中的新闻作品涵盖了消息、新闻特写、通讯等不同体裁的文章,通过学习,学生对常见新闻体裁作品的有关知识、结构特点、写法等有了一定的了解,在实践活动中掌握了新闻采访和新闻写作的知识,本课时教学可以在此基础上展开。

从生活经验来看,学生从小耳濡目染袁隆平爷爷的先进事迹,加之通过各种新闻媒体、网络平台都可以了解到袁隆平其人及其先进事迹、突出贡献、优秀品质等,对袁隆平是非常熟悉的,本课时教学可以抓住学生对于袁隆平的"亲近感"进一步引导学生从劳动价值的角度感悟袁隆平的精神品质。

6.2.3　教学设计与实施

【教学目标】

(1)回顾文中核心事件和人物品质,思考其他事件是否可以被选入课文中,初步感受袁隆平作为科技劳动者敢于挑战权威、坚持真理、勇于创新的精神品格,培养学生灵活性和批判性思维。

(2)品析人物细节描写,从中感悟科学家袁隆平的独特精神品质,积累言语经验。(重点)

(3)找出并分析作者评论,明确作者对于袁隆平及其成就贡献的观点和态度。

【教学环节】

（一）导入

颁奖词导入（他是一位真正的耕耘者。当他还是一个乡村教师的时候，已经具有颠覆世界权威的胆识；当他名满天下的时候，却仍然只是专注于稻田。淡薄名利，一介农夫，播撒智慧，收获富足。他毕生的梦想，就是让所有人远离饥饿。喜看稻菽千重浪，最是风流袁隆平！——2004 年感动中国十大人物颁奖词）

从这段颁奖词中，我们可以看到袁隆平集平凡与伟大于一身，那么在这篇人物通讯中，我们看看记者沈英甲怎么来塑造袁隆平形象的。

（二）思考事件对传记人物的表现作用

任务一：回顾新闻事件，思考其他新闻事件是否可以被选入课文，初步体会科学家的优秀品质

活动 1：回顾核心新闻事件及人物精神，体会典型事件对突出人物品质的作用。

活动 2：思考以下事件是否可以添加在这篇课文中。

（1）连日来，世界杂交水稻之父、中国工程院院士袁隆平的先进事迹在湖南各界引起热烈反响。湖南各高校、科研院所的科技工作者纷纷举行座谈会，大家在发言中认为，袁隆平 50 多年来勇于创新，杂交水稻的重大发明不仅解决了中国粮食自给难题，也为世界上 30 多个国家的粮食生产发挥了巨大作用。来自农业一线的众多科技工作者纷纷表示，要学习袁隆平身上体现出的科学精神和奋斗精神，为中国农业进步作出自己的贡献。

（2）不为钱而活着反而最富有，袁隆平身价超过千亿元。袁隆平从没将金钱作为自己的人生追求，却成了名副其实的"富翁"。只要他愿意，杂交水稻就是其取之不竭的"摇钱树"，但他不是一个整天想着捞钱的人。袁隆平的经历，再次验证了成功路上的一个规律：整天一门心思想着捞钱的人，往往两手空空；不为钱而活着的人，反而是最富有的人。

（这两个事件虽然都与袁隆平有关，展示了袁隆平所作的贡献和其他科

技工作者对袁隆平的敬意，体现了袁隆平不为财的高尚品质，但并没有突出袁隆平作为一位科技劳动者的品质，因而不宜被选入课文中。）

任务二：品析文中细节描写，深入感受领会袁隆平科学家的优秀品质及其作者意蕴

（1）揣摩动作描写。

①袁隆平眯起双眼，出神地打量着这片几百亩大的试验田，然后跨过水渠，迈步走进田间。他蹲下身子翻看着土壤。（曾记否，到中流击水）

（这是春节过后的第二天，一般人还沉浸在过节的喜悦气氛内，而袁隆平却已经深入稻田开始工作。本句"眯起""打量""跨过""迈步""走进""蹲下""翻看"一系列动词，生动形象地刻画了这位专注、认真的科学家"更像一个地道的湖南农民"。）

②那是 1961 年 7 月的一天，下课铃声响过之后，袁隆平拍去身上的粉笔灰尘，披着讲义夹，匆匆来到校园外的早稻试验田……突然，他那敏锐的目光停留在一蔸形态特异、鹤立鸡群的水稻植株上。他屏气静神地伸出双手，欣喜地抚摸着那可爱的稻穗，激动得几乎要喊出声来！（曾记否，到中流击水）

（"拍去""披着""来到""伸出""抚摸"等一连串动词描绘出袁隆平在细心寻找并发现天然杂交稻株时的动作和姿态；"匆匆""一行行""敏锐""屏气静神""欣喜"等一系列修饰性词语使人物迫不及待、聚精会神、小心翼翼的形象更加鲜活立体。）

③袁隆平又走进了安江农校的稻田，去寻找水稻的天然雄性不育株。他头顶烈日，脚踩淤泥，弯腰驼背去寻找这种天然雄性不育株，已是第 14 天了。突然他的目光停留在一株雄花不开裂、性状奇特的植株上，这正是退化了的雄蕊。他马上把这株洞庭早籼天然雄性不育株用布条标记。袁隆平欣喜异常，水稻雄性不育植株，终于找到了。（创新是科学家的灵魂和本质）

（本段中"头顶烈日，脚踩淤泥，弯腰驼背"可谓妙笔生花，它们让袁隆平矢志不渝、笃实践履的人格气度跃然纸上。正如袁隆平自己在《我成功的秘诀：知识、汗水、灵感、机遇》一文中所说的："越是打雷、刮大风、下大雨，我们越要到田里面去看看，看禾苗倒伏不倒伏，看哪些品种能够经得起几级风，这可不是闹着玩的。我们搞育种的就是要坚持在第一线，这样才会发现新品种，才会接近灵感。"据祁淑英撰写的《袁隆平传》记载，在二十世纪中叶，袁隆平虽然身处逆境，但仍专心研究水稻，在不利条件中争得从事科研活动的机会。由此可见，行文中反复出现的"目光""欣喜"足以令读者对柳暗花明的场景感同身受。）

④他一边甩去手上的泥巴一边对我说……（事实是科学家的空气）

（2）揣摩引用描写。

①曾记否，到中流击水。

（引用诗句，不仅突出袁隆平的精神品质，更体现着人物通讯具有文学性的特征。）

②到了当代，农民出身的毛泽东说，世界上什么事情最大，吃饭的事情最大。（曾记否，到中流击水）

（突出袁隆平所从事的事业是利国利民，立足于实践的。）

③因为水稻是自花授粉作物，"自花授粉作物自交不衰退，因而杂交无优势"的论断明白无误地写在美国著名遗传学家辛诺特和邓恩的经典著作、二十世纪五六十年代美国大学教科书《遗传学原理》中，由此有人嘲笑"提出杂交水稻课题是对遗传学的无知"。（创新是科学家的灵魂和本质）

④美国学者唐·帕尔伯格在他《走向丰衣足食的世界》一书中写道：袁隆平使"饥饿的威胁在退却，袁正引导我们走向一个营养充足的世界"。（饥饿的威胁在退却）

（3）品析心理描写。

①我跟随在他身后不禁产生了瞬间的错觉：这难道就是几天后就要赴京，领取由国家主席亲自签署、颁发的国家最高科技奖的科学家吗？他看上去更像一个地道的湖南农民，这使我想起了农民送给他的"泥腿子专家""泥腿子院士"的称谓。挽起裤腿走下稻田，是人们从播种到收获季节见到的袁隆平最标准的"形象"。（曾记否，到中流击水）

②一种失望的情绪掠过袁隆平心头，但是对孟德尔、摩尔根遗传学有着

深入研究的袁隆平进而想到……（曾记否，到中流击水）

（作者对笔下人物心理的一种符合情理的细节揣测。）

（4）品析评论句子，明确作者的立场和态度。

鲁迅说过，"愿中国青年都摆脱冷气，只是向上走，不必听自暴自弃者流的话。能做事的做事，能发声的发声。有一分热，发一分光，就令萤火一般，也可以在黑暗里发一点光，不必等候炬火。"这篇通讯作者在评论言语之间也赞叹了袁隆平科学家对研究问题的专注投入和不懈的钻研精神。

（三）作业布置

（1）你还能找出人物通讯的哪些特点？尝试从你找到的某一特点进行深入分析。

（2）小组分工合作，采访身边触动你心灵的劳动者，写一篇通讯。

6.2.4　课例解读

本课例的教学目标主要学习如何撰写人物通讯以及如何运用典型事件和细节描写塑造新闻人物。首先，通过回顾核心新闻事件，理解人物品质等初步感知袁隆平作为科技劳动者敢于挑战权威、坚持真理、勇于创新的精神品格，帮助学生明晰典型事件对塑造新闻人物的重要性。其次，品析典型细节，进一步感受袁隆平的精神品质及其劳动的贡献与价值，这样的教学目标紧紧抓住了教材要求与文体特点。

导入选用同学们较为熟悉的感动中国人物颁奖词，拉近新闻人物与学生之间的距离，有助于学生初步感知袁隆平的形象。

这篇文章将袁隆平对杂交水稻的研究过程作为贯穿全篇的线索，抓住这个核心事件，使读者更清晰地了解袁隆平的科学探索之路，理解袁隆平敢于挑战权威、坚持真理、勇于创新的精神品格，而这些精神品格，正是一位科技劳动者所必须具有的品质。反向举例，促使学生活跃思维，积极思考，深化学生对于"典型事件塑造新闻人物"的学习。通过事件分析可以加强学生对通讯报道的新闻性、倾向性的认识。细节描写突出人物通讯的文学性，这也是人物通讯和消息的主要区别，通过找出并分析细节描写的效果，可帮助学生感受袁隆平的形象和把握作者的态度，体悟袁隆平所付出劳动的价值和意义。作业方面，学生在初中二年级时已经学习了如何采访，本次可以在教师指导下进行小组分工合作，采访身边的劳动者，在过程中感受劳动的意义，最后合作写出一篇人物通讯，培养学生在自主、合作中写作通讯文体的能力。

第7章 群文阅读课例解读

7.1 课例1：初中鲁迅作品群文阅读

本课例由王建英指导 2018 级学科教学·语文方向研究生郭圆设计，于 2019 年 9 月—12 月在太原五中龙城校区初中一年级执行，以此为基础的论文获得 2020 年校级优秀毕业论文。

随着时代的发展，鲁迅作品在中学语文教材中的选编也有所变动，但其中一些经典篇目还是被保留了下来。2016 年版部编本初中语文教材中鲁迅入选作品有散文 3 篇、小说 3 篇、杂文 1 篇，另初中一年级上册名著阅读推荐了鲁迅散文集《朝花夕拾》，现将这些文章梳理如表 7-1 所示。

表 7-1 部编版初中语文教材中鲁迅作品

序号	年级篇目	单元主题及学习要求	"我"的主要特点
1	初中一年级上册：《从百草园到三味书屋》（散文）另：《朝花夕拾》	单元主题：学习生活 学习默读，一气呵成读完全文，梳理文章的主要内容	课文描绘了一个在百草园里按斑蝥、拔何首乌，在课堂上寻找乐趣的天真调皮小顽童形象。文中的童真和童趣，容易勾起学生的童年美好记忆，为认识鲁迅、走近鲁迅打下阅读基础
2	初中一年级下册：《阿长与〈山海经〉》（散文）	单元主题：凡人小事 学习精读，熟读精思，把握叙事角度，分清详略	爱听故事爱读书，有感恩之心
3	初中二年级上册：《藤野先生》（散文）	单元主题：生活的记忆 阅读传记类文章，对人物和事件有自己的理解和判断	"我"回忆了日本留学期间的恩师藤野先生及他留给自己的思想激励，也表现了这段留学中弃医从文、改造社会的思想转变

续表

序号	年级篇目	单元主题及学习要求	"我"的主要特点
4	初中二年级下册：《社戏》（小说）	单元主题：民风民俗 了解民俗，尊重民间文化，学会多种表达方式的综合运用	十一二岁的"我"在平桥村与小伙伴夜航看戏的难忘经历，让人感受平桥村淳朴的民风以及人们生活的朴实惬意
5	初中三年级上册：《故乡》（小说）	单元主题：青春年少 梳理小说的情节，理解小说的主题	《故乡》表现了辛亥革命后农村经济急剧破产，农民生活困苦潦倒的情景，表现了作者对人生和社会的沉痛之感
6	初中三年级上册：《中国人失掉自信力了吗》（杂文）	单元主题：理想信念 分析材料，把握论据，理解观点与材料之间的联系	面对社会的变革，民众对国家失去信心，鲁迅先生担负起拯救国民精神的重担，向人民发出中国人应当自信自强的呐喊，体现出一位深刻思考人性、批判社会的勇士形象
7	初中三年级下册：《孔乙己》（小说）	单元主题：人物画廊 把握小说的人物形象，对作品有自己的理解，学会欣赏小说	通过对下层知识分子孔乙己悲惨人生的描写，反映当时社会中人们思想的麻木、迂腐，从侧面揭露了封建制度对人们精神的毒害，表现出作者对这个"吃人"社会的反思与批判 这一时期，学生走向更加成熟的阶段，对社会人生也有了自己的思考，可以认识到鲁迅不再是儿时的玩伴、单纯的文学家，更多的是社会顽疾的批评者、人生的思考者、思想的启迪者

通过这些篇目我们发现，教材编写者分阶段、有梯度的向我们展现了一位真实而丰富的鲁迅。教学中要让学生丰富对鲁迅及其作品的认知，对鲁迅形成比较立体的认识，就要适当增加学生的阅读量，还要注意鲁迅不同文学体裁的学习，群文阅读是一种可以尝试的选择。

7.1.1　走进鲁迅"童年的烂漫"群文阅读

7.1.1.1　议题的设置——走进鲁迅"童年的烂漫"

1. 设计思考

鲁迅有关童年的回忆性散文以及小说中吸引人的童年故事，更容易引起中学生的共鸣和阅读兴趣，初中一年级的学生刚刚从小学步入中学，正处于告别童年进入少年时期的阶段，学生爱玩、贪玩的天性还没有完全退却，仍然保持着对童年往事的眷恋。接触教材中鲁迅的第一篇文章是《从百草园到三味书屋》，其中就记录了鲁迅对童年快乐生活的回顾。通过组合教材中有关鲁迅童年的文章围绕"童年的烂漫"进行群文阅读，容易使学生与鲁迅建立联系，让学生了解到鲁迅可爱温情的一面，从心理上亲近鲁迅，走近鲁迅，学习时间是安排在初中一年级上学期。

2. 学习目标

精读鲁迅有关童年的课文中充满童真、童趣的事件，了解伟人温情的一面，亲近鲁迅，走进鲁迅的心灵世界。

7.1.1.2　文本的选择与建构

《从百草园到三味书屋》《阿长与〈山海经〉》《社戏》

前两篇文章均出自鲁迅先生笔下的回忆性散文集《朝花夕拾》，第三篇《社戏》选自鲁迅小说集《呐喊》。三篇文章都有对"童年的烂漫"的表现，为我们集中展现了鲁迅的童年生活。《从百草园到三味书屋》记录了鲁迅在百草园和三味书屋中的一段快乐时光；《阿长与〈山海经〉》回忆了鲁迅童年最仁爱的保姆；《社戏》记录了鲁迅童年在乡下外婆家的一段难忘时光。前两篇是初中一年级教材中的课文，《社戏》是初中二年级的，三篇文章在内容上相互补充，有利于我们全面地了解鲁迅的童年生活。

7.1.1.3　课堂实施

1. 巧妙导入，明确议题

亲爱的同学们，从小学时候一路走来，童年的件件趣事仍历历在目，我们酷爱玩耍的地方，可能是乡下外婆家的小河边；最害怕的故事，可能是吸血鬼的故事；最喜欢的游戏，可能是"123 木头人"；最"讨厌"的老师，可能是上学以来第一次体罚大家的老师；最怀念的人，可能是你家楼下经常遛狗的那个阿姨；最后悔的事，可能是弄丢了家里的小花猫……即使是后来长成大器的鲁迅先生，也和我们一样有个烂漫的童年呢，想不想知道他的童年是什么样的呢？今天就让我们到一组文章中去看看鲁迅的小时候最爱玩的场所，听听他童

年最恐惧的故事，感受他童年最喜欢玩的游戏，拜访小时候对他最严格的寿镜吾老先生，了解那时他既憎恶又敬爱的保姆，体会一下他童年的烂漫……

2. 学生自主阅读，梳理趣事

从《从百草园到三味书屋》《阿长与〈山海经〉》《社戏》中，选择一篇你最喜欢的文章进行阅读，精读文中体现鲁迅童年童真、童趣的语言或事件，从这些语言和事件中，表现出鲁迅哪些性格特点？并填写表7-2。

表7-2 关于鲁迅"童年的烂漫"文章内容梳理表

文章	鲁迅童年趣事	有趣的描写体现的人物特点
从百草园到三味书屋		
阿长与《山海经》		
社戏		

设计思考：以学生为主体，从中找出关于鲁迅童年童真、童趣的事件或描写语言，教师在这一过程中对学生找出的具体的语言和事件进行精读指导，使学生充分感悟鲁迅流露在字里行间的童真、童趣。同时教师补充鲁迅的童年资料，帮助学生丰富对鲁迅的了解。

明确：《从百草园到三味书屋》中"碧绿""紫红"等形容词表现出小鲁迅的心情不错。"光滑的石井兰"中"光滑"，能够了解到儿童经常在这里玩耍以至于石头都被磨光了。用"肥胖"形容黄蜂，表现小鲁迅与黄蜂的亲密关系，对大自然的热爱。"翻断砖""拔何首乌""按斑蝥"，特别是"于是"可以看出小鲁迅对于大人说过的话不假思索的就去验证，童年的纯真和强烈的好奇心得以充分的体现。"雪地捕鸟"，让我们体会到小鲁迅捕鸟时紧张、快乐、失望的复杂心情。听美女蛇故事时"沙沙沙""豁的"，可以感受到小鲁迅惊心动魄的快乐。"Ade，我的蟋蟀们！Ade，我的覆盆子们和木莲们！"从中感受到小鲁迅告别乐园时的不舍与无奈。在三味书屋的小花园中"折腊梅""寻蝉蜕""捉了苍蝇喂蚂蚁"，在课堂上"折纸盔甲""画画"，可见小鲁迅的顽皮与淘气。鲁迅在课堂上很好的完成寿镜吾老师的对答，可见小鲁迅聪明与深厚的文学素养。

《阿长与〈山海经〉》中，小鲁迅对于保姆阿长，平时叫她"阿妈"连

"长"字也不带，但到憎恶她的时候，就叫她"阿长"，小时候的鲁迅是那样的充满稚气与可爱。对阿长"切切察""睡觉摆大字"，挤得自己没有地方睡实在是没办法忍受，因为极其讨厌她，怎么也看她不顺眼，总感觉她在管束自己，监视自己，向母亲告状，就像一个坏蛋。当平时不怎么在乎的阿长为自己买来《山海经》时，他感动不已，从此对她的怨恨一笔勾销，我们可以体会到鲁迅童年的率真与温情。

《社戏》中，记叙了自己在乡下外婆家的一段难忘的时光。在这里可以免去读书，平日里小伙伴们都会来伴"我"做游戏，可以和小伙伴一起放牛、钓虾，钓到的虾照例都归"我"吃。最难忘的是和小伙伴驾船去赵庄看戏，在归航途中"偷豆"的经历，这些都是在家里体会不到的独特经历，而且乡下小伙伴的淳朴、善良、热情好客是小鲁迅一直眷恋这片乐土。

资料补充：

一次对课时，寿镜吾老师提出了"独角兽"让学生对。课间一位姓高的同学偷偷看了老师对课的题目，在去后花园的路上问鲁迅正确答案是什么，鲁迅对他说："我认为你应该对'四眼狗'。"没想到上课时，这位姓高的同学居然真的用了鲁迅给他的答案。寿镜吾先生是一位平日里都会戴近视镜的老师，寿镜吾老师听了非常生气，还责骂了这位同学。此时的鲁迅用书挡住脸在课桌下偷笑不停，随后鲁迅起身对出了"比目鱼"这一答案，获得了老先生的连连夸赞。还有一回，寿镜吾老先生"故意"出了个"陷兽入阱中"为难大家，所有同学都目目相觑，而鲁迅像往常一样语出惊人地对出了"放牛归林野"，寿镜吾老先生对他是赞不绝口。

3. 整合阅读，丰富对鲁迅的认识

整合三篇文章梳理的主要内容（见表 7-3），谈谈你所认识的鲁迅。

总结：鲁迅是个可亲可敬的人，小时候的鲁迅知识面广博，拥有超群的智慧；原来鲁迅的童年也和我们一样那样爱玩、调皮，虽然我们处的时代不同，玩法不同，但都有一颗童心；鲁迅其人不但是伟大的革命家、思想家和文学家，而且他是一个生活家，除玩耍可以让他如此快乐外，学习这件事也让他感到无比快乐……

表7-3　关于鲁迅"童年的烂漫"文章内容梳理

文章	鲁迅童年趣事	有趣的描写体现的人物特点
从百草园到三味书屋	（1）百草园各种玩耍 （2）告别乐园 （3）三味书屋花园课堂中的各种小捣蛋及对课	（1）光滑的石井栏——经常在这里玩耍以至于石头都被磨光了 肥胖的黄蜂——小鲁迅与黄蜂的亲密关系，对大自然的热爱 翻断砖、拔何首乌、按斑蝥等——好奇、好动 雪地捕鸟——小孩子捕鸟时紧张、快乐、失望的复杂心情 （2）"Ade，我的蟋蟀们！Ade，我的覆盆子们和木莲们！"——告别乐园时的不舍与无奈 （3）折腊梅、寻蝉蜕、捉了苍蝇为蚂蚁、折纸盔甲、画画等——顽皮淘气 对课——聪明与良好的文学素养
阿长与《山海经》	（1）日常生活中的小不满 （2）买《山海经》	（1）阿妈、阿长——稚气可爱 （2）"切切察""睡觉摆大字"——讨厌她，怎么也看她不顺眼，总感觉她在管束自己，监视自己，向母亲告状，就像一个坏蛋 （3）感动不已，对她的怨恨一笔勾销，率真而温情
社戏	（1）平日伴"我"做游戏，和小伙伴一起放牛、钓虾，钓到的虾照例都归"我"吃 （2）最难忘的是和小伙伴驾船去赵庄看戏，在归航途中"偷豆"的经历	（1）对"我"的友好优待 （2）平日里体会不到的独特经历，乡下小伙伴及乡亲的淳朴、善良、热情好客，深深地眷恋这片乐土

4. 拓展提升

推荐篇目：《五猖会》《风筝》。第一篇是追忆自己童年时候着急去看戏，却被父亲要求留下来背书的难忘经历，第二篇是追忆童年时对弟弟做得最懊悔的一件事。一篇是有关父亲的，另一篇是有关弟弟的，进一步补充了有关鲁迅童年的种种经历，使学生对鲁迅的童年有一个整体性的认知。

设计思考：议题直接由教师确定，从学生对童年的回忆中，激起学生对鲁迅童年的好奇，然后带入学生进入议题"童年的烂漫"，学生的学习兴趣和动机被激发，也为议题的实现做好了铺垫。

在进行鲁迅"童年的烂漫"群文阅读教学中，教师提示学生灵活运用精读和略读的阅读方式阅读三篇文本，要求学生在"统整"鲁迅童年童真、童趣的事件中，丰富对鲁迅调皮、天真一面的认识，从而拉近学生与鲁迅的距离，完成教学目标。在这一过程中，学生既学会了不同的阅读方法，还锻炼了自己的分析与总结能力，促进了思维的发展。由于群文阅读客观要求学生在有限的课堂时间内阅读多个作品或文本，并且要求快速、准确地掌握文章的主要内容，所以笔者设计教师在阅读方式上采用反复重读式，这样学生的阅读任务就会相对轻松，每个学生精读一篇文章在与其他同学的讨论交流中完善自己对鲁迅的认知，快速高效的提高了阅读效率。在阅读方法的指导上，因为鲁迅的语言"浓烈而千旋婉转"，所以教师让学生精读，让学生仔细体会鲁迅语言世界里的童年。对于一些蕴含鲁迅童真童趣的语言，教师应给予学生精读指导，帮助学生充分体会，另外给学生补充鲁迅的童年趣事，丰富学生对鲁迅的认知，这样教师在课堂中的主导作用，以及灵活的转变角色在这里得到了充分的体现。最后，在达成共识这一环节，老师要尊重学生对鲁迅的多角度阐释，使学生自然而然的走进鲁迅，亲近鲁迅，基本完成教学目标。

除此之外，教师相应补充关于鲁迅童年的其他文章，在扩大学生阅读量的同时，也有助于学生对鲁迅有一个全面的认知，学生的整体性阅读意识也会得到提高。

7.1.2　"鲁迅笔下描写人物的方法"群文阅读

教学目标：学习掌握描写人物的方法

7.1.2.1　议题的设置

"鲁迅笔下描写人物的方法"

设计思考：这一议题，属于"言语实践类"的议题，通过学习鲁迅描写人物的方法，来提高学生的写作技能。鲁迅作品中涉及较多的人物描写知识，让学生在群文阅读中总结鲁迅先生描写刻画人物的一些方法和作用，之后再

进行人物描写迁移练习，可以促使学生将人物描写得更加鲜活生动，学习时间安排在七年级上学期后半学期。

7.1.2.2 选择与建构多文本

《阿长与〈山海经〉》《藤野先生》《风筝》

设计思考：这三篇文章《阿长与〈山海经〉》《藤野先生》《风筝》，描写具体形象，贴近生活，是学生接受能力范围内的文章。每篇文章都有对人物的描写，虽然方法因人而异，但都有助于学生较为全面地学习人物描写的方法，也切合七年级记叙描写等写作训练要求，且安排在学生有了第一次群文阅读经验之后。在文本组合上，按照由易到难的方式排列，由于《阿长与〈山海经〉》中阿长的形象特征简明而突出，学生能够比较迅速地勾画出来，更加便于归纳人物描写的方法，这是群文阅读的第一篇，其次是《藤野先生》《风筝》。

7.1.2.3 课堂实施

1. 明确议题，巧妙导入

之前我们通过"童年的烂漫"群文阅读走近了鲁迅先生，了解了他温情可亲的一面，现在再来读一组他的文章，看看鲁迅先生是怎样描写人物的，接下来就让我们一起来探讨"鲁迅笔下描写人物的方法"，阅读《阿长与〈山海经〉》《藤野先生》《风筝》这几篇文章，并完成表7-4。

表7-4 人物描写表格

人物描写		
描写方面	内容	作用
外貌		
……		

设计思考：学生小组合作，找出每篇文章人物描写的特点。教师提供表格帮助学生学习参考。

2. 教师示范阅读《阿长与〈山海经〉》，填写人物表格

设计思考：教师通过精读和略读把握《阿长与〈山海经〉》中人物描写

的片段，让学生知道人物可以从外貌、神态、语言、动作等方面来描写，这些描写可以表现人物的形貌和性格特征，为学生接下来的自主学习提供范例，如表7-5所示。

表7-5　《阿长与〈山海经〉》中阿长的描写梳理

《阿长与〈山海经〉》中的阿长描写	
描写方面	人物特点及作用
身份、名称、形貌的交代	我们那里没有姓长的；她生得黄胖而矮（概括描写形貌），"长"字也不是形容词——交代长妈妈名字的来历，可见她身份卑微。
日常生活小事（神态描写、语言描写、动作描写等）	（1）常喜欢切切察察，对人们低声絮说什么事。还竖起了第二个手指上下摇动，或点着对手或自己的鼻尖。（动作、神态描写） 夏天睡觉时伸开两手两脚，在床中间摆成一个"大"字，一条胳臂还搁在我颈子上，推不动，叫不动（睡相或睡形描写） ——表现了长妈妈饶舌多事、不拘小节、粗俗粗心的讨人烦之处 （2）过年祝福与吃福橘："哥儿，你一定牢牢记住！"她极其郑重地说。（语言和神态）"明天就是正月初一，早上一睁眼，第一句话就得对我说：'阿妈，贺喜贺喜！'记住么？你要记得，这可是关于一年运气的事。不许说别的话！说完之后，还要吃一些福橘。"她又抓起那橘子来在我跟前摇了两摇（动作），"那么，一年到头，顺顺流流……"。 ……一醒，就要坐起来。她却立刻伸出臂膊，一把将我按住惶急地看着我，摇着我的肩，"恭喜恭喜！大家恭喜！真是聪明！恭喜恭喜啊！"她于是十分欢喜似的，笑了起来。（一系列语言、神态、动作描写） ——通过一系列语言、神态、动作的描写，形象生动地表现了长妈妈相信运气、讲究规矩兆头、希望老小好运的善良而迫切愿望 （3）讲"长毛"：她之所谓"长毛"者，……"哪里的话？！"她严肃地说（神态）。"我们就没有用么？我们也是要被掳去。城外面有兵进犯的时候，长毛就让我们脱下裤子，一排接一排地站在城墙上，外面的大炮放不出来；再要放，就炸了！" ——讲长毛的故事，表现了长妈妈的可笑无知、愚昧迷信，但这些故事却引起了小孩子的敬意 （4）买山海经：一见面，就将一包书递给我，高兴地说道："哥儿，有画儿的'三哼经'，我给你买来了！" ——长妈妈把"山海经"说成"三哼经"，虽然无知但却对哥儿真心关爱，并为解决了哥儿的心病而欢喜
描写小结	写活一个人物，可以抓住她日常生活小事中具体说的话、说话神态、动作等来细腻形象地加以描写，且要体现出她个人特点，还可以在描写后把自己的喜恶之情表达出来

3. 学生梳理概括《藤野先生》中的人物描写

学生通过自主梳理，概括这篇文章中人物描写手法、作用，加深对鲁迅人物描写方法运用的认识，如表7-6所示。

表7-6 《藤野先生》中藤野先生的描写梳理

	《藤野先生》中的人物描写及作用
形貌描写	"黑瘦""八字须""戴着眼镜""挟着一迭大大小小的书""缓慢而很有顿挫的声调""衣着模糊""没带领结""冬天穿旧外套，寒颤颤的""被疑心是扒手"等（形貌描写）——写出了藤野先生的生活简朴、不讲究
教学交往	（1）添改讲义 "我的讲义，你能抄下来么？"他问。 "可以抄一点。""拿来我看！"（对话描写） （2）修改解剖图 还记得有一回藤野先生将我叫到他的研究室里去，翻出我那讲义上的一个图来，是下臂的血管，指着，向我和蔼的说道："你看，你将这条血管移了一点位置了。——自然，这样一移，的确比较的好看些，然而解剖图不是美术，实物是那么样的，我们没法改换它。现在我给你改好了，以后你要全照着黑板上那样的画。"（语言、神态描写） （3）关心解剖实习 解剖实习了大概一星期，他又叫我了，很高兴地，仍用了极有抑扬的声调对我说道："我因为听说中国人是很敬重鬼的，所以很担心，怕你不肯解剖尸体。现在总算放心了，没有这回事。"（语言、神态描写） ——表现了藤野先生关心学生、认真负责、治学严谨的优良品质 （4）了解女人裹脚事件 但他也偶有使我很为难的时候。他听说中国的女人是裹脚的，但不知道详细，所以要问我怎么裹法，足骨变成怎样的畸形，还叹息道，"总要看一看才知道。究竟是怎么一回事呢？" ——表现出藤野先生的求实精神
描写小结	文章开头对藤野先生的着装描写表现出他生活上的粗疏不认真，然而通过教学中对他的具体描写，却表现出他认真、严谨、科学的治学精神和关心学生帮助学生的真诚热情

4. 自主梳理《风筝》中人物描写（表7-7）

表7-7　《风筝》中弟弟的描写梳理

《风筝》中有关弟弟的描写	
有关弟弟与风筝的记忆	（1）看风筝 大概十岁内外罢，多病，瘦得不堪（形貌概括描写）然而最喜欢风筝，自己买不起，我又不许放，他只得张着小嘴，呆看着空中出神，有时至于小半日。远处的蟹风筝突然落下来了，他惊呼；两个瓦片风筝的缠绕解开了，他高兴得跳跃。（动作、神态描写）——三言两语的形貌描写写出了弟弟瘦弱的身形，呆看空中风筝的样子和动作描写体现了他对风筝的喜爱 （2）做风筝 ……在尘封的什物堆中发见了他。他向着大方凳，坐在小凳上；便很惊惶地站了起来，失了色瑟缩着。大方凳旁靠着一个胡蝶风筝的竹骨，还没有糊上纸，凳上是一对做眼睛用的小风轮，正用红纸条装饰着，将要完工了。……我即刻伸手抓断了胡蝶的一支翅骨，又将风轮掷在地下，踏扁了。论长幼，论力气，他是都敌不过我的，我当然得到完全的胜利，于是傲然走出，留他绝望地站在小屋里。（动作、神态描写）——表现了弟弟躲在杂物间偷偷地做蝴蝶风筝，被哥哥发现后的动作和神态描写写出了内心的恐惧和痛苦
描写小结	文章开头对弟弟形貌的描写比较简单，但是给人印象深刻；弟弟看风筝的样子写得比较具体，被哥哥毁了风筝后的样子也非常可怜

5. 比较并概括不同人物描写手法的异同

设计思考：学生通过梳理概括三篇文章中人物描写手法、作用，逐渐加深了对鲁迅人物描写方法运用的认识。在此基础上，比较表格中内容，在比较中发现它们人物描写的不同点与共同之处，在交流分享中逐渐完成对人物描写方法这一知识的掌握（表7-8）。

表7-8　三篇文章中人物描写的比较

文章	不同之处	共同之处
《阿长与〈山海经〉》	人物身份、职业、个性不同，在作者生活中占据着不同地位，对作者影响也不一样	不同文章人物描写的常见手法有形貌描写，写人物的样子、穿着，也能表现出人物某些方面的特点；语言描写最能表现内在的想法，动作描写和神态描写可以结合起来，有助于形象地表现人物
《藤野先生》		
《风筝》		

6. 教师补充相关内容

在了解人物描写的常见手法后，还要将人物描写放在人物发生的事情中用具体的细节来刻画，才能够表现出人物自身的特点或品质。

在外貌描写上，注意抓住人物鲜明特征进行描写，还可以运用一些修辞手法，使人物形象更加的丰富饱满。在心理描写上要注意刻画人物内在的精神世界，仔细揣摩人物心理的深层表现及原因，切忌肤泛、浅显地进行描摹刻画。动作、神态和语言描写可以结合人物的性格、职业、年龄、经历、文化素养等方面来凸显人物特点，切忌录音式的简单对话。

7. 迁移运用人物描写方法

布置任务及写作要求：

①拓展阅读《故乡》《孔乙己》，梳理分析其中关于闰土、孔乙己的描写。

②选择一个身边你最想刻画的人，并通过生活中一两件最能表现他性格特点或品质的事情，综合运用多种人物描写手法，如语言+神态、动作+神态等加以组合表现。

学生先构思，在课堂上进行交流和互评，指出优点和不足。

设计思考："鲁迅笔下描写人物的方法"的群文阅读，议题关注到了写作程序性知识的学习，这也是语文教学中要关注的方面。在组织集体构建与达成共识中，充分发挥和体现学生的主体性，即学生能够自主进行几篇文章的阅读，并从中快速找到描写人物的句子，让学生充分展示自己阅读成果和思考，在集体的分享中达到对"鲁迅笔下人物描写方法"这一语文知识的理解和掌握，养成主动学习的意识和习惯，同时能从自主学习中获得满足感和成就感。以人物描写为主题，鼓励学生进行小作文练习，帮助学生比较熟练地运用人物描写的方法，以便迁移应用，提升记叙和描写的能力。

7.2 课例2："嘴脸之变"群文阅读

本课例由王建英指导2022级学科教学·语文方向研究生常慧超设计，并进行了微格教学及教育实习（2023 年）。

7.2.1　议题的设置

统编本初中语文教材初中三年级下册的小说单元中有一篇《变色龙》，其中的"变色龙"奥楚蔑洛夫这一人物形象家喻户晓，与九年级上册《范进中举》中的"胡屠夫"有异曲同工之妙。两篇小说中对这两个人物的细节描写，精妙传神，如果设置一个体会人物"嘴脸之变"的议题，将两篇小说中人物形象的"嘴脸变化"进行对比分析、概括异同，进而分析人物背后的深意，可加深学生对小说塑造人物形象的认识，提高欣赏文学作品能力。

7.2.2　文本的选择与建构

探究人物在特定情境下为何像变色龙一样变化、如何变化及变化背后的深意，选择九年级的两篇小说《变色龙》与《范进中举》进行整合阅读。

7.2.3　课堂实施设计

7.2.3.1　环节一：观"变"

1. 思考"变"的基点及怎么变的

请同学们阅读课文，思考"奥楚蔑洛夫""变"的基点是什么？他的"变"是通过什么表现出来的？

（1）不知谁家的狗——错在狗，弄死狗，惩罚主人。

第八自然段：

"嗯！不错……"奥楚蔑洛夫严厉地说，咳了一声，拧起眉头，"不错……这是谁家的狗？我绝不轻易放过这件事！我要拿点儿颜色出来给那些放出狗来到处乱跑的人看看。那些老爷既然不愿意遵守法令，现在就得管管他们。等到他，那个混蛋，受了罚，拿出钱来，他才会知道放出这种狗来，放出这种野畜生来，会有什么下场。我要好好地教训他一顿！叶尔德林，"警官对巡警说，"去调查一下，这是谁的狗，打个报告上来！这条狗呢，把它

弄死好了。马上去办，别拖！这多半是条疯狗……"——耀武扬威、专横跋扈

（2）得知"是将军家的狗"——原告是敲诈，狗无罪。

第十自然段：

"席加洛夫将军？哦！……叶尔德林，帮我把大衣脱下来。……真要命，天这么热，看样子多半要下雨了……只是有一件事我还不懂：它怎么会咬着你的？"奥楚蔑洛夫对赫留金说，"难道它够得到你的手指头？它是那么小；你呢，却长得这么魁梧！你那手指头一定是让小钉子弄破的，后来却异想天开，想要得到一笔什么赔偿费了。你这种人啊……是出了名的！我可知道你们这些鬼东西是什么玩意儿！"——趋炎附势、见风使舵

（3）不是将军家的狗——狗是下贱胚子，好好教训狗和狗主人。

第十六自然段：

"你拿得准吗？"

"拿得准，长官……"

"我也知道。将军家里的狗都名贵的、纯种的狗；这条狗呢，鬼才知道是什么玩意儿！毛色既不好，模样也不中看，完全是个下贱胚子。居然有人养这种狗！这人的脑子上哪儿去啦？要是这样的狗在彼得堡或者莫斯科让人碰见，你们猜猜看，结果会怎样？那儿的人才不管什么法律不法律，一眨眼的工夫就叫它断了气！你呢，赫留金，受了苦，我们绝不能不管。得好好教训他们一下！是时候了。"

（4）也许是将军家的狗——原告是个混蛋猪猡。

第二十自然段：

"哦！……叶尔德林老弟，给我穿上大衣吧……好像起风了，挺冷……你把这条狗到将军家里去，问问清楚。……就说这狗是我找着，派人送去的。告诉他们别再把狗放到街上来了。说不定这是条名贵的狗；可要是每个坏家伙都拿烟卷戳到它鼻子上去，那它早就毁了。狗是娇贵的动物……你这混蛋，把手放下来！不用把你那根蠢手指头伸出来！怪你自己不好！……"——欺软怕硬、见风使舵的走狗

（5）不是将军家的狗——狗是野狗，弄死它。

第二十三自然段：

"那就用不着白费工夫再上那儿去问了，"奥楚蔑洛夫说。"这是条野狗！用不着白费工夫说空话了。既然普洛诃尔说这是野狗，那它就是野狗。弄死它算了。"

（6）是将军哥哥的狗——小狗怪伶俐的，一口咬破了手指头恐吓原告。

第二十五自然段：

"他哥哥来啦？是乌拉吉米尔·伊凡尼奇吗？"奥楚蔑洛夫问，整个脸上洋溢着含笑的温情，"哎呀，天！我还不知道呢！他是上这儿来住一阵就走吗？"

"哎呀，天！……他是惦记他的兄弟了……可我还不知道呢！这么说，这是他老人家的狗？高兴得很……把它带走吧。这条小狗还不赖，……怪伶俐的，……一口就咬破了这家伙的手指头！哈哈哈……得了，你干什么发抖呀？呜呜……呜呜……这坏蛋生气了……好一条小狗……"

"变"的基点是？——狗的主人是谁

奥楚蔑洛夫的"变"是通过什么表现出来的？——语言描写，语言变化形成对比

（7）体会标点符号对人物的表现作用。

嗯！……不错，……"奥楚蔑洛夫严厉地说，咳嗽着，拧起眉毛。"不错……这是谁家的狗？我绝不轻易放过这件事！我要拿点颜色出来叫那些放出狗来到处乱跑的人看看！那些老爷既然不愿意遵守法令，现在就得管管他们。等到他，那个混蛋，受了罚，拿出钱来，他才会知道放出这种狗来，放出这种畜生来，会有什么下场！我要好好教训它一顿……叶尔德林，"警官对巡警说，"你去调查清楚这是谁家的狗，打个报告上来！这条狗呢，把它弄死好了。马上去办，别拖！这多半是条疯狗……请问，这是谁家的狗？"

"这条狗像是席加洛夫将军家的！"人群里有个人说。

"席加洛夫将军？哦！……叶尔德林，帮我把大衣脱下来……真要命，天这么热，看样子多半是要下雨了……只是有一件事我还不懂：它怎么会咬

你的?"奥楚蔑洛夫对赫留金说。"难道它够得到你的手指头？它是那么小；你呢，却长得这么魁梧！你那手指头一定是给小钉子弄破的，后来却异想天开，想得到一笔什么赔偿费了。你这种人啊……是出了名的！我可知道你们这些鬼东西是什么玩意！"

"席加洛夫将军家的？哦！……叶尔德林，帮我把大衣脱下来……真要命，天这么热，看样子多半是要下雨了……只是有一件事我不懂：它怎么会咬你的？"

之前：威风、严厉、霸道——之后：谄媚、欺软怕硬。即使没有神态、动作的描写，但通过人物说话前后态度的变化以及标点符号的运用，将奥楚蔑洛夫的形象生动地刻画了出来。

(8) 概括人物形象特点。

从多次"变"的精彩描写中，同学们总结一下奥楚蔑洛夫是一个怎样的人？

——在百姓面前耀武扬威、专横跋扈趋炎附势、见风使舵、一副欺软怕硬嘴脸的小人物形象。

2. 对比阅读，分析异同

(1) 自读思考《范进中举》中"胡屠夫"在范进中举前后的变化。

请快速阅读《范进中举》，找出"胡屠夫"对范进中举前后的态度的句子，并作批注，思考他与"奥楚蔑洛夫"之间的异同之处。

范进中相公：

……胡屠户道："我自倒运，把个女儿嫁与你这现世宝穷鬼，历年以来，不知累了我多少。如今不知因我积了甚么德，带挈你中了个相公，我所以带个酒来贺你。"范进唯唯连声，叫浑家把肠子煮了，烫起酒来，在茅草棚下坐着。母亲自和媳妇在厨下造饭。

胡屠户又吩咐女婿道："你如今既中了相公，凡事要立起个体统来。比如我这行事里都是些正经有脸面的人，又是你的长亲，你怎敢在我们跟前装大？若是家门口这些做田的，扒粪的，不过是平头百姓，你若同他拱手作揖，平起平坐，这就是坏了学校规矩，连我脸上都无光了。你是个烂忠厚没用的人，所

以这些话我不得不教导你，免得惹人笑话。"——嫌贫爱富、势利

范进乡试没有盘费：

范进因没有盘费，走去同丈人商议，被胡屠户一口啐在脸上，骂了一个
狗血喷头，道："不要失了你的时了！你自己只觉得中了一个相公，就
'癞虾蟆想吃起天鹅肉'来！我听见人说，就是中相公时，也不是你的文章，
还是宗师看见你老，不过意，舍与你的。如今痴心就想中起老爷来！这些中
老爷的都是天上的'文曲星'！你不看见城里张府上那些老爷，都有万贯家
私，一个个方面大耳。像你这尖嘴猴腮，也该撒抛尿自己照照！不三不四，
就想天鹅屁吃！趁早收了这心，明年在我们行事里替你寻一个馆，每年寻几
两银子，养活你那老不死的老娘和你老婆是正经！你问我借盘缠，我一天杀
一个猪还赚不得钱把银子，都把与你去丢在水里，叫我一家老小嗑西北风！"

——爱财如命、自私自利、巴结富贵、鄙薄贫困的势利眼

范进中老爷（举人）发疯后：

……胡屠户把肉和钱交与女儿，走了出来。众人如此这般，同他商议。
胡屠户作难道："虽然是我女婿，如今却做了老爷，就是天上的星宿。天上
的星宿是打不得的！我听得斋公们说：打了天上的星宿，阎王就要拿去打一
百铁棍，发在十八层地狱，永不得翻身。我却是不敢做这样的事！"……

胡屠户道："我那里还杀猪！有我这贤婿，还怕后半世靠不着也怎的？
我每常说，我的这个贤婿，才学又高，品貌又好，就是城里头那张府、周府
这些老爷，也没有我女婿这样一个体面的相貌。你们不知道，得罪你们说，
我小老这一双眼睛，却是认得人的。想着先年，我小女在家里长到三十多岁，
多少有钱的富户要和我结亲，我自己觉得女儿像有些福气的，毕竟要嫁与个
老爷，今日果然不错！"说罢，哈哈大笑。众人都笑起来。看着范进洗了脸，
郎中又拿茶来吃了，一同回家。范举人先走，屠户和邻居跟在后面。屠户见
女婿衣裳后襟滚皱了许多，一路低着头替他扯了几十回。

——胡屠夫一改之前的态度，变得谄媚、笑脸逢迎，显现出一副溜须拍
马、趋炎附势的小人面貌。

张乡绅给范进送来银子后：

屠户把银子攥在手里紧紧的，把拳头舒过来，道："这个，你且收着。我原是贺你的，怎好又拿了回去？"范进道："眼见得我这里还有这几两银子，若用完了，再来问老爹讨来用。"屠户连忙把拳头缩了回去，往腰里揣，口里说道："也罢，你而今相与了这个张老爷，何愁没有银子用？他家里的银子，说起来比皇帝家还多些哩！他家就是我卖肉的主顾，一年就是无事，肉也要用四五千斤，银子何足为奇！"又转回头来望着女儿，说道："我早上拿了钱来，你那该死行瘟的兄弟还不肯，我说：'姑老爷今非昔比，少不得有人把银子送上门来给他用，只怕姑老爷还不希罕。'今日果不其然！如今拿了银子家去骂这死砍头短命的奴才！"说了一会，千恩万谢，低着头，笑迷迷的去了。——爱财如命、油嘴滑舌、见风使舵、巴结富贵

（2）分析奥楚蔑洛夫与胡屠夫两个人物形象的异同，如表7-9所示。

表7-9 奥楚蔑洛夫与胡屠夫异同比较表

人物	异	同
奥楚蔑洛夫	职业是警察，职责是管理社会秩序，对待普通人是霸道、蛮横、耀武扬威	都有趋炎附势、溜须拍马的本事，善于见风使舵、巴结富贵、谄媚上层
胡屠夫	职业是屠户，常年混迹于市井之中，自私自利、爱财如命、自视甚高	

7.2.3.2 环节二：思"变"

《古文辑要》上记载了这样一个故事：初唐名臣裴矩在隋朝做官时，曾经阿谀逢迎，溜须拍马，想方设法满足隋炀帝的要求；可到了唐朝，他却一反故态，敢于当面跟唐太宗争论，成了忠直敢谏的诤臣。司马光就此评论说："矩佞于隋而诤于唐，非其性之有变也。君恶闻其过，则诤化为佞；君乐闻其过，则佞化为诤。"

（1）思考人物形象的深刻意蕴。

请同学们找出群众和环境描写的地方，思考作者塑造这位多"变"的人物形象的深意是什么。

"警官奥楚蔑洛夫穿着新的军大衣，提着小包，穿过市场的广场。他身后跟着一个火红色头发的巡警，端着一个筛子，盛满了没收来的醋栗。四下里一

片沉静。广场上一个人也没有。商店和饭馆的门无精打采地敞着，面对着上帝创造的这个世界，就跟许多饥饿的嘴巴一样；门口连一个乞丐也没有。"

"有人从商店里探出头来，脸上还带着睡意。木柴厂四周很快就聚了一群人，仿佛一下子从地底下钻出来的。"

"那群人就对着赫留金哈哈大笑。"

（2）补充背景资料。

《变色龙》作于 1884 年，作品发表前，正是在俄国民意党人刺杀亚历山大二世（1881）之后，亚历山大三世一上台，在竭力强化警察统治的同时，也搞了一些掩人耳目的法令，给残暴的专制主义蒙上一层面纱。1880 年成立的治安最高委员会头目洛雷斯·麦里可夫后来当上了内务大臣，这是一个典型的两面派，人民称他为"狼嘴狐尾"。这时的警察再不是果戈理时代随意用拳头揍人的警棍了，而是打着遵守法令的官腔，干着献媚邀功的勾当。

（3）讨论交流。

小说中的环境描写写出了沙皇专制统治下的经济萧条、恐怖、死寂的气氛。

极端的专制统治造成了人们精神面貌的病态现象：贫穷落后，愚昧麻木，无聊透顶，却又不甘沉寂。奥楚蔑洛夫处理完"狗咬人"事件后，没有人（包括原告赫留金）有任何异议，麻木、无聊的看客。

契诃夫刻画的警官奥楚蔑洛夫正是沙皇专制警察统治的化身。因此，这篇作品讽刺、揭露的不仅仅是一个普通的孤立的警察，是那个崇拜官爵的俄国社会，是那个穷凶极恶的沙皇专制主义。通过"奥楚蔑洛夫"看到了一个俄国沙皇专制统治下的黑暗社会和俄国警察制度的反动和腐朽，小市民们逆来顺受、安分守己、麻木无聊的生活，批判了沙皇政权腐朽反动的本质。

透过胡屠户这一形象我们则看到中国古代封建社会人们为科举功名神魂颠倒，追求功名势力，崇信封建迷信，淋漓尽致地揭露了当时社会种种丑恶现象和人们病态心理。

（4）布置课后作业。

①课后细读《范进中举》课文，收集吴敬梓的生平资料，结合背景资

料，分析范进人物形象。

②假如奥楚蔑洛夫与胡屠户"相遇"，发挥想象写一叙事文，亦可尝试微型小说写作。

7.3 课例3："登临诗"群文阅读

本课例由王建英指导汉语言文学专业师范生李蓉菁设计，并进行了教育实习及以此为基础的2023年毕业论文设计。

优秀古诗词中蕴含着极其深厚的优秀传统文化精髓，通过学习古诗，可以提升学生语言、思维、审美、文化方面的核心素养。

登临诗是中国古典诗歌中重要的题材类型。《尔雅·释诂》曰："登，升也""临，视也""登山则情满于山，观海则意溢于海"（刘勰《文心雕龙》）。古人登高见广，登高而赋，赋诗述其感受，登临诗就是写登高望远的所见所感的诗，是古代诗歌较为常见的题材，许浑曰："一上高楼万里愁"，武元衡曰："登高望远自伤情"，曹操登临碣石写下《观沧海》，抒发自己的远大志向，陈子昂登幽州台以抒自己壮志难酬之感。登临诗生动地记录了诗人漂泊的人生经历和微妙的心路历程，它是诗人忧国忧民的生命忧患意识、生命价值意识和社会忧患意识的具体表现。由于历代诗人广泛参与登临，登临的文化内涵不断丰富。从创作时间来看，既有登临时即兴创作的作品，也有登临后有感而发的作品；既有重阳登顶时的悲情作品，也有四时登顶时的即兴所作。从创作的场所来说，既有登山，也有亭台楼阁，只要地形高，视野广，就适合俯瞰欣赏风景。可见登临诗是中国文人创作的重要题材，值得我们后人不断研究。但孤立地去学习某一首登临诗，学生可能难以充分感受登临诗的丰富性，因此有必要设计"登临诗"群文阅读教学。

统编本初中语文教材中古典诗词共86首，其中登临诗词12首，占比超过十分之一。初中语文教材共选录17首登临诗词。这些登临诗词在教材中的分布如下：初中一年级上册有4首，分别是曹操的《观沧海》、王湾的《次北固山下》、谭嗣同的《潼关》以及李益的《夜上受降闻笛》；初中一年级下册有 4 首，《望岳》《登飞来峰》《登幽州台歌》以及《泊秦淮》；初中二年级上册有崔颢的《黄鹤楼》、王维的《使至塞上》与朱敦儒的《相见欢》共 3 首；初中二年级下册有孟浩然的《望洞庭湖赠张丞相》1 首；初中三年级上册有许浑的《咸阳城东楼》；初中三年级下册有 4 首，分别是陈与义的《临江仙·夜登小阁，忆洛中旧游》、辛弃疾的《南乡子·登京口北固亭有怀》和张养浩的元代小令《山坡羊·潼关怀古》《山坡羊·骊山怀古》。

7.3.1　基于学情确定"探寻文人登高抒怀的精神密码"议题

群诗阅读的开端就是设置议题。教师在教学中应充分掌握学情，并结合学生的实际情况来设定议题，通过文本的整合将议题贯穿其中以提高教学效果。初中阶段正是学生逐渐与社会生活联系紧密的重要时期。正如有人所言，"人们对任何事物都有强烈的好奇心和求知欲望"。初中阶段的学生正处于好奇心与求知欲最旺盛的时期。因此，议题不仅要贴合学生的生活实际，还要具有一定的趣味性和开放性，这样不仅可以调动学生主动思考的积极性，并培养他们独立思考和创新的能力。

因此在议题设置中，要为学生提供一个可以自我创造的空间。也就是要为学生提供一个可以让学生与文本进行沟通的空间，在这个空间里，学生可以将自己的所思所想毫无保留地与文本进行沟通。同时，也可以将自己的想法与同学们进行沟通，在这个过程中，学生会在与他人的交流中产生自己独特的见解。这样，就让学习过程更加具有持续性和长久性。

《古代诗歌五首》是初中一年级下册第五单元的第二篇教读课，本单元的语文素养点是"比较阅读、托物言志"。本文整合了前三首诗，这三首古诗从题材上，都是登临诗，古人有登高而作赋诗之风，登高而望，视野所及之处，常能引起诗人的无限遐想。通过对整合后的诗歌进行深入探索，我们可以引领学生真正地走进文本的内核，去"探求文人登高抒怀的精神密码"与文化内涵，以此作为议题，引领学生积极思考探究，促进精神成长。

7.3.2　文本选择与建构

对多文本进行整合，并不是单纯地文章叠加，而是从相同的主题，相同的题材、相同的写作方法、相同的作者、相同的写作风格、相似的人物来确立议题，选择文本。在初中一年级下册的古诗词教学中，可以以"探寻文人登高抒怀的精神密码"为议题，把《登幽州台歌》《望岳》《登飞来峰》三首诗歌组合起来作为选文，让学生通过多首登临诗的建构，体悟登临诗蕴含的不同情感，探索登临诗群文阅读教学的路径，帮助学生获得登临诗阅读的整体性认知，提高学生古诗词阅读能力。

7.3.3　实施设计

7.3.3.1　吟诵登临诗歌，初临其境

朗读和诵读是一种全面锻炼语言能力的有效方式。通过诵读走进诗歌，有利于整体把握诗歌情感，初步感知三首登临诗的内容和特点，给整个学习定下基调。因此，教师在课堂上应该给予学生足够的时间，引导学生进行朗读，指导学生读出节奏，读出古诗的意境。学生在诵读之后发现三首诗很短小，他们诗体不同，节奏韵律也不相同（表7-10）。

《登幽州台歌》是一首古体诗，语速较缓，注意长短参差的句式的停顿，其式为：

前/不见/古人，后/不见/来者。念/天地/之悠悠，独/怆然/而/涕下。

尤其后句"之"和"而"的使用，读起来更加迂回婉转，也更能表现诗人内心的困顿与堵塞。

《登飞来峰》为七言绝句，句式工整，可以在第四字后停顿，也可以在第二字和第四字后停顿。二四句押韵，平仄相间韵律和谐。例如：飞来山上/千寻塔，闻说鸡鸣/见日升。或者：飞来/山上/千寻塔，闻说/鸡鸣/见日升。首句应该重读"千寻塔"，强调诗人立足点之高。第二句应重读"不畏""最高层"，读出豪迈洒脱的气概。

《望岳》为五言律诗，可以在第二字后停顿。例如：岱宗/夫如何，齐鲁

/青未了。律诗讲究押韵，韵脚字"了、晓、鸟、小"应该读得响亮。首联"岱宗夫如何"读到"夫"字时，可稍作停顿，读出思考的意味。中间两联具体写景，可以读出赞美的意味，结尾句抒情"会当凌绝顶，一览众山小"语调可以读得高昂一些。

表 7-10　三首"登临诗"梳理

诗名	诗体	句式	韵律	所怀情感
《登幽州台歌》	古体诗	长短参差	抑扬变化	悲情
《望岳》	五言律诗	对仗工整	和谐之美	豪情
《登飞来峰》	七言绝句	对仗工整	和谐之美	豪情

7.3.3.2　比较分析登临诗，想景悟情

1. 想象登临之景，分析景物特点

一切景语皆情语，景随情动，情因景生。教师引导学生想象描绘画面，给学生留下想象空间来感受充满韵味的留白，对学习古诗词大有裨益。

首先三位诗人因登临地点不同，所见景物自然也不同。幽州台地处偏僻，地名有昏暗阴暗之意，流露诗人壮志难酬的幽怨。泰山，高峻巍峨，不仅是帝王祭祀之地，也是儒家思想的发源地，表现了诗人俯视天下的雄心壮志。"飞来峰上千寻塔"一寻大概八尺，写出世人所处位置之高，视野辽阔，灿烂明亮。《登幽州台歌》不见景而见宇宙，读这首诗仿佛能看到广阔浩渺的天地。而《望岳》和《登飞来峰》则有对应的景物描写，杜甫登泰山，望到了泰山的神奇秀丽又雄伟壮观。王安石登飞来峰，望到了飞来峰的高耸入云又灿烂明亮。前两句写景，运用夸张手法，描写飞来峰上耸立着的高高的宝塔，听说鸡叫更可以在高塔上看到红日东升的景象。《望岳》和《登飞来峰》虽然都为我们描绘一幅高大、辽阔的景象，但《望岳》这首诗还描绘出了泰山神奇秀丽的特点。

2. 涵咏品味诗句，体味登临情感

语文课堂教学追求精致的同时，要想培养学生思维的能动性、变通性、独特性和敏感性，优化学生的创新思维，就要给学生一个宽阔、丰富而多样

的阅读空间。在宽阔的阅读空间里，学生化身为大鹏，可以"怒而飞""水击三千里，抟扶摇而上者九万里"，自由自在地聚焦、探索、批判、创造，学生通过咬文嚼字法和文本细读法，可以感受到诗人的"大孤独""大气魄""大抱负"，让学生慢慢走进三位诗人的心灵世界。

"前不见古人，后不见来者"，陈子昂既无法追随像燕昭王那样的前代贤君，又不能见到后世的明君圣主，有一种生不逢时的寂寥，"念天地之悠悠，独怆然而涕下"，天地那么大，那么辽阔，诗人在无垠的时间与空间面前感到孤独、寂寞、悲凉，不由得怆然涕下。《登幽州台歌》多用形容词，如"悠悠""独""怆然"等，这些词就有哀婉忧愁的色彩，增添了诗人内心的惆怅与孤独；"悠悠"一词，将时间的无尽、空间的无垠、个人的渺小生动展现；一个"独"字将自己生不逢时，知音难觅，怀才不遇，壮志难酬的悲愤表达得淋漓尽致、催人泪下。

《望岳》的"阴阳割昏晓"和《登飞来峰》的"闻说鸡鸣见日升"都用了侧面描写的方法。《望岳》这首诗采用设问的方式开篇，表达诗人的惊叹和赞叹。接着从"荡胸生曾云，决眦入归鸟"这样一个视野开阔的角度，进一步写出了山的高。"会当凌绝顶，一览众山小"感受到杜甫豪情满怀，不畏惧困难，一定要实现自己的志向。诗中多用动词，如钟、割、凌、览等词，这些词刚劲有力，充满活力，既写出了泰山的神奇秀丽、高峻巍峨，更能流露诗人内心的豪情壮志。而《登飞来峰》则采取直接描写和夸张的手法，写出山的高。"不畏浮云遮望眼，自缘身在最高层"中，"不畏"一方面是不担心浮云遮住了远望的视野；另一方面是"浮云"在古代诗歌中，往往用来指代奸邪小人。所以还表达了诗人的政治理想和远大抱负，不惧前途困难与奸佞之辈的无畏精神。

在三首诗歌中，应重点引导学生感受三位诗人在不同的心境下登临感怀而生的不同情思。陈子昂他登上幽州台，发出怀才不遇、壮志难酬的感慨以及对赏贤任能的英明君王的渴盼，这是一种大孤独。杜甫眼中的泰山神奇秀丽、雄伟高大，他想要攀登绝顶，俯视一切，看出他不怕困难的决心，这是一种大气魄。王安石登上飞来峰，宝塔高耸入云，眼前灿烂明亮，他再也不怕保守势力阻挠，一心想要进入最高统治层，为实现自己的理想而勇往直前，这是一种大抱负。

3. 领会登临之意，领悟三首诗对于"我"的表现

朱良志教授在《美学十五讲》中阐述人观察崇高的对象的心理感受："第一步因物的伟大而有意无意地见出自己的渺小。第二步就因物的伟大而有意无意地幻觉到自己的伟大。"潘知常教授也曾言："与物沉浮，物大我亦大，物小我亦小。"

这三首诗对于"我"的表现不同。陈子昂登临幽州台，看见的是天地辽阔无垠，辽阔苍茫的宇宙之中自己如沧海一粟，渺小孤独，在"小我"中饱含了诗人强烈的孤独与悲愤。杜甫眼望泰山的参天巍峨、雄伟磅礴，却发出"登泰山而小天下"的呐喊，形象愈加高大，在"大我"中流露了自己睥睨天下的雄心壮志。王安石登峰上古塔，看到的是旭日东升的辉煌景象，用"身在最高层"拔高诗境，寄寓"站得高才能看得远"的哲理，具有高瞻远瞩的气概（表7-11）。

表 7-11　三首"登临诗"具体内容梳理

作品	地点	景物特点	用词特点	抒情手法	"我"	情
登幽州台歌	幽州台（地处偏僻，阴暗昏暗）	不见景而见宇宙	多用形容词如悠悠、独、怆然等，哀婉忧愁	直抒胸臆、典故	"小我"	怀才不遇壮志难酬借古讽今
望岳	泰山（帝王祭祀之地，高峻巍峨）	泰山神奇秀丽	多用动词，如钟、割、凌、览等，刚劲有力，充满活力	借景抒情、拟人、夸张、比喻	"大我"	热爱山河不怕困难勇往直前
登飞来峰	飞来峰	宝塔高大雄伟	多用动词，如飞来、不畏等词，生机勃勃	借景抒情、夸张	"大我"	勇往直前无所畏惧积极进取

7.3.3.3　知人论世，探求诗心

1. 结合背景，解读诗人

颂其诗，读其书，不知其人，可乎？是以论其世也。溯源对比，知人论世，使得人物形象更加有血有肉，学生对于教授的内容可知可感。卒章显志，

凸显出议题"探寻文人登高抒怀的精神密码"。结合背景，了解诗人的人生经历，为学生深度解读诗人、认识诗人，做足了铺垫，在教学中增加背景资料，这其实是老师提供的课堂小支架，特定的背景，特定的心境，才写就了传颂千古的诗句，品到这里学生定有恍然大悟之感，可以让活在书中的诗人实实在在地落到人间，落到学生的面前。

陈子昂处在唐王朝初期，政局不稳，杜甫成长于开元盛世，整个社会充满自信，王安石在宋仁宗期间，大宋迎来文化的的高峰，繁华背后的普通百姓生活艰难。人生境遇不同，因此心态也大有不同。杜甫《望岳》和王安石《登飞来峰》都写于人生的早期，杜甫刚经历了第一次落第，王安石也才初登仕途，都对未来充满热情和希望，他们与陈子昂多次被贬的经历形成了鲜明对比。陈子昂生卒年（661—702），写本诗时696年，36岁，已是人生中年。武则天命令建安王武攸宜征讨契丹，陈子昂担任右拾遗参谋军事。武攸宜缺乏将略，陈子昂屡次进言，不仅不被采纳，还被贬为军曹。人到中年，胸怀大志却接连受挫，深感报国宏愿无法实现；杜甫生卒年（712—770），写本诗时736年，24岁，正值盛年，他赴洛阳应进士举，落第，虽偶有坎坷，但从小受到儒家文化教养的杜甫拥有务必要在仕途上有所作为的雄心，一生追求仕途事业和不朽的诗名。王安石生卒年（1021—1086），写本诗时1050年，30岁，正值壮年，初涉宦海，抱负不凡，胸怀改革大志，对前途充满信心，这首诗可以说是个战斗宣言，表现出了作者变法革新的政治理想和远大抱负，以及大无畏的精神。

2. 仿写登临诗抒登临之感，探寻文人登高抒怀的精神密码

学生在教师的引导下了解到登临诗的一般创作思路，通过比读与交流的形式完成了与文本、师生的对话后，最终通过写作来完成与作者，与自我的对话，并将体悟形成文字，融入自己的精神血脉中。写诗并不是目的，目的是让学生体会写诗的过程，究竟要怎样写，学生带着探索的兴趣再去学习诗人是如何写诗的。诗人登高可看到什么，你登高看到什么；诗人的情感是怎样的，你的情感是怎样的；诗人的境遇如何，你登高时的境遇怎样？这样由诗人到自我，容易把学生带入登临的意境中，探寻文人登高抒怀的精神密码即无论我们身处顺境还是逆境，都不要畏惧，不要悲观，不失凌云之志，永葆赤子之心。学生从课堂上汲取的精神营养，通过写作训练，提升了水平，积淀了素养，丰厚了心灵。这正是学文之道，写文之道，是我们目前所倡导的在真实的情境中引领学生学习的理念。

7.3.3.4　联读拓展，激发诗趣

发散思维是由此及彼，体现为从信息原点进行多向度联想和延展的能力，是指个体的思维能沿着不同的方向扩展。站在文学的角度，古诗词教学重在拓展，可以采用重构诗群，强化诗词教学的课程意识，来打开教师教学的开放性和关联性。因此，发散性思维在异人同质群诗课堂里非常重要，通过相对全面、客观的整合联结，引导学生去认识一个人丰富的内心世界，从而汲取对自己成长有益的养料。

教师在开展组诗《登幽州台歌》《望岳》《登飞来峰》教学中，选择"登临诗探究"这个主题，一方面是对以整合课促进课堂教学优化的探索与实践，一方面也希望在语文课堂中渗透课程思政教育。可以安排学生课后自读唐代杜甫的《登岳阳楼》和王安石的《桂枝香·金陵怀古》，进一步体会登临诗的艺术魅力。登临诗中蕴含着丰富的情感，其共性就是都体现着个人命运与国家命运紧密相连，都饱含着家国情怀。这不仅是登临诗歌的魅力，这也是历代文人的精神追求，这更是中华民族之魂。学生从登临这个角度，去看不同年龄段的杜甫和王安石登临表达情感的不同，这是将课堂宕开一层，通过发散思维，了解杜甫的诗圣之路和王安石的改革之路。好的语文课堂应该是学生能在发散的空间里，放飞思维，全面挖掘，这样的思想状态才是好的语文状态。

设计思考：登临诗在中国古典诗词中占有重要地位。要使其教学价值最大化，除了深入挖掘其深刻的思想内涵、审美意蕴及文化价值，采用群文阅读的组织形式也是至关重要的途径。群文阅读的价值，不仅在于"量"的叠加，而应追求"1+1>2"的文本共生效果。用黄厚江老师的话说，就是"因群内其他文本的存在，而使群内每一个文本的阅读价值显得更为丰富，也使学生的阅读更加有学习意义，这才是群文阅读的价值追求。"在开展群文阅

读时，要避免简单的堆砌和罗列，让群和文相得益彰，既体现"群"的特点，发挥"群"的优势；又要有"文"的意识，重视单篇文本的阅读，重视围绕文本开展一切语言实践活动。首先教师应该做足文本解读的功夫。"一个语文教师对文本解读的深度关系到课堂对话的效度、课堂教学的高度，关系着学生思维发展的程度、精神发育的进度"，在古诗文的阅读当中，我们更容易看见汉字的气质和精神。三首短诗，首先，教师应尽所能地引导学生沉潜到汉字深处，去触碰其中的精神内核。抓字眼、品意象、联背景，从各个角度去分析三首登临诗的异同。其次，教师应坚守语文意识。2022版新课标中对语文课程性质做出了这样的阐释："语文课程是一门学习国家通用语言文字运用的综合性、实践性课程。工具性和人文性的统一，是语文课程的基本特点。"黄老师提出"用语文的方式教语文"，在课堂上教师可以尝试设计生活化的情境，将问题设计情境化，用丰富的学生活动来激发学生的兴趣。但是这些活动的内核依旧是指向语言文字的理解和运用，"文化自信""思维能力""审美创造"均以此为基础而发展。学生通过比读对"阴阳割昏晓"中的"割"字进行深入咀嚼，读到了化静为动的动态美，读到了这个动词中蕴含的力量感和雄壮美，泰山化被动为主动的主宰天地的力量。最后，教师在上课时不仅心中要有语文，眼中更要有学生，关注着学生最真实且时刻在变化的学习状态和生命状态。给学生充分的时间，让活动绝不流于形式，而真正服务于学生的真实感受和学习需要。其实学生在学习过程中也在"登临"，在思考中超越了之前的自我。而学生这样的超越离不开教师对个体的关注和引导。语文课，最终是"人"与"人"在相遇的"场"。

7.4 课例4："劝学类"文言文群文阅读

本课例由王建英指导汉语言文学专业师范生高瑜设计，以此为基础进行了教育实习及2023年毕业论文设计。

部编版初中语文教材中与"劝学"密切相关的文言文课文有《〈论语〉十二章》《诫子书》《孙权劝学》三篇。

　　《〈论语〉十二章》是《论语》中的节选部分，其中蕴含了孔子关于学习方法、学习态度等学习之道与为人处世的道德规范的思考，内容虽少，但其中蕴含着许多道理，对我们的学习生活有着巨大的启示作用。

　　《诫子书》是诸葛亮在临终前写给他的儿子诸葛瞻的一封家书，全文共 86 字。诸葛亮提出君子之行应具备"静"的心态，"俭"的品行，"静"能"修身""致远""广才""成学"，"俭"能"养德""明志"。这篇文章虽距今已 1800 余年，但"修身""养德""明志""治性"惜时等劝学内容对当今社会的学生与家长，社会及世人具有现实启迪意义，可见劝学内涵之丰富。

　　《孙权劝学》选自《资治通鉴》，作者是北宋史学家、政治家司马光，文题为后人所加。此文记叙了吕蒙在孙权劝说下开始学习之后大有长进的故事，其中，孙权对部下既要求严格又循循善诱的耐心引导，表现出好学乐学的精神；部下吕蒙有着军人的坦诚豪爽，知错即改，谦虚好学；鲁肃则是敬才爱才，豪爽而不失风度，对朋友的进步十分高兴。这篇文章告诫人们学习的重要性，读书颐养性情、移人面貌、增人智识，"士别三日当刮目相待"，读书学习对人的改变不可谓不大。

　　本课例由王建英指导高瑜在实习中学初中一年级上学期执教（表 7-12）。

表 7-12　部编版初中语文教材中的"劝学类"课文

课文	年级	教材学习要求
《〈论语〉十二章》	初中一年级上册	在阅读中把握基本内容，了解文章大意，抓住重点
《诫子书》	初中一年级上册	诸葛亮家书中的殷殷教诲中蕴含着殷切的希望，注意体会这种感情。在整体把握文意的基础上，学会通过划分段落层次、抓关键词句等方法，厘清作者思路
《孙权劝学》	初中一年级下册	感受历史人物的非凡气质。在统揽全篇了解大意的基础上，把握关键语句或段落，揣摩其含义和语言表达的妙处。注意结合人物生平及其所处时代，透过细节描写，把握人物特征，理解人物的思想感情

7.4.1　确定"探讨古人学习之道"的议题

中学文言文的教学不能只注重对文言文字词的翻译，更应该重视培养学生对文言文的理解、整理和归纳能力，让学生能够举一反三，在面对其他文言文篇目时有自己的理解。因此，教师教学时要突破单篇课文讲解，善于抓住不同文本之间的异同点；在进行教学时，要教会学生自主分析文本，发现文章的思想情感和语言内涵，领会文言知识，学习古人的智慧，培养学生的核心素养。

这三篇文言文在内容上有着很大的共通性，将三篇课文进行"探讨古人学习之道"的群文阅读，能够让学生及早深刻地理解文章蕴含的学习内涵，领会文言知识，领略古人智慧。

7.4.2　文本的选择与建构

文本选择：《诫子书》《〈论语〉十二章》《孙权劝学》

通过对三篇文章中蕴含的"学习之道"进行分析比较，可以加深学生对"学习之道"的认知和领会，帮助学生形成正确良好的"学习观"，提升学生语文素养和文化素养。

7.4.3　教学实施设计

7.4.3.1　以《诫子书》切入，领悟君子修行的学习之道

揣摩重要词句，理解作者所指。

理解文中虚词"以"的条件性指向意思，体会诸葛亮高度重视君子修行中"静""俭"；理解四个"非……无以"表达的强调意味，以及作者着重阐释的"静"与"学"、"学"与"才"、"志"与"学"之间的相互影响、彼此促进的密切关系。开篇即要求孩子以"君子"之行来规范自己，开宗明义，提出观点，反复叮咛，文末强调惜时有为，诸葛亮的谆谆教诲、拳拳之心，溢于纸上。

《诫子书》的主旨是劝勉儿子勤学立志，修身养性要从淡泊宁静中下功夫，最忌怠惰险躁。文章概括了做人治学的经验，着重围绕一个"静"字加以论述，同时把失败归结为一个"躁"字，对比鲜明。就学而言，"夫学须静也，才须学也，非学无以广才，非志无以成学"，强调学习必须要内心安定清净，只有不断学习才能够增长才能，只有志向明确、意志坚定学习才能有所成就。诸葛亮的"学习之道"里包含了对君子之学（或君子学有所成）的诸多支持性条件的具体分析，可见诸葛亮"学习之道"内涵的丰富。

在文章的后半部分，他以慈父的口吻谆谆教导儿子：年轻力壮的时候不奋发图强，到了老年再悲伤也没用了。这也是他人生的总结，全都出自于真心。这篇《诫子书》不但阐释了修身养性的途径和方法，也指明了志向与学习的关系；不但提出了宁静淡泊的重要意义，也指明了放纵、偏激、急躁的危害。

7.4.3.2 分析比较不同文章"学习之道"的异同

自主阅读找出《论语》和《孙权劝学》中的关键语句，把握文中的"学习之道"，在梳理中比较其异同，深入领悟古人的"学习之道"内涵，如表 7-13 所示。

表 7-13 三篇"劝学类"课文中有关"学习之道"内容梳理

主题	文章	关键语句	有关学习的主要内容
梳理"学习"的主要内容	《诫子书》	"静以修身，俭以养德。非淡泊无以明志，非宁静无以致远。""学须静也，才须学也，非学无以广才，非志无以成学。"戒"淫慢""险躁"，惜时	淡泊明志，勤学立志，修身养性
	《〈论语〉十二章》	"学而不思则罔，思而不学则殆。""温故而知新，可以为师矣。""博学而笃志，切问而近思。"	学、思、习结合的学习方法 "笃"的学习态度
	孙权劝学	"卿今当涂掌事，不可不学！""但当涉猎，见往事耳。""卿言多务，孰若孤？孤常读书，自以为大有所益。""士别三日，即更刮目相待，大兄何见事之晚乎。"	人当学 人不以多务辞学 学无止境，学有益于人之才略

主题	文章	关键语句	有关学习的主要内容
比较分析异同	相异之处	①每个说"学"的人身份、职业、角度各不相同，劝"学"对象也不同，强调"学"的方面有所不同 ②诸葛亮的"学习之道"包含了学习的"静""志"等心理条件和动机对学习的导向作用及学习可以广才的成效；孔子强调了学习过程中的思、习、问的重要性，也提到了专心致志对学习成效的保障作用；孙权指出了常读书大有所益，这其中包含了必读（有了一定的职位更要读书学习）、（百忙中）常读（不以忙推辞）、有目的地读（"涉猎见往事耳"）等方面	
比较分析异同	相同之处（"学习之道"）	①都是学有所成的学者关于"学习"的切身经验和智慧结晶，以此传递给亲人、学生或部下，期望后辈能借鉴经验快速成长，有情有智，殷切之心感人肺腑 ②都重视学习的条件，或静或笃或志，可见学习不是一件随随便便就能达成的事情，而是需要付出心力努力去创造条件改善条件，尤其是要将自己懒散懈怠的心理，状态调整为投入凝神专注的心理状态，戒"淫慢""险躁"，珍惜光阴，可见学习的严肃性，以及对待学习的时不我待的急迫感 ③学习的过程要勤思多问，"见往事耳"之"见"，与"学而不思则罔"都强调读书中的思考明理 ④学习的成效：有明确理想志向指引、专注投入、坚持不懈的学习，才可能博学、长智、广才、修身养德，接近君子之行自我成长	

7.4.3.3 体会交流文章"学习之道"的深刻内涵

学生再次朗读课文，用自己的话谈谈对学习之道的理解及对自己学习的启发。

生1：通过学习《论语》，我更加深刻的理解了学习的重要性和意义，学会了许多学习方法，深刻领悟到了古人的智慧，相信在以后的学习中会有很大帮助。

生2：通过学习《诫子书》这封家书，眼前浮现的是一位儒雅、智慧、影响千年的"君子"形象，耳畔回响的是智慧、理性、谨严的谆谆教导。我们在未来的学习生活中也要努力提高自己的思想境界。面对未来，坚定理想信念，经常做到自省、自警。

生 3：通过学习《孙权劝学》，我深刻感受到了学习对一个人的巨大改变，体会到学习的重要意义，在学习这几篇课文之后，我对学习之道有了更加深入的体会和理解，希望在以后的学习中能够运用到古人的学习方法，提高自己的学习能力。

7.4.3.4　结合实际生活，探究文本的现实意义与教育意义

做《诫子书》时诸葛亮官至宰相，他的儿子有着父辈留下的财产和人脉关系。然而，诸葛先生却为八岁的儿子定了家训，希望儿子将来长大后成为一个有德有才、有志向、有修养、有品位的正人君子。诸葛亮具有齐家治国平天下的气度和人格魅力，给孩子讲述的不是如何发财致富，继承家业的方法，而是讲述修身养性，治学做人，奉献社会的道理。这正是诸葛亮这篇《诫子书》的现实意义与教育意义，值得我们现代人深思和学习。从父辈来说，给子女留下金钱财富是有限的，精神财富却是无限的；从儿辈来说，吸收和继承长辈的宝贵人生经验更有益于自身的成长和发展。

《孙权劝学》这篇文章告诫人们学习的重要性。阐释了"开卷有益"的道理，这不仅适用于故事中的人，更适合我们所有人，尤其是对中学生来说，读书的意义毋庸置疑。只要我们肯学愿意学，就会大有长进。此文简练生动，以对话表现人物，对话言简意丰，生动传神，极富表现力，侧面烘托及对比的手法突出了人物的风采。

《〈论语〉十二章》节选了《论语》中关于学习之道的一些内容，这些内容虽少，但其中蕴含着许多道理，阐释了许多学习方法、学习的乐趣、为人处世和修身之道等，对我们现在学习的生活有着直接的启迪作用。

7.4.4　课例解读

7.4.4.1　议题的设置要考虑教材要求和学生思维发展要求

议题是贯穿群文阅读教学课堂的主线。好的议题能够使学生产生质疑，激发学生的问题意识、探索精神和阅读兴趣。议题的设置要考虑教材的学习要求和学生思维发展要求，组文时要以教材文本为依托进行设置。例如初中低段根据教材中鲁迅的作品的选编，可以选择和这一时期他们成长比较接近

的话题，像"童年的烂漫""成长过程中的苦与乐"等，这些议题调动自己的成长经验就容易与作者建立起共同性的话题。到初中高段，中学生这一时期的辨证思维开始发展，心理上也开始成熟，我们就可以设置一些思辨性的议题，像"父与子""成熟的思考"等。符合了中学生成长规律和思维认知特点，他们对鲁迅的接受就更容易一些。

议题选择什么样的类型一般根据教学目标的需要，言语实践类议题旨在通过学习作品的表达方式来提高学生的书面表达和口语表达能力，如"鲁迅笔下人物的描写"，类似的我们还可以进行"鲁迅景物描写的方法""鲁迅的叙事技巧"等群文阅读课。基础知识类议题指向对语文学科基础知识的掌握，即汉语知识、文体知识和文学知识等，比如围绕鲁迅的抒情散文进行群文阅读教学，可以让学生明白抒情散文的内涵。情意品质类议题旨在通过学习作品中传达的主题和思想情感，培养崇高的思想道德和健康的审美情趣，从而帮助学生形成正确的世界观、人生观和价值观。在这一过程中教师要提供给学生充足的思考空间，让学生与文本、教师与学生实现真正的多元对话，从而能发现文本中具有意义和价值的内容。要让文本的意趣与学生的个人经验的连结起来。如谈到鲁迅对儿童的教育观念时，可以"鲁迅的儿童教育观"为议题，组文《从百草园到三味书屋》《五猖会》《风筝》，让学生从中体会和认识鲁迅对儿童的教育观念，帮助学生树立正确的儿童教育发展观。

7.4.4.2 文本选择组合要凸显"结构性"

群文阅读文本选择要围绕议题、结合学生的实际情况选择文本。多文本的构建要讲究"结构性"。群文阅读中学生在多文本之间"比异"或"求同"，对知识进行整理和归纳，将多篇文章中的知识点串联起来，形成整体性的知识结构，养成从整体出发去发现问题、思考问题的学习习惯。蒋军晶老师也说过，群文阅读教学的最大价值体现在文章的"结构性"上，文章的结构化的组合，可以让引发学生困惑，启发学生思考，明显的异同点可以让学生发现问题，如本章中有关"学习之道""探寻文人登高抒怀的精神密码"议题下的文章都有内涵上互相补充丰富的内容，有利于形成学生对"学习"和"登临诗"整体性的知识结构。

7.4.4.3 灵活选择多文本的阅读方式

"结构化"化的文本组合完之后，如何引导学生充分、高效地阅读文本，群文阅读多文本的阅读方式分为大致分为"点射状推进式""直线推进式""反复重读式"，具体实施时可以根据教学需要灵活选择。

"点射状推进式"是教师对一组文本中最重要的文本先进行精读指导，学生在教师指导下的阅读讨论交流中获得自己的认识，然后让学生读一组文本，这种方式最简单也最容易被学生接受。例如"学习鲁迅作品中人物描写的方法"，选取《藤野先生》《阿长与〈山海经〉》《风筝》组成群文，教师先引导学生阅读《阿长与〈山海经〉》，让学生找出其中描写阿长的地方和语句精读，归纳这篇文章中描写人物的方法，学生从这篇文章中习得了人物描写的知识点，自主地就能在其余的文章中略读快速的找到描写人物的语句，进行归纳总结，掌握鲁迅作品中人物描写的方法。"劝学类"文言文群文阅读也是采取这种推进方式的，先以《诫子书》为导引仔细分析，再让学生自主分析其他篇目内容。

"直线推进式"是指教师在课堂有限的时间内，让学生一篇一篇地阅读文本，如关于鲁迅"父与子"的群文阅读，就可以让学生先读《五猖会》，从中认识到鲁迅与父亲之间存在的隔阂；再读《父亲的病》，从中认识到父亲与孩子之间彼此纠缠在一起的复杂关系；最后再学习《我现在这样做父亲》，从中了解到鲁迅对待儿童教育的观念。在这一过程中，学生可以逐步的了解到鲁迅与父亲的关系，认识到原来鲁迅和自己一样也有父子之间的矛盾，从而亲近鲁迅，了解鲁迅内心的矛盾与纠结。这样的群文阅读教学最方便教师的引导，学生也可以逐步地全面学习。

反复重读式是让学生自主阅读一篇文章，不同学生学习不同文本，在课堂上进行交流、共享。如"童年的烂漫"群文阅读，选文《社戏》《从百草园到三味书屋》《阿长与〈山海经〉》，可让学生从中选择自己最感兴趣的一篇文章进行阅读，找出文中表现鲁迅童年童真、童趣的语言和事件，将自己的阅读感受写在纸上，同学之间互相交流传阅，阅读完一篇文章之后重复这一环节。在学生互相交换自己对文本的感受之后，完成对整组文本的阅读。

7.4.4.4 建构意义中激发学生学习的主体性

群文阅读强调意义建构的课堂，这就需要激发学生学习的主体性，在课堂充分阅思考、总结、交流、分享，充分发挥每一位同学的智慧。这就要求教师在课堂上灵活的转变角色。首先，教师要做好知识的储备和选择，如鲁迅作品群文阅读教学就需要教师要有足够的文学储备，教师在平时的阅读中要扩大对鲁迅作品的了解，通过多种途径、多种方式去接触鲁迅、了解鲁迅，密切关注鲁迅研究界的相关研究成果，努力做一个"鲁迅通"，对具体的文本有充分的分析和自己的理解。群文阅读的课堂是开放性的课堂，在师生的讨论中经常会有挑战性的问题产生，这就要求教师在这些挑战性的问题中，选择与教学相关又具有启发性的关键点，以唤起课堂的活力。其次，教师要扮演好课堂进程的把控者和引导者。当学生能够愉快的讨论，进行思维碰撞的时候，教师就可以隐去自己；当学生遇到问题课堂停滞不前时，这时就要发挥教师的主导作用，对学生遇到的的问题进行分析，帮助其重新找到前进的方向，促使课堂讨论的有序进行。在达成共识这一过程中，每个学生都是独立的个体，在面对相同的问题，主体的差异性使学生的答案各不相同，这时教师就要对学生的不同理解与想法给予充分的尊重，尝试按照教学目标的要求加以适当引导，这样会使学生对作品的理解更加全面丰富、正确深刻。最后，教师要扮演好学生阅读的欣赏者和鼓动者。大部分学生觉得学习鲁迅作品有难度，在课堂讨论中，即使有自己的见解也不敢发表出来。面对这样的情况，教师可以对每位发言的同学的答案都予以肯定，即使回答的内容与主题有所偏离，也给以温柔的鼓励，例如："你的想法不错，但我们再回到这个问题上仔细思考一下"等方式来鼓励学生阐发个人体验。

7.4.4.5 读写结合，提高语文能力

开展群文阅读不只是为了增加学生的阅读量，调动学生在课堂上的参与热情，更要帮助学生养成阅读的好习惯、习得阅读方法、掌握阅读策略、提高阅读能力。在传统的单篇精讲阅读课上，教师教授一篇课文需要 2~3 个课时，以自己精讲为主，忽视学生阅读主体的体验。而群文阅读教学不仅可以增加学生的阅读量，而且可以习得阅读方法迁移运用到以后的阅读中。

　　阅读和写作是语文学习领域的两个重要的板块。进行鲁迅作品群文阅读教学一方面可以增加学生的阅读量，增强对鲁迅的了解；另一方面还可以提升学生的写作能力。鲁迅作品作为中学教科书中的经典文本，其写作特色、表达方式、文本结构等均是学生学习的典范。因此，教师在鲁迅作品教学中要让学生积累写作方法，提升写作技能。如"童年的烂漫"群文阅读，组文《从百草园到三味书屋》《社戏》《阿长与〈山海经〉》，教师还可以让同学对《从百草园到三味书屋》《社戏》中的写景手法进行揣摩、讨论，看看鲁迅是怎么描写景物的，按照什么顺序描写景物，然后让学生课后尝试运用鲁迅描写景物的方法对校园或者家附近的一处景物进行描写。这样不仅能让学生理解了鲁迅写景的层次性和丰富性，还能帮助学生达到练笔的目的，从而提升写作的技能。又如上文提到的"鲁迅笔下的人物描写"群文阅读，学生灵活运用精读、略读、比较阅读的方法提升自己阅读能力，还了解了描写人物的方法，对以后的阅读和迁移运用都有帮助作用。

第8章　整本书阅读教学课例解读

《义务教育语文课程标准（2022年版）》课程目标要求的第四学段"阅读与鉴赏"中明确指出，"每学年阅读两三部名著，探索个性化的阅读方法，分享阅读感受，开展专题探究，建构阅读整本书的经验。感受经典名著的艺术魅力，丰富自己的精神世界"❶；课程内容的拓展型学习任务群"整本书阅读"中也指出，独立阅读古今中外诗歌集、中长篇小说、散文集等文学名著，如《朝花夕拾》《骆驼祥子》《艾青诗选》《西游记》《格列佛游记》《钢铁是怎样炼成的》等。根据阅读进度完成读书笔记，针对作品的语言、形象、主题等方面的话题展开研讨。"❷ 因此，语文课程的实施要重视整本书阅读教学及整本书阅读对学生思想情感的熏陶感染作用，注重继承和发扬中华优秀文化传统和革命传统，体现社会主义核心价值对学生的引领作用。

8.1　课例1：《艾青诗选》中土地意象赏析专题阅读

本课例由王建英指导2020级学科教学的语文方向研究生柴玉洋设计，并进行了教育实习及以此为基础的毕业论文设计（2022年）。

《艾青诗选》是部编本语文教材初中三年级上册的一部必读名著，是义务教育第四学段名著阅读书目中唯一的一本新诗选集。

艾青的诗作，使"土地"意象获得了具有民族精神特质，又富有个人审美情感特色的独到的艺术美的品质，艾青诗歌不但有着"土地"的品质与精

---

❶ 中华人民共和国教育部．义务教育课程标准（2022）［S］．北京师范大学出版社，2022.
❷ 中华人民共和国教育部．义务教育课程标准（2022）［S］．北京师范大学出版社，2022.

髓，还有"土地"的气息与色彩。❶《艾青诗选》中的代表意象是"土地""太阳"，"土地"中凝聚着诗人对祖国母亲深沉的爱，以及对祖国前途命运深切的忧患意识，将这种情感表达得最为淋漓尽致的当数《我爱这土地》和《北方》。❷ 因此，"土地"意象是艾青诗中很有代表性的内容，对于理解诗人艾青家国情怀至关重要。

本课例依据语文课程标准和教材对整本书阅读的要求以及对欣赏文学作品的要求，围绕诗歌选集作品《艾青诗选》中"土地意象"的赏析进行专题教学，帮助学生理解《艾青诗选》中土地意象的深刻意蕴，进而感受诗人的家国情怀。本课例是由王建英指导柴玉洋在山西省晋中市太谷区三中初三年级 429 班进行的，实践时间为 2021 年 9 月。

8.1.1 专题的确立

8.1.1.1 教科书的任务驱动

《艾青诗选》是部编版语文教科书初中三年级上册第一单元名著导读推荐书目，单元导读主题是"如何读诗"，在单元主题"活动·探究"下，共设置了三个活动任务单。

任务一：要求学生可以独立欣赏和阅读教材提供的五首诗，吟诵诗歌的味道，把握诗歌的意义，体验诗歌的艺术魅力

任务二：要求学生自由朗诵，学习朗诵技巧，并举办背诵比赛

任务三：要求学生在写作过程中尝试创造，选择一个对象，写一首小诗，并要求学生注意句型和节奏

根据以上三个任务设置，可以确定本单元重点培养学生的阅读探究能力、诗歌阅读能力和新诗创作能力。因此，在教材单元总体任务的驱动下，设计一个关于土地意象赏析的专题，以完成教材的任务要求，供学生学习《艾青

---

❶ 王泽龙. 走向融合与开放：艾青诗歌意象艺术的探索［J］. 华中师范大学学报（人文社会科学版），2007（1）：102-107.

❷ 董祥忠，刘大林. 意象里的爱国情和进取心——《艾青诗选》赏析［J］. 初中生学习指导，2020（6）：10-11.

诗选》。

8.1.1.2 《艾青诗选》版本分析

名著版本的确立是教师指导阅读的前提。《艾青诗选》自1979年出版以来,有不同的版本,不同版本的选文也有很大差异。教育部编写的教材对"名著阅读"的书版没有具体要求。然而,如果教师在教学课堂上没有规定统一的版本,在教学实施过程中,由于各自的页码和所选文章不一致,课堂上将会出现混乱。因此,教师在指导阅读名著时,首先要确定名著版本在课堂上的统一性。

根据出版社收录诗集的数量、版本、版次安排和整理的精细程度,本文选取了人民教育出版社出版的《艾青诗选》作为本专题的教学版本。首先,该版本是一系列适合学生学习情况的语文教材编写读物。其次,从诗歌数量上看,本版共收录了九十八篇艾青在各个时期的代表性诗作,内容丰富。因此,本版的编排符合《名著阅读指南》的阅读目的共分为五个部分:"阅读计划""自我评价""阅读笔记""精读旁批""资料链接"。其中,目录分别按20世纪30年代至70年代的时间顺序排列,可以让读者清晰地感受到艾青诗歌在不同时代的创作风格,这一编排特点与部编语文教材初中三年级上册"感受艾青不同时代的诗风"的教学内容是一致的。

8.1.1.3 《艾青诗选》中土地意象的重要性

从土地与国家的关系来看,土地见证并推动着中华民族的发展壮大,成为中华民族文化精神的象征。在抗日战争时期,正值艾青土地意象体系的成熟时期,抗战陷入困顿之境。这种绝望状况最直观的表现就是失去了大片土地。这样,土地就自然成为整个国家的精神象征,它的吸引力自然就很强。这种强烈的吸引力可以使读者唤醒自身的感官,从而向题材靠拢,引起强烈的情感共鸣。

从他自己的经历来看,他对这片沃土的"深深的爱"是一个更重要的原因。他在这片土地上成长,是"喝了大堰河的奶长大了的大堰河的儿子",而那些以大堰河为代表的贫苦农民,世代扎根于这片"风霜之地",可以说,这片土地也是那些养育他的贫苦大众的代表。因此,他对这片土地有着深厚

的感情。当这片土地在民族危机中逐渐消失时，情感更加温暖而深沉。

从诗歌创作的角度来看，艾青曾在《诗论》中提到"意象是诗人从情感到所采用的材料的拥抱。这是诗人唤醒人们对主题的感觉的方法"，这一时期，他的创作主题主要集中在地方和农村地区。这些材料与土地密切相关，因此土地自然从感觉到材料成为他的拥抱。

8.1.1.4 《艾青诗选》中土地意象赏析的学情分析

本课例研究中的学情是指学生对《艾青诗选》土地意象赏析程度与学习现状。通过学情分析，一方面是明确学生是否能够掌握"《艾青诗选》土地意象"的有关知识，另一方面是要了解学生是否知道"该如何去进行专题诗歌赏析"。学情分析不能是笼统的分析，要着重分析不同层次的学生在学习《艾青诗选》土地意象中存在的问题，有针对性地选择赏析内容，进行有效的训练。只有这样，才有可能帮助不同层次的学生习得并完成赏析知识的学习，有效提升学生的专题诗歌赏析能力。考察学情是为了对学生专题诗歌赏析的直接经验有所把握，因此分析学情，必须联系具体的学习内容。本研究从学情分析出发，主要是通过对实践研究前的学生《艾青诗选》土地意象赏析的学情分析，明确学生学习起点的学习情况，确定土地意象赏析教学重点并进行诗歌意象赏析相关训练。实践前的学情分析是后面的土地意象赏析专题教学训练重点的重要依据。学情分析也是本研究的重要环节，实践研究后期，再次对学生土地意象赏析情况进行分析，可以清晰地了解实践研究的效果，发现实践研究取得的成效，并从中找出一些有价值的探讨问题。

本研究收集了 429 班 52 名学生 2021 年 9 月的初中三年级上册第一单元名著导读《艾青诗选》土地意象赏析作业。通过对学生的诗歌赏析作业的分析，发现《艾青诗选》土地意象赏析中最普遍最突出的问题，并以此来确定专题教学的重点。

《艾青诗选》土地意象赏析作业分析

题目：分析《我爱这土地》《雪落在中国的土地上》《复活的土地》三首诗中的土地意象。

笔者仔细翻阅学生土地意象赏析作业，发现赏析中存在一些问题。在这次《我爱这土地》《雪落在中国的土地上》《复活的土地》三首诗中的土地意象赏析作业中，全班 52 名学生中，8% 的学生下笔困难，不知道应该如何对诗歌意象进行赏析，无法独立完成赏析作业；52% 的学生无法深入理解、感悟三首诗中"土地"意象的丰富内涵；20% 的学生能够主动思考，找准理解土地意象的内涵，但是无法进一步展开分析；剩余 20% 的学生完成情况较好，赏析角度明确，且能够对土地意象进行具体的分析。

通过对学生赏析内容的分析，笔者发现根据学生赏析诗歌的能力大致可将学生作业分为中下、中等、优秀三个层次作业水平。其中前两类作业赏析诗歌时的问题较为突出，笔者选取了部分作业为例加以阐述。

（1）中下水平作业简单推断意象，没有结合时代背景去把握意象的深刻意蕴。该类作业的学生对诗歌意象赏析能力较弱，他们不太明确诗歌赏析的角度，不知道从哪里入手进行赏析，很难在阅读中产生自己的感悟，不善于将自己的感受与诗歌的意象、意境等结合并表达出来。图 8-1 所示为中下水平的学情作业，该生在只是把简单推断三首诗中土地意象。在《我爱这土地》中只是简单的写到土地象征中国，中国是什么时期的中国？有什么特点的中国？没有把具体内涵揭示出来；《复活的土地》单纯指土地，在赏析过程中，没有结合时代背景去把握意象的深刻内涵，没有把意象的特点分析出来，只是简单地表达了自己的理解，并没有结合文本意象展开分析。

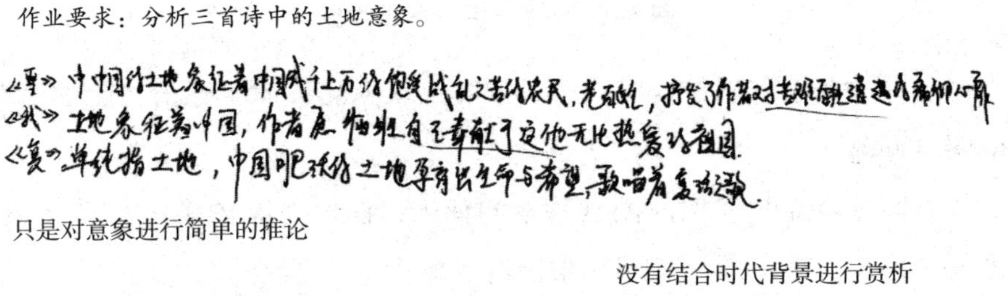

作业要求：分析三首诗中的土地意象。

只是对意象进行简单的推论

没有结合时代背景进行赏析

图 8-1　中下水平的学情作业

（2）中等水平作业大多能联系时代背景理解意象内涵、体验情感，未能建立类似意象之间的联系。

该类作业水平学生已经具备了一定的诗歌赏析能力，能够结合时代背景

这一角度出发去体会土地意象所表达的情感，但是未能建立类似意象之间的联系。如图 8-2 所示，该生结合了艾青当时所处诗歌的时代背景，对情感变化有了初步的体会，《雪落在中国的土地上》写作时间正是 1937 年日本全面侵华，中华民族正经历着最苦难的时期，此时的土地意象表达了诗人担忧祖国以及国家被占领的悲伤；《我爱这土地》中诗人用风雨、河流等写出土地的苦，暗喻国家正处于被日本帝国主义践踏的苦，"苦"其实就是土地内涵方面的限定，该生提取诗歌中的意象并进行了表层信息的概括；《复活的土地》写于七七事变前夕，全民族抗战即将开始，表达了作者对国家充满希望，但学生都没太注重三首诗中土地意象彼此之间的联系。

作业要求：分析三首诗中的土地意象。

1. 在《雪落在中国的土地上》这首诗中，土地指国土，指家园，作者写诗时正是1937年，日本全面侵华，中华民族正经历着最苦难的时候，国家危亡，大片国土被侵占，此土地意象表达了诗人尊尊爱国情，担忧国家，以及国家被占领的悲伤。

2. 《我爱这土地》中土地指国家，诗人用风雨，河流等写出土地的苦，(暗喻) 被日本帝国政铁蹄践踏的国家，表达了诗人对日本的憎恶以及对抗日战争充满希望。

3. 《复活的土地》指人民与政府，土地"复活"指人们思想的有所转变，此时正的是七七事变前夕，全民抗战即将开始，表达了作者对国家充满希望。

联系时代背景理解意象内涵
未能整合建立类似意象之间的联系

图 8-2 中等水平的学情作业

（3）优秀作业能够结合时代背景理解意象内涵、体验感情，能推论出意象的深层意蕴。

该类作业对诗歌意象内涵有基本的认知，能对意象内涵进行总结概括，如图 8-3 所示。第一首《雪落在中国的土地上》一直在写"寒冷"，林间的农夫、小妇人都是流离失所的，写出了土地上人们的绝望，"寒冷"也象征着中国的环境恶劣。由农夫、小妇人推断出土地上人们的绝望，这就需要调动时代背景的作用，体现了一定的联系，但是在得出单篇土地内涵的同时，没有形成相类意象共性特点的推论的意识，只是局限于单篇土地意象的小整合，没有对《我爱这土地》《复活的土地》《雪落在中国的土地上》这三篇中的意象进行更进一步的整合概括。

能推断出意象的深层意蕴

1. 《雪落着在中国的土地上》"一直在写寒冷",林间的农夫、妇人都是流离失所的,都是写土地上人们的流离失所、苦难,"寒冷"也象征着中国的环境恶劣。

2. 从《我爱这土地》"被暴风雨打击的河流'土地'",土地'既是受苦受难的,还是通过"黎明"这一句来抒发希望。

3. 《复活的土地》中的"复活"指人们心想着开放与转变,此时正是七七事变前夕,全民族抗战即将开始,表达了作者对国家充满希望。

三首诗中意象之间的联系未能推断起来

图 8-3　优秀水平的学情作业

8.1.1.5　确立《艾青诗选》土地意象赏析专题

学生在阅读《艾青诗选》赏析土地意象过程中,存在着对诗歌意象本身的特点概括不全面、意象深层意蕴的推断比较欠缺,以及未能整合建立土地系列意象之间联系的问题。根据学生诗歌赏析中的这些问题,本课确立了"土地意象"赏析专题,专题教学内容与实践框架如图 8-4 所示。

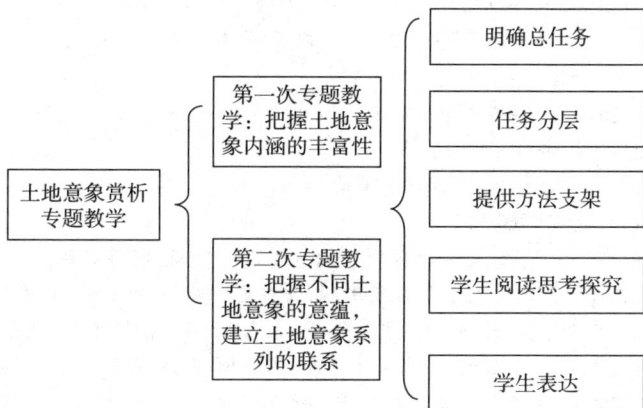

图 8-4　土地意象专题教学内容与实践框架

8.1.2　第一次专题教学实践：单篇土地意象赏析，把握意象内涵的丰富性

第一次专题教学实践,选择艾青《雪落在中国的土地上》这首诗。

8.1.2.1 《雪落在中国的土地上》土地意象赏析专题的教学设计

根据学生在进行单篇土地意象赏析专题学习的过程中，总的来说，学生能够联系诗歌的时代背景对土地意象进行解读，但是，中下作业水平学生难以联系时代背景和把握意象内涵的意识；中等作业水平学生具备联系诗歌时代背景的意识，但是还没有综合意象形成联系从而理解诗人的感情。针对这些学生在进行单篇土地意象阅读赏析中出现的问题，开展《雪落在中国的土地上》土地意象赏析专题教学，重点帮助学生了解诗歌创作的时代背景、综合意象形成联系，感悟诗人忧国忧民的情怀（表8-1）。

表8-1 《雪落在中国土地上》土地意象赏析专题的教学设计

专题教学总任务	把握《雪落在中国土地上》土地意象内涵的丰富性
教学方法	探究、讨论、讲解
专题教学过程	任务一：联系不同方面概括诗中土地意象的主要特点 （1）找到描写土地意象不同方面的着眼点。从自然和土地上的人这两方面寻找探讨 自然方面：寒冷、严寒 土地上的人：林间的农夫、蓬头垢面的少妇、年老的母亲 （2）对土地意象不同方面进行整合概括并把握土地意象的特质 寒冷、严寒——无生气 林间的农夫、蓬头垢面的少妇、年老的母亲——流离失所 土地意象的特质：苦痛、灾难 任务二：推论土地意象的深层意蕴 （1）提供背景资料 1937年12月，诗人抱着迫切投身战斗的决心，由杭州老家赶到了武汉。然而在这座当时被誉为全国抗战中枢的城市里，诗人并没有看到中华民族存亡关头所表现出的昂奋与急切的气息，权贵们仍在作威作福，全国到处是贫困与饥荒，他感到异常的失望，一颗火热的心灵就如同在冰冻雪中埋着一样，他深切地感悟到了古老的民族在解救自身的战争中所承受的深重的灾难，而广袤的土地和亿万生灵的命运也将要度着极为艰辛的日子 （2）结合背景资料进行推断 ①"雪"既指现实中的降雪（自然界），也指中国所处的艰难环境（当时局势的象征） ②"土地"指正在备受苦难的祖国，作者幻想着土地能焕发出生命的活力 ③"风"指广大人民的灾难，中华民族所遭受的痛苦

根据第一次教学目标，实施第一次实践，具体教学流程如图 8-5 所示。

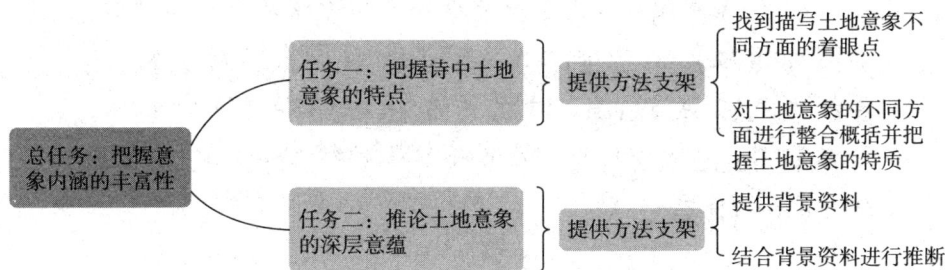

图 8-5　第一次专题教学流程

8.1.2.2　第一次单篇土地意象赏析专题教学的作业分析

（1）中下作业水平学生有了赏析诗歌要结合时代背景的意识，进一步理解土地意象的含义。

中下作业水平学生在单篇土地意象赏析专题学情作业中（图 8-6），对土地意象赏析下笔困难，缺乏意象赏析角度，未形成分类意识，通过了解意象赏析可以结合时代背景赏析之后，意象赏析初步结合了时代背景来进行分析。

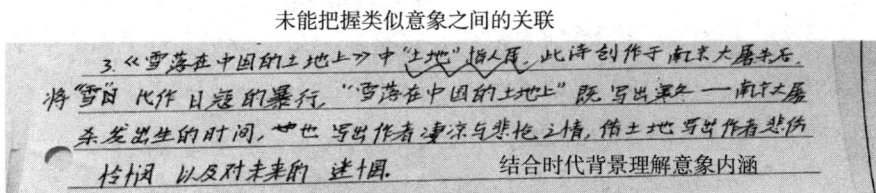

图 8-6　中下作业水平学生的单篇土地意象赏析专题学情作业

（2）中等作业水平学生联系诗歌时代背景的意识更加明显，能初步整合概括土地意象。

之前中等作业水平学生在进行土地意象赏析时，大多能联系时代背景理解意象内涵、体验情感，但未能建立类似意象之间的联系，在进行了单篇土地意象赏析专题的学习之后，中等作业水平学生联系诗歌时代背景的意识更加明显，有了初步土地意象整合的意识。如图 8-7 所示，该生把"风""寒冷指爪""老妇"等一系列的整合起来，从而体会北方所遭受的一切苦难的心情。

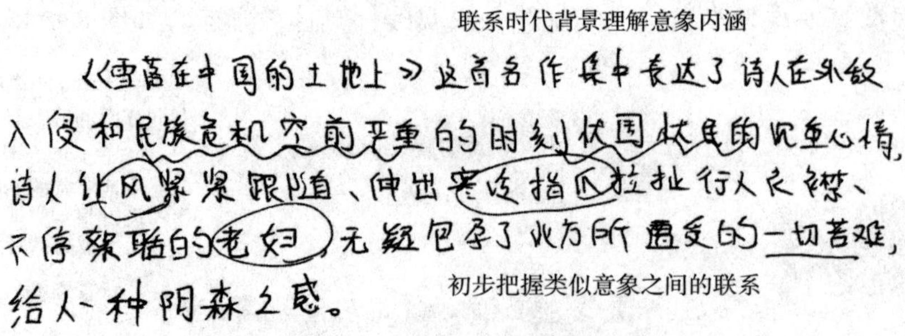

联系时代背景理解意象内涵

《雪落在中国的土地上》这首名作集中表达了诗人在外敌入侵和民族危机空前严重的时刻忧国忧民的沉重心情，诗人让风雪紧跟随、伸出寒冷指爪拉扯行人衣襟、不停絮聒的老妇，无疑包孕了北方所遭受的一切苦难，给人一种阴森之感。

初步把握类似意象之间的联系

图 8-7 中等作业水平学生的单篇土地意象赏析专题学情作业

（3）优秀作业水平学生对土地意象的分析不局限于诗歌的时代背景，能够进行意象的深层推断，把意象之间的联系整合起来。

优秀作业水平学生在进行单篇土地意象赏析的过程中，总体来说问题不是很大，他们之前能够结合时代背景理解意象内涵、体验感情，能初步把握类似意象之间的联系，具备联系背景和意象整合的思维特征，但是优秀作业水平学生只是对单篇土地进行整合，没有形成对相类意象之间的整合，进行单篇土地意象赏析专题之后，如图 8-8 所示，能够把相类意象联系时代背景进行赏析。

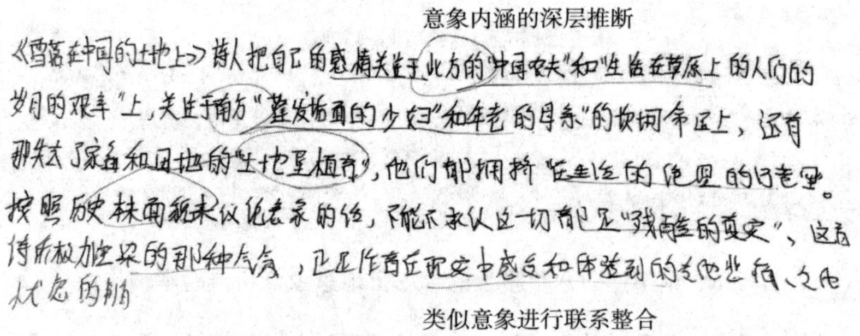

意象内涵的深层推断

《雪落在中国的地上》诗人把自己的感情关注于北方的"中国农夫"和"生活在草原上的人们的�的驴车"上，关注于南方"蓬发垢面的少妇"和"年老的母亲"的欢饲命运上，还有那失了家畜和田地的"土地垦殖者"，他们那拥挤在生活的绝望的污巷里，按照欣赏而规未似记去索的铐，不能不承认这一切都是"残酷的史实"，这些待所极加突出的那种气氛，正是作者在历史中感受和体会到的与他悲伤之色状态的期……

类似意象进行联系整合

图 8-8 优秀作业水平学生的单篇土地意象赏析专题学情作业

8.1.3 第二次专题教学：把握不同土地意象意蕴，建立土地意象间联系

在单篇土地意象赏析专题的学习之后，学生初步了解了怎样联系背景理解诗歌意象的深层内涵，但是要想更深入地领略诗人的家国情怀，还需将艾青的多篇土地诗歌中的土地意象联系起来思考，这是第二次专题阅读教学的重点内容。

8.1.3.1　多篇土地意象赏析专题的教学设计

多篇土地意象赏析专题教学设计如表 8-2 所示。

表 8-2　多篇土地意象赏析专题教学设计

专题教学总任务	把握不同诗歌中土地意象的意蕴，建立土地意象系列的联系		
专题教学重难点	①归纳诗中出现的与"土地"相关的意象，体会"土地"与受苦的"人民"的紧密关联，进而感受国家的苦痛灾难对艾青诗歌的重要影响 ②理解时代与个人的关系，感悟艾青的家国情怀，厚植爱国主义精神力量		
教学方法	探究、讨论、讲解		
教学过程	导入：艾青诗歌中的主要意象是"土地"和"太阳"，这节课我们重点关注艾青诗中与土地相关的诗歌与意象 任务一：理解《我爱这土地》《复活的土地》《雪落在中国的土地上》三首诗中土地大意象的内涵		

诗歌	大土地意象	内涵
《我爱这土地》	土地上的具体景象："暴风雨""悲愤的河流""激怒的风""黎明"	表层：土地上的腥风血雨 深层：国家苦难、民族反抗、希望
《复活的土地》	①土地景物："繁花""茂草""丛林百鸟歌唱" ②土地上的人们：播种者辛勤劳作、诗人摆脱忧郁	表层：苏醒的大地 深层：苦难但有希望、土地复活、民族兴起
《雪落在中国的土地上》	①土地泥泞、烽火啃噬的地狱 ②土地上的人们、马车农夫苦难行走、老母亲流离失所、农耕者乞求援助	表层：整个冰雪严寒封锁让人难以生存 深层：流离失所、苦难

任务二：把三首诗中土地内涵的共性特点概括出来

《我爱这土地》《雪落在中国的土地上》的土地大意象侧重于苦难，《复活的土地》的土地大意象虽有苦难但是充满希望。苦难是三首诗中共性的大土地意象的内涵。

在诗人的笔下，土地与人民是紧密相关的，土地的灾难就是人民的苦难，土地的创伤就是人民的创痛，土地的千疮百孔就是人民的生灵涂炭，从人民的生存艰难上升到国家的苦痛灾难

任务三：体验诗歌情感，感悟诗人的家国情怀

（1）走向"人民"，感受家国情怀赤子心（出示资料链接）

中国人从古至今就受到了深厚的土地情结。土地是中华民族的根脉，也是炎黄子孙永恒的乡愁

①资料链接：余光中《黄河一掬》

②艾青在 1940 年 4 月写下《农夫》一诗

艾青《向太阳》1938 年 4 月在武昌

艾青《北方》1938 年 2 月 4 日在潼关

战时民族忧患意识，让艾青的心中充满了民族哀痛感。这种哀痛感形成了艾青心底最深层的民族忧患意识和深沉动人的家国情怀

续表

教学过程	（2）回望初心，百年征程历久新 诗人艾青的青年时代，中国各寸土地都经历着伤痕和苦难，斗争和希望。就像他说的，"躺在时间的河流上，苦难的浪涛，曾经几次把我吞没而又卷起。"即使经历了那风雨如晦的日子，坚韧的国家人民仍然深刻地爱着自己的的这片土地，翘首以盼那无比温柔的黎明来临 任务四：学生表达 结合《艾青诗选》中有关土地意象的诗歌，写一篇300字左右的鉴赏性小文章

多篇意象赏析专题教学内容及流程如图8-9所示。

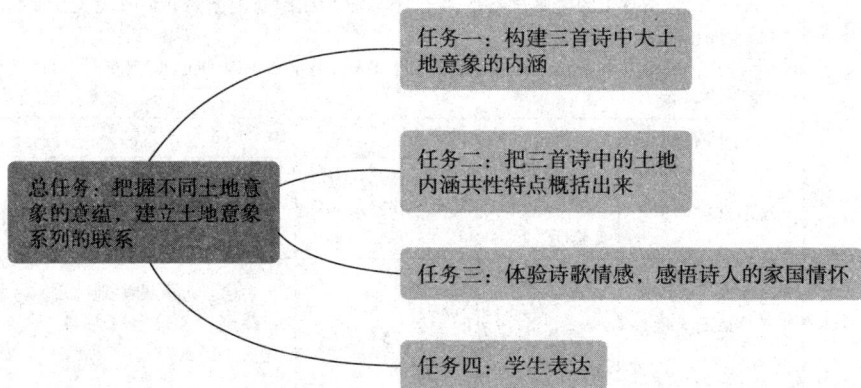

图8-9　多篇意象赏析专题教学内容及流程

8.1.3.2　多篇意象赏析专题教学的实施分析

这次专题选择了《艾青诗选》中与"土地"密切相关的四首诗，就诗中"土地"意象进行赏析，注意它们之间的区别与联系并加以分析。

在批阅学生作文中发现，大多数学生的作文内容充实，写作的思路清晰，有自己的观点和想法，能够重点关注与土地相关的一系列意象，并能结合时代特点进行写作，中等作业水平学生的提升比较明显。

（1）鉴赏思路明确，结合时代背景并对土地意象系列意蕴进行整合，体悟到诗人的情感变化。

在第二次专题教学中，学生对土地意象进行了归纳、整合。图8-10所示为学生多篇土地意象鉴赏作文，该生先写了在艾青诗歌中"土地"这一意象具有深刻凝重的意蕴，首先从《雪落在中国的土地上》分析"土地"象征着辽阔的大地，"寒冷"则喻指残暴的侵略者在中华大地四处烧杀抢掠。其次，《我爱这土地》结合"鸟""暴风雨"这些意象，控诉侵略者的暴行，用发自内心的呐喊唤醒沉睡的、麻木的国人。最后，把三首诗中的时代特点相联系，从侵略者四处烧杀抢掠到唤醒沉睡的国人再到受尽凌辱的伟大民族正在奋起，体现出诗人情感的层层递进。

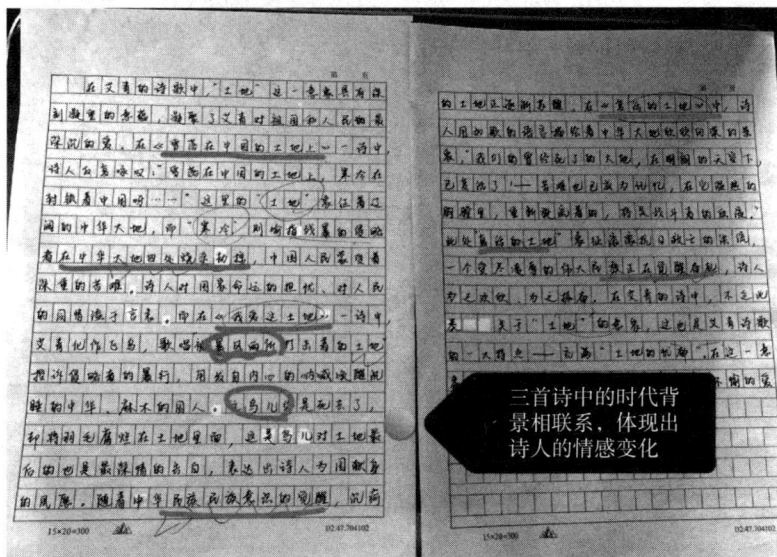

图 8-10　学生多篇土地意象鉴赏作文

（2）能整合与土地有关的其他意象，建立土地意象系列的联系。

中等作业水平学生在进行多篇土地意象分析时，大多不善于结合与土地有关的其他意象，经过第二次专题教学之后，部分学生能够结合系列意象进行赏析。如图 8-11 所示，该生开头就点出了土地是艾青诗歌中的核心意象之一，土地有着多层含义，并依次列出来，不是仅仅局限于"土地"这一单个意象，把"鸟""河岸景色""寒冷""颓垣与荒冢"等意象组合起来，构成一组土地意象系列，营造出"忧郁、悲哀、沉重"的感情基调，体会出诗人悲叹战争给人民带来的苦难以及保家卫国的决心，说明该同学能深入理解土地意象及并能够结合时代背景体会诗人所表达的深层情感。同时他还将几首诗中土地意象联系起来思考，概括这些土地意象表现的深重悲惨的苦难意味。

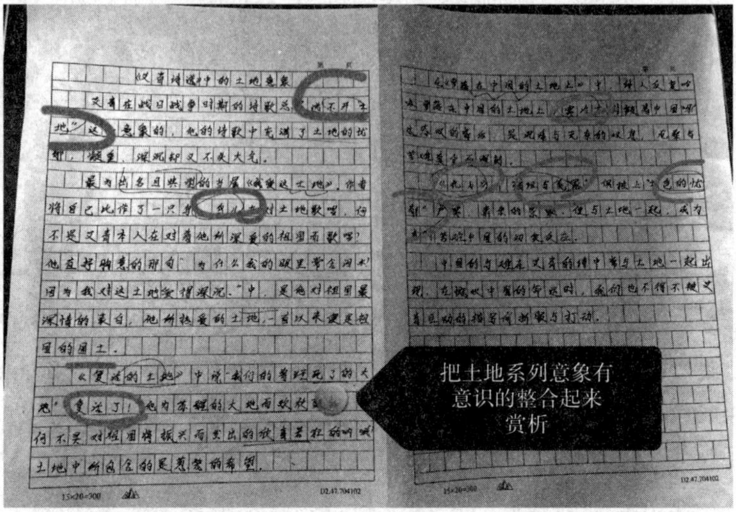

图 8-11 中等水平作业学生多篇土地意象鉴赏作文

（3）能结合时代对土地意象进行不同层次的分析。

大多数中下水平作业学生在第一次专题教学之后，虽然能够结合时代背景进行简单的赏析，但对土地系列意蕴把握较弱，经过第二次专题教学之后，有了一定的提升。图 8-12 所示，该同学分析《旷野》这首诗结合"山峦"

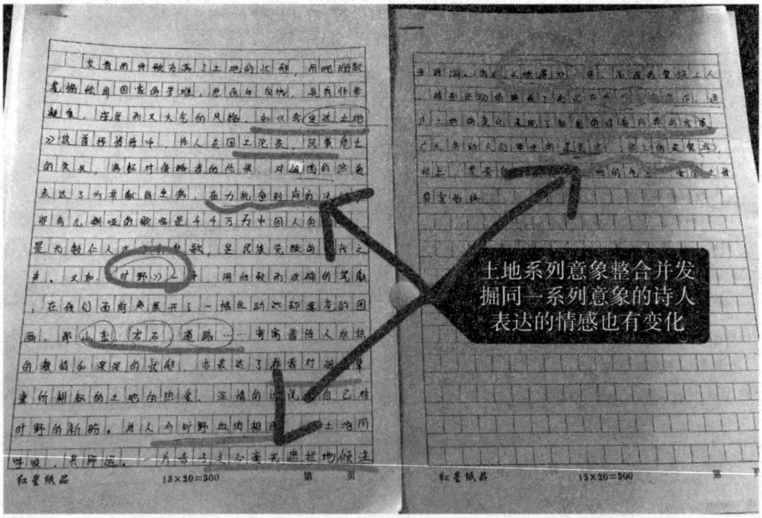

图 8-12 中下水平作业学生意象鉴赏作文

"道路""岩石"这些意象，诗人在我们面前展开了一幅生动却苍凉的画面；《帐篷》通过写土地的变化写出祖国的日新月异的发展；分析的三首诗均结合了诗歌创作的时代背景，总结出艾青的诗歌充满土地气息，爱国之情贯穿始终。

8.1.4　《艾青诗选》专题教学访谈情况

为了解本次《艾青诗选》专题教学的成效，学生对新诗专题学习的兴趣、态度和效果，笔者课后采取访谈的方式，考察学生对《艾青诗选》土地意象专题教学内容的接受程度、对教学活动的兴趣和参与程度、对自我学习能力的满意程度，以期对今后诗选类专题教学内容选择、教学活动设计提供反馈。

本次访谈对象是《艾青诗选》专题教学实施班级——太谷中学初三（429 班），班级总人数 52 人，25 名同学参与本次访谈调查。

本次访谈内容主要从三个方面进行设计：第一，根据教学目标，调查学生关于《艾青诗选》土地意象赏析专题教学目标完成程度；第二，调查学生对本此次《艾青诗选》土地意象赏析专题教学设计的满意程度；第三，专题学习结束后，《艾青诗选》专题教学活动中学生对诗选集赏析能力的提升。

教师对《艾青诗选》专题教学的学习成效设计了访谈提纲，用以研究本次专题教学的真实效果。具体内容如下：

①在《艾青诗选》土地意象赏析专题教学中，你学到了哪些知识？

②在参与《艾青诗选》土地意象赏析专题教学活动中，你学习了哪些新诗学习的方法？

③在阅读《艾青诗选》的过程中，你产生过哪些与诗人共鸣的情感？

④你对本次哪一个教学活动的参与程度最高？

⑤学习完本次土地意象专题，你觉得你哪方面能力有所提高？

⑥如果让你来设计一个诗选类专题学习，你想选择谁的诗选？

从该班学生访谈的反馈内容来看，《艾青诗选》土地意象专题教学成效有以下几个方面：

第一，《艾青诗选》专题教学增长了学生关于新诗学习的知识和方法。

通过《艾青诗选》的专题学习理解到了区别于古典诗歌的新诗意象的现代化、情感的个性化等文学知识，学会根据"知人论世""提炼意象""评论赏析"等方法阅读诗歌，多方面赏析诗歌。

第二，《艾青诗选》专题教学锻炼了学生收集、比较和梳理文本有关内容的能力。专题需要学生对土地意象有关内容加以整合，比如梳理《艾青诗选》中与土地相关联的意象，并以表格的形式呈现出来。

第三，《艾青诗选》专题教学丰富了学生情感世界。艾青作为时代的吟诵者，他的诗歌充满了战斗精神和进取精神，浓厚的爱国情义是艾青诗歌的思想核心。

第四，《艾青诗选》专题教学锻炼了学生的思维的深刻性。比如在"土地意象专题"教学活动中，从梳理意象—整合意象—归纳意象结构这样的逻辑顺序展开，学生在完成这一任务过程中，很自然地就会理解到诗歌中意象与情感之间的内在联系。

8.1.5　课例解读

8.1.5.1　专题教学中问题的设计与解决可由简单问题到复杂问题逐渐推进

在实践之前，学生对《艾青诗选》这本书还是处于不太熟悉的状态，因为这本诗歌选集涉及许多不常见的意象，学生阅读时难以体会作者的情感，不知道如何去开展阅读。在进行土地意象专题教学的过程中，从简单问题入手，进行单篇土地意象学习，让学生从对这一诗歌的时代背景及相关联的意象结合起来进行分析，给学生材料用以学习，先从单篇诗歌能够联系作者的时代背景去解读；再到多篇土地意象系列解读的复杂问题，给学生展示土地意象系列整合的表格，让学生去整合，以感受相同土地系列意蕴。

8.1.5.2　专题教学针对学生不同的问题要及时提供具体而有针对性的学习方法与思维支架

在实行专题教学时，尤其是在尝试意象专题教学的早期，努力使学生脱离原有的认知舒适圈，在实践中练习与探究。教师还能够针对专题课程中学习任务的困难程度和学习者语言掌握情况，给出不同的教学建议，从而形成灵活完善的教学支架系统，对于知识点的综合、分析任务不仅可以设定并给出最简明的教学建议，在观察、提问、探索的意象化专题学习任务中，而且能够给出相应的操作知识作为学习的支撑，学习者也能够根据自己的语言积累程度和自主学习能力，选择相应的学习建议，在学习的支撑下，学习者也可以保证对学习活动的积极性和积极性，从而保证了任务的品质。当获得认可以后，学生会变得更加自信，并具有更强烈的学习愿望，使学生们在专题的过程中变得更加积极、认真，并由此产生良性循环。

8.1.5.3　专题教学可以训练中学生对文本内容的归类、整合联系、推论的思维能力

专题教学从学习媒体、资源、内容和方法等各个方面呈现出整合的特征，使得学习资源的获得不再限于教科书，而是从多个层面上对学习资源进行整合，包括文学、音频、视频等。通过各种形式对学习资源进行整合，为学生提供了丰富的学习资源，为学生的思维发展提供了有益的途径；学习内容已不仅仅是传统的单一教学，而是按照专题教学的学习内容和学习状况，将有关学习资源整合起来。同时，学习资源被有序地安排和组织，分层显示使学生能够根据学习内容进行连续、分步的学习探索，学习深入到思维层面。

8.1.6　课例教学启迪

（1）教师要发挥专题教学中的专业引领作用，聚焦到学生语文学习中的主要问题。

通过专题教学实践发现，学生在积极参与探究活动时，会出现一些意想不到的情况，这对教师的适应能力和专业能力要求较高；教师要想带学生进行专项学习，就必须具备充实的教学科研能力，不断思考优化教育教学的方法。专题教学，它的特点是围绕"专题"开展的研究性学习。学生在阅读中国传统文化经典、感知内容、了解内容、反思、探讨与理解中华文化的过程中发现存在的问题；在后期，对"专题"展开了更广泛的探讨和写作，依然是以"问题"为中心的。可以说，以专题为基础的教学活动是一种问题不断

产生、反思和解决的活动，对于不同的问题，教师参与学生学习，帮助学生检查、思考和解决问题的课堂是"问题解决课"，要回答学生在学习过程中产生的问题，这就要求教师要发挥专题教学中的专业引领作用，教师也应鼓励学生多思考，并记录语言难点、内容难点和个人思考的难点所在，这些都是主要问题的收集来源。

中国教育家陶行知先生曾经说过，如果你按住鸡的脖子喂它，它会挣扎而不吃，如果你让鸡自由，它会主动吃食物。喂养动物如此，我们的教育也是如此。学生碰到有关类似的专题时，运用以往的专题学习的步骤，将材料的收集、整理、分析和应用等各个环节运用到新的专题学习中，遇到问题时能积极思考，能够独立得出自己想要的结论，提高思维能力和创新能力，专题教学内容丰富多样，涉及面广，有利于提高学生专题学习的意识。

（2）诗歌类整本书专题教学，要引导学生由单篇中单个意象解读到多篇中相类意象的整合阅读。

教师在进行诗歌类整本书教学过程中，应当指出意象有其相通性，引导学生从单篇中找出土地的代表性意象，对其特点进行归纳和总结，如学生联系生活实际就可以得出"土地"所固有的内涵，在单篇诗歌中要结合诗歌的整体内容及时代背景进行理解，接着在多篇专题中重视相似意象之间的归纳和整理，能够在一定程度上把握土地意象所寄寓的爱国情怀，形成自己的见解。

专题教学的选题一般来源于教材，选择一两部最具代表性的作品在课堂上学习，然后进行扩展，相关或类似作品用于对比分析，以启发学生围绕大主题设置子主题。由于课本的篇幅有限，所选的诗歌必然是有限的，也就是说，叶圣陶所提到的课本不过是一个例子而已。在这次意象专题教学中，学生从土地意象专题研究中获得灵感，激发学生的研究兴趣，主动寻找子专题进行研究。学生所研究的子专题范围越小越好。第一，研究方向容易把握；第二，他们可以学习得更深入，对问题有更透彻的理解；第三，培养认真、严谨、卓越的学术精神。学生对于研究的小专题，可以纵横地连接，并经常的加以小结归类，才能营造一个专题探究的氛围，学生可以按照自身兴趣探寻其他的专题，例如，以诗人为专题，我们可以设立李白、杜甫、王维和苏轼等专题；从题材上看，可以设置边塞诗、山水抒情诗、咏物诗、史诗咏物诗、离别诗、田园诗等。

（3）诗歌整合阅读中要加强意象之间的对比、归类、综合、联系和推论的高阶思维训练。

高阶思维的训练在诗歌选集中主要表现为诗歌鉴赏评价、意象的表达与运用的培养，诗歌整合阅读强调的是一个系统化的过程，用在《艾青诗选》土地意象赏析中，能够训练学生对土地一项系列的归类、综合、联系和推论的高阶思维。

在开展土地意象专题教学过程中，学生最初没有意象整合的意识，经过第一次专题教学后，有了初步的意象归纳意识，再结合作者时代背景，对相关意象进行归类，但还不是能完全的理解意象之间的联系，根据这一情况进行第二次专题教学实践，推论土地意象之间的关系，不断提升学生的诗歌整合思维。

（4）积极写作和表达，梳理和巩固小专题学习认识和成果。

阅读和写作一直是语文教学的重点，两者都有"吸收"和"表达"的关系，《艾青诗选》可以让学生感觉到艾青诗歌的表现形式和内在内涵，学习、吸收"他人"优秀作品的过程；而写作是让学生从"他人"作品中的知识、方法等与自己的经验相结合，"生产"具有"自我意识"的新的作品，真正实现读者与作者、作品的对话。在日常的素材积累到新诗鉴赏创作中，可以有效避免学生创作时无依据、无范式，不知道找什么内容来写的情况，老师要在实际操作中，给予具体的要求和提示，使学生在大范围中自主地进行鉴赏写作。

《艾青诗选》最具代表性的两大系列意象就是"土地"和"太阳"，在进行完土地意象专题教学之后，学生可可按照"土地"意象专题学习方式对"太阳"意象进行专题探讨，寻找"太阳"意象在中外文学中的原始含义，并根据艾青诗歌创造的背景，探讨"太阳"在艾青诗歌中的具体含义。在艾青诗歌中，学生合作探讨了艾青诗歌中包含了从挖掘苦难到追求光明的抒情

结构，并从"土地"和"太阳"的意象中寻求艾青诗歌的抒情结构的依据；然后，从意象的本体含义、象征意义、诗人为表达这个意象而采用的方法等多种角度，把自己的理解批注下来；结合艾青诗歌中的语境和"太阳"意象的普遍含义，写作意象鉴赏文章。

8.2 课例2：《西游记》中重复叙事的比较阅读

本课例由王建英指导2021级学科教学（语文）方向研究生冯秀霞设计，并进行了教育实习及以此为基础的2023年毕业论文设计。

《西游记》是部编本语文教材初中一年级上册的一部必读名著。该书是一部长篇章回体小说，对于学生来说并不陌生，书中的人物形象鲜明，其中孙悟空的形象更是深入人心，其丰富的人物特性值得深入探讨。

《西游记》作为一部"小说"文体的名著，探究其中的人物形象必不可少。教材无论在"导读概况"部分还是"专题探究"部分，都指明了《西游记》善于塑造个性鲜明的人物形象的特点，因此以人物形象为出发点了解学情。

本课例由王建英指导、冯秀霞于2022年9—12月在河北保定市爱和城中学初中一年级所带班级进行执教。

8.2.1 了解学情，发现问题

笔者首先在本班进行了《西游记》人物形象阅读的作业布置，要求学生从《西游记》师徒四人中选某一人物并运用分析人物形象的方法（前面学过《植树的牧羊人》人物分析方法）进行分析，展示自己对人物的思考。

8.2.1.1 《西游记》人物形象阅读的作业分析

在《西游记》人物形象分析的作业中，全班共有53名学生，15%的学生呈现的内容只有简单的一段，缺乏具体的细节内容；65%的学生能够列举有关人物的多方面内容，但多为概括未见详细地阐述；20%的学生呈现的内容较丰富，不仅能分析提取出的信息，还具有推断意识，但推断不够全面需要进一步加强分析。根据学生作业的完成情况，将其分为中下、中等、优秀三个层次作业水平，具体分析如下：

（1）中下水平作业在人物形象分析时未能提取信息，缺乏分类意识导致呈现的内容较散乱、简单。

该类作业对人物形象的认识呈现的内容包括：外貌、大致经历、形象特点等，每一点都是泛泛而谈，未能提取信息对其中的细节进行具体分析，缺乏维度划分，没有分类意识，导致最后对人物的认识很片面，仅仅停留于简单化、常识性的概括。该类学生没有深入到名著中对人物形象形成一个完整的理解，对人物形象的解读停留于肤浅阅读的层面上，对于其中丰富、立体、人物多面性的性格缺乏深入思考，如图 8-13 所示。

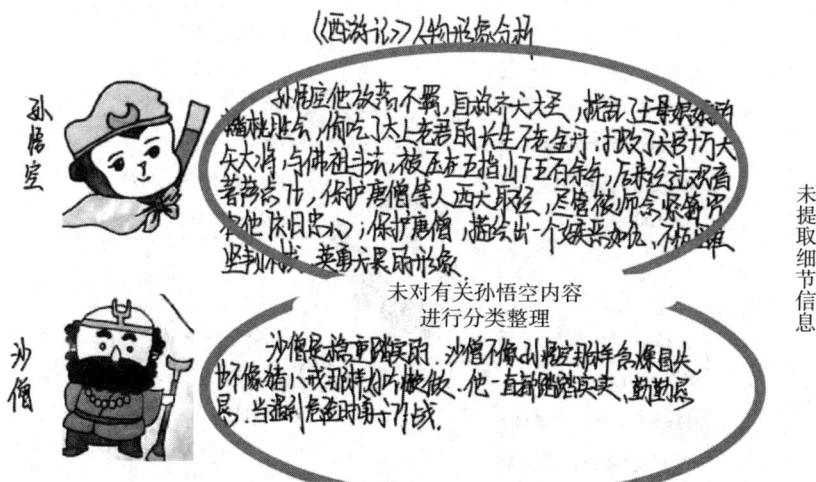

图 8-13　中下水平学情作业

（2）中等水平作业具备初步的分类意识，未能对具体内容进行分析。

这类作业对复杂的内容进行了分类，并将同类信息归为一类，有明显的维度划分意识，具备了一定的分类意识，如人物的外貌、经历、行为表现、形象特点等方面展示人物的全貌，但呈现的分类内容只是列举，缺乏具体的分析思考；对其中故事情节中人物的表现进行简单概括，缺乏分析导致推断的内容单一简单化，说明学生并没有形成对人物形象的深刻理解，如图 8-14 所示。

对人物相关内容
分类呈现

关于人物形象与相关
情节未具体分析

图8-14 中等水平学情作业

（3）优秀作业有明显的分类与分析意识，形成了对人物形象的初步推断。

该类作业分类意识较强，有从人物外貌、性格、行为表现等方面的显性分类，也有总结人物形象进行隐性划分，无论哪种方式都表现出该类学生具备了分类意识，且他们能够将分类好的内容进行简单分析，尤其是对人物西天取经过程中的细节表现出自己的思考，从而初步推断其形象特点，对人物的理解不再是小学阶段常识化的认识，有一定见解。但也存在对其中某一情节的认识分析不够透彻，对其中的人物形象的多面性缺乏深刻的思考与感悟，如图 8-15 所示。

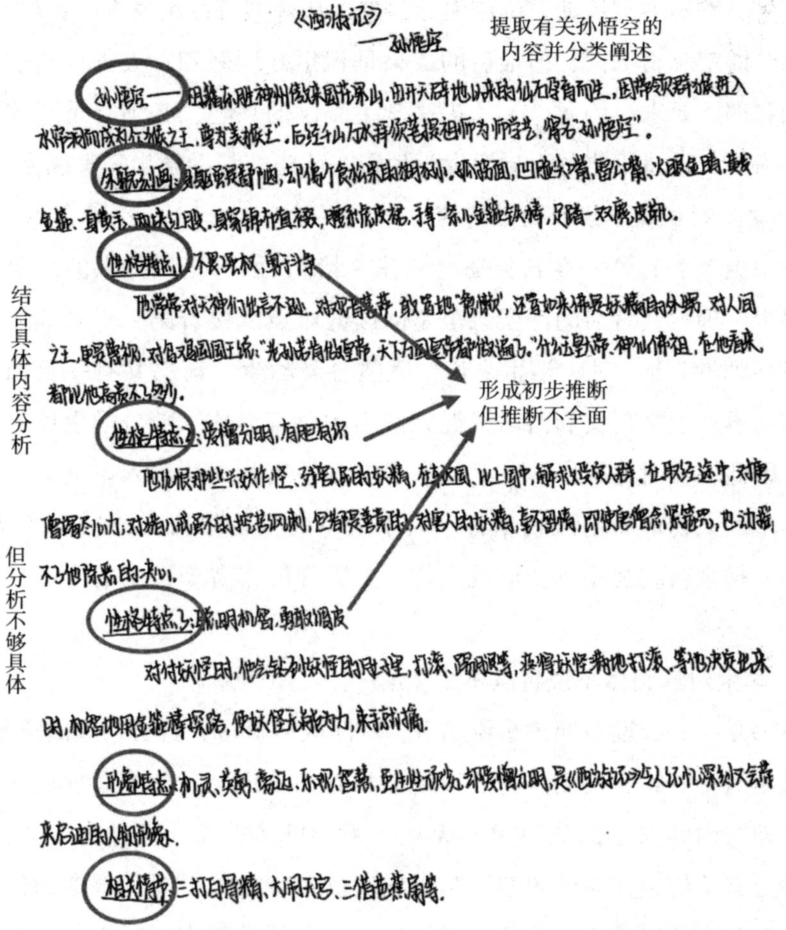

图 8-15　优秀水平学情作业

8.2.1.2　《西游记》人物形象阅读的访谈分析

为了更好地了解学生在进行整本书阅读过程中的问题，笔者随机挑选 25 名学生进行访谈，了解到学生在整本书阅读中存在的一些问题。

1. 学生对《西游记》整本书阅读兴趣浓度减退，没有通本读下去

虽然学校在暑假期间为学生安排了读书任务，但是学生没有完整地将这部长篇章回体小说读下去，在阅读的过程中存在一些困难，具体如下：一是

大部分学生们在小学时已读过《西游记》且看过电视剧等不同类型的影视作品，自认为对其很熟悉，无法产生浓厚的兴趣，不愿意再认真地读下去；二是教师对于整本书阅读缺乏读前引导，没能从该书特性出发进行针对性指导，学生每节课都拿出书读，但最后的成果是积累好词好句，失去了阅读整本书的目的和训练要求。因此，为了提高学生阅读的兴趣，必须立足于这一本书的核心内容，通过恰当的引导激发学生探究欲望，帮助学生完整读完整本书。

2. 学生对长篇小说有畏难情绪

初中生接触的第一本名著是《朝花夕拾》，该书呈现独立的故事，内容相对较少，理解其背后的深层意蕴是阅读的难点。接着第二本必读名著是长篇小说《西游记》，对于学生来说，既熟悉又陌生。该书共有一百回合，内容繁多，再加上文言文和白话文混合使用的语言形式，部分学生读起来有些困难，因此在面对这样一本巨著会产生畏难情绪，无法深入体会书中内容所要传达出的人物形象与人物精神。对于书中的人物停留在浅层次的认识上，没有用一种全新的视角重新审视人物，真正理解作者塑造出的丰富且独特的灵魂。

3. 学生对章回体小说特点不太了解

该书是一部长篇章回体小说名著，其间故事众多，且有大量的重复叙事，看起来是八十一难，但完整的故事情节只有四十多个。学生对这一文体缺乏思考，面对内容众多的故事单元无从下手，只是去读，读过之后头脑混乱，无法输出有价值成体系的内容。学生在阅读过程中，需要了解章回体小说的特点，对其中的线索进行梳理，把握这一类文体的特点，对于如何开展该整本书阅读具有重要的意义。

4. 学生在阅读整本书过程中没有选用合适的阅读方法

阅读方法的选取与该书的文体特点密切相关，学生在之前的阅读教学中积累到默读、精读、圈点勾画、做批注等阅读策略对大多数单篇阅读很有效，但选用该类精读的阅读方法，需要考虑到学生阅读《西游记》长篇名著的精力与实际的阅读情况。因此阅读这一类作品必须找到合适的阅读策略，在教师有效的指导下精读与跳读，选用恰当的分析方法对其中人物形象进行深入思考，理解人物身上的多面性。

5. 学生对《西游记》中关于人物的细节之处缺乏分析

在进行整本书阅读作业过程中，学困生对于人物的分析只随意概括了有关该人物特征的四字词语，偏重概括化，内容较散，没有进行分类与细致的分析；中等生有了初步的分类，但是没有在内容的基础上进行深刻分析与思考，缺乏分析意识；优生做到了分类与分析，没有更完善的推断，仅仅就某一方面认识人物，没有多维度的比较与推断。经过访谈进一步了解了学生作业呈现出的问题成因，大多数学生不知"如何分析"，找不到具体分析的路径。因此明确了在进行人物形象阅读过程中，对重复叙事进行比较思维的学习以期帮助学生更深层次分析人物形象。

为此，基于以上存在的问题，笔者进行关于孙悟空重复叙事的比较阅读的实践，帮助学生学会运用"比较阅读"方法完成整本书阅读的学习，

8.2.2　根据学情问题，设计重复叙事的比较阅读

学情作业中，中下水平作业学生在对人物形象分析时，缺乏关键信息提取与分类意识；中等水平作业学生有了初步的维度划分，但没有具体的分析，推断单一浅层；优秀水平作业学生对人物分析有分类的维度，且能够概括出内容进行分析进而推断，但在分析过程未找到名著中重复叙事的钥匙，分析较空洞导致认识不全面。

《西游记》中故事情节众多，且有大量重复的叙事，如关于孙悟空的重复叙事就比较多，如果抓住单个人物孙悟空为学习对象进行探究，让学生学习并运用"比较阅读"的方法，有利于形成对其中人物形象全面、立体的认识，从而带动整本书阅读。具体教学安排如表 8-3 所示。

表 8-3　有关孙悟空重复叙事比较阅读的教学安排

阶段	实践内容	实践任务
第一阶段	孙悟空降妖除魔重复叙事的比较阅读	了解并运用"比较阅读"方法的信息提取与分类、异同分析、推断等步骤学会具体分析

阶段	实践内容	实践任务
第二阶段	孙悟空"哭"细节重复叙事的比较阅读	强化训练"比较阅读"方法进一步推断孙悟空人性的一面

8.2.3 第一阶段实践：孙悟空降妖除魔重复叙事的比较阅读

针对学生熟悉的孙悟空降妖除魔叙事内容，让学生了解并运用"比较阅读"中的信息提取与分类、异同分析、推断归纳等程序，学会具体的比较阅读。

8.2.3.1 孙悟空降妖除魔中重复叙事比较阅读的教学设计（表8-4）

表8-4 孙悟空降妖除魔中重复叙事比较阅读的教学设计

《西游记》中孙悟空降妖除魔重复叙事的比较阅读教学设计	
教学目标	（1）学生了解重复叙事、比较阅读的知识 （2）明确"三打白骨精"重复叙事、比较阅读的具体方法 （3）阅读"三借芭蕉扇""三返花果山"相关章节，学会运用比较阅读方法分析并推断把握孙悟空形象
教学方法	讲解、示范
教学课时	3课时
教学过程	一、了解重复叙事、比较阅读的知识 （一）了解重复叙事 重复是叙事艺术的一种，指的是在文学作品中把要叙述的内容进行多次叙述。从不同的角度对同主题内容进行反复叙述，增强文章在表现人物方面与叙事层面的丰富性 如《西游记》中的"三打白骨精""三借芭蕉扇"等 （二）明确孙悟空降妖除魔过程中的"重复叙事" （1）《西游记》降妖除魔故事架构上的重复：在妖怪出现之前，师徒四人被山挡住，唐僧内心恐惧、猪八戒挑唆、孙悟空火眼金睛上前打斗，遇到解决不了的阻碍向神仙求助，这些相似的情节安排出现在每一次遇难中 具体表现为：妖怪出现——与妖怪战斗——收服妖怪 （2）故事情节的重复：孙悟空三次面对困难，克服困难的过程，第一次往往是以失败告终，第二次经受磨难依旧失败，第三次通过外援，成功克服困难 （3）结构安排的重复：书中多次出现"一波三折"的行文结构

续表

教学过程	

孙悟空降妖除魔过程中的重复叙事
— 除魔过程中故事架构的重复 —— 妖怪出现——与妖怪战斗——收服妖怪
— 故事情节的重复 —— 三次面对困难。前两次失败，第三次成功
— 结构安排上的重复 —— 一波三折式结构

（三）了解"比较阅读"

学生在了解"重复叙事"与西游记的重复叙事的基础上，对"比较阅读"的相关概念有一定的把握。明确"比较阅读"的程序性知识，对其中的信息提取、维度分类、异同分析、与推断归纳的相关概念有一定了解

（1）信息提取：通过阅读整本书目录从中找出契合比较点的重复叙事相关章节内容，进而精读比较内容，提取出同中有异的关键细节内容

维度分类：广义上讲是指按照种类、等级或性质分别归类。在阅读中的"分类"是指将对象按照一定的类别属种进行归类，建立区别与联系从而从不同的方面认识或分析

（2）分析：与"分类"相关联，将探究对象分成几个组成部分，找出其中的本质属性和彼此之间的异同关系进行分辨解析，从而更清楚的认识事物或人物的一种方法

（3）推断：根据分类、分析的关键信息进行推测断定，得出科学的、富有逻辑性的结论

比较阅读
— 信息提取与分类 ←→ 明确比较点
— 异同分析 → 同中求异比较分析
— 推断归纳 → 达到整体认识

二、降妖除魔重复叙事中孙悟空细节描写的比较阅读

（一）孙悟空降妖除魔过程中重复叙事比较阅读方法与框架

在了解相关基础概念之后，学生对重复叙事的比较阅读有了基本的认识，需要将其运用于关于孙悟空重复叙事的比较阅读中。按照"比较阅读"分析框架，首先确定比较内容，本次的实践学习主要探究在降妖除魔过程中有关孙悟空形象细节描写重复叙事的比较，这一点是教师提前设置好的比较内容，学生根据给定的比较内容，正式进入比较阅读分析中。第一步较为关键，学生明确比较点，通过信息提取与分类，进一步明确可比的对象。第二步在此基础上深入思考分析，对比阅读。最后对其中人物细节推断归纳

教学过程	具体分析框架图如下： 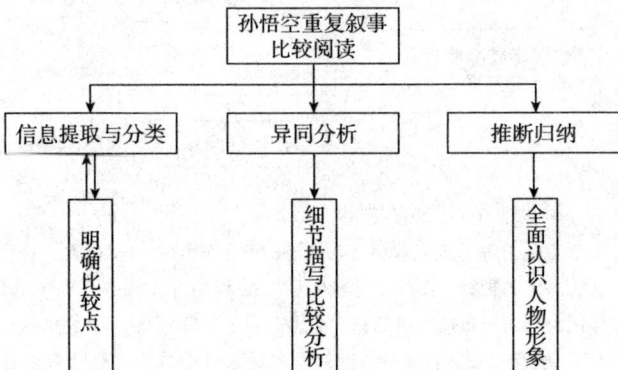

（二）"三打白骨精"重复叙事中表现孙悟空细节描写的比较阅读

选取降妖除魔中"三打白骨精"情节进行探究，明确比较内容为"三打白骨精"中有关孙悟空重复叙事的比较阅读，按照"比较阅读"分析的程序，对表现孙悟空的细节描写进行比较分析

1. 提取并归类信息，明确比较点

明确比较点与信息提取、分类是相辅相成的关系，学生精读相关章节内容，找到其中表现孙悟空形象细节描写的重复叙事，对该内容进行分类加工，更进一步指明比较点，运用框架图清晰列举相关内容

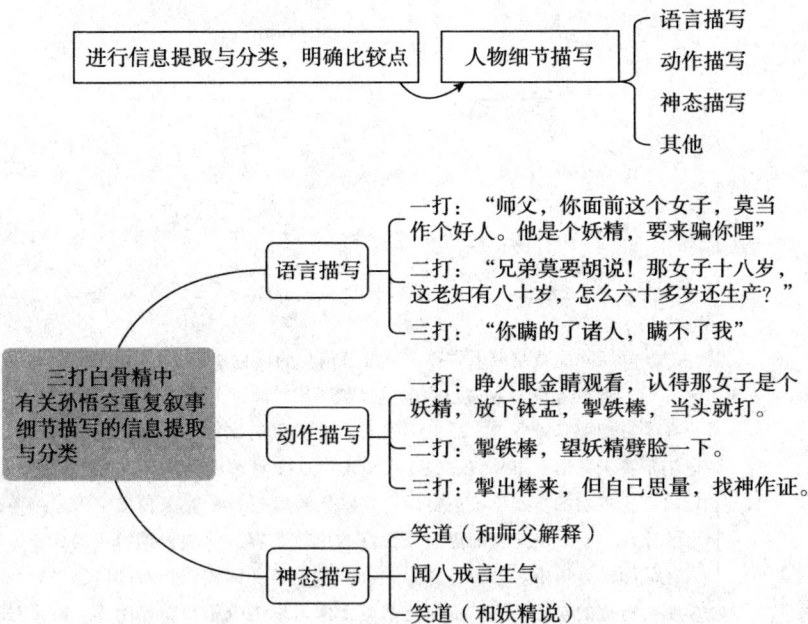

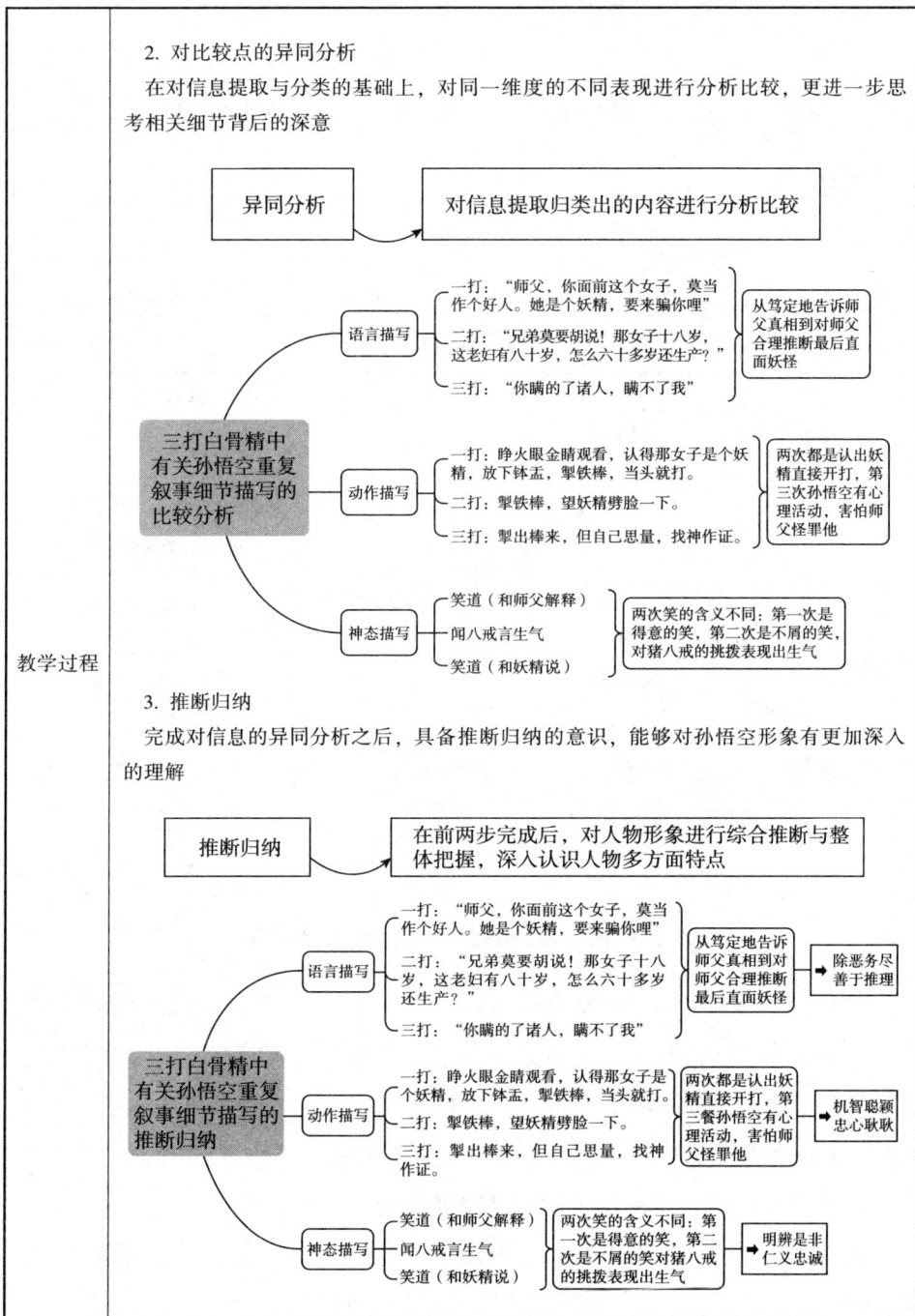

续表

教学过程	

2. 对比较点的异同分析

在对信息提取与分类的基础上，对同一维度的不同表现进行分析比较，更进一步思考相关细节背后的深意

异同分析 → 对信息提取归类出的内容进行分析比较

三打白骨精中有关孙悟空重复叙事细节描写的比较分析

语言描写
- 一打："师父，你面前这个女子，莫当作个好人。她是个妖精，要来骗你哩"
- 二打："兄弟莫要胡说！那女子十八岁，这老妇有八十岁，怎么六十多岁生产？"
- 三打："你瞒的了诸人，瞒不了我"

从笃定地告诉师父真相到对师父合理推断最后直面妖怪

动作描写
- 一打：睁火眼金睛观看，认得那女子是个妖精，放下钵盂，掣铁棒，当头就打。
- 二打：掣铁棒，望妖精劈脸一下。
- 三打：掣出棒来，但自己思量，找神作证。

两次都是认出妖精直接开打，第三次孙悟空有心理活动，害怕师父怪罪他

神态描写
- 笑道（和师父解释）
- 闻八戒言生气
- 笑道（和妖精说）

两次笑的含义不同：第一次是得意的笑，第二次是不屑的笑，对猪八戒的挑拨表现出生气

3. 推断归纳

完成对信息的异同分析之后，具备推断归纳的意识，能够对孙悟空形象有更加深入的理解

推断归纳 → 在前两步完成后，对人物形象进行综合推断与整体把握，深入认识人物多方面特点

三打白骨精中有关孙悟空重复叙事细节描写的推断归纳

语言描写
- 一打："师父，你面前这个女子，莫当作个好人。她是个妖精，要来骗你哩"
- 二打："兄弟莫要胡说！那女子十八岁，这老妇有八十岁，怎么六十多岁还生产？"
- 三打："你瞒的了诸人，瞒不了我"

从笃定地告诉师父真相到对师父合理推断最后直面妖怪 → 除恶务尽善于推理

动作描写
- 一打：睁火眼金睛观看，认得那女子是个妖精，放下钵盂，掣铁棒，当头就打。
- 二打：掣铁棒，望妖精劈脸一下。
- 三打：掣出棒来，但自己思量，找神作证。

两次都是认出妖精直接开打，第三餐孙悟空有心理活动，害怕师父怪罪他 → 机智聪颖忠心耿耿

神态描写
- 笑道（和师父解释）
- 闻八戒言生气
- 笑道（和妖精说）

两次笑的含义不同：第一次是得意的笑，第二次是不屑的笑对猪八戒的挑拨表现出生气 → 明辨是非仁义忠诚

教学过程	这三步体现了思维上由理解、分析到综合推断的层层深入： 开始 →（理解）细节描写归类 →（分析）对比分析人物细节 →（推断）人物形象特点与精神品质 → 结束 这样，通过对"三打白骨精"重复叙事中孙悟空表现的细节变化分析，就能更细致深入地把握人物形象的具体特点与内在精神品质 三、课后作业 根据"比较阅读"法的具体实施步骤，比较阅读"三借芭蕉扇""三返花果山"相关内容，形成纸质成果，整合归纳孙悟空形象

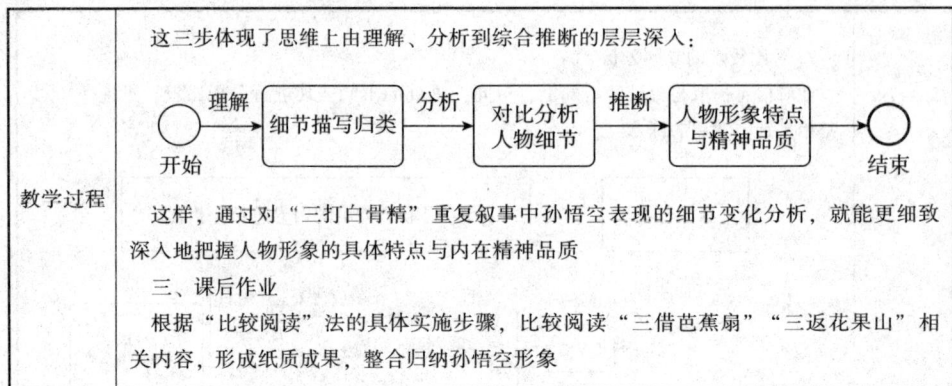

实践框架如图 8-16 所示。

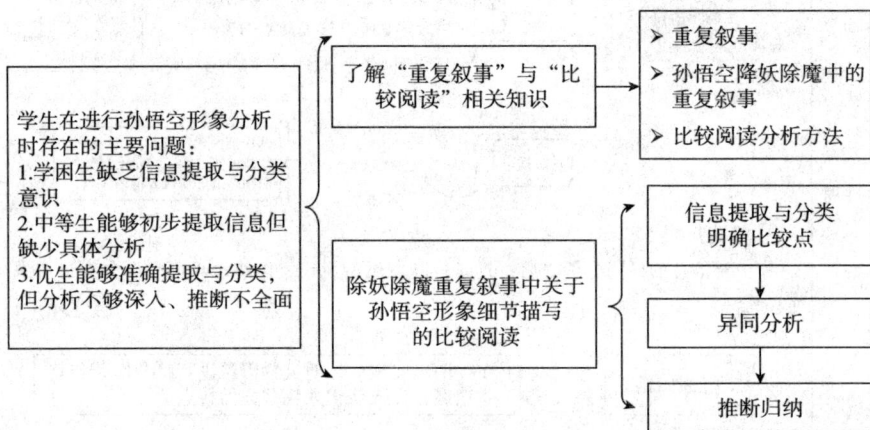

图 8-16　第一阶段重复叙事比较阅读实践框架图

8.2.3.2　第一阶段运用"比较阅读"方法之后孙悟空形象作业分析

运用"比较阅读"方法，学生可以根据书中目录和跳读方法找到相关情节，就其中的关键细节提取与分类、异同分析、推断，教师再次布置了分析人物形象的作业，原来三个层次作业情况各有改进，具体分析如下。

1. 中下水平作业学生能够提取信息并表现出分类意识

这类作业之前呈现出来的问题是未能提取信息、缺乏维度划分和分类意识，通过了解并运用关于"比较阅读"的一系列程序性知识后，这类学生的作业不再是对内容的简单堆砌，而是对与人物相关联的内容进行了清晰的维度划分，整体划分出关于人物的外貌、出生、典型事迹、性格特点等，但未从局部细节即人物的语言、心理、动作、神态等方面进行分类，可以看出他们具备了初步的分类意识，但未能对提取出的关键信息进行细节比较分析，对人物的推断不全面，分析还需深入，如图 8-17 所示。

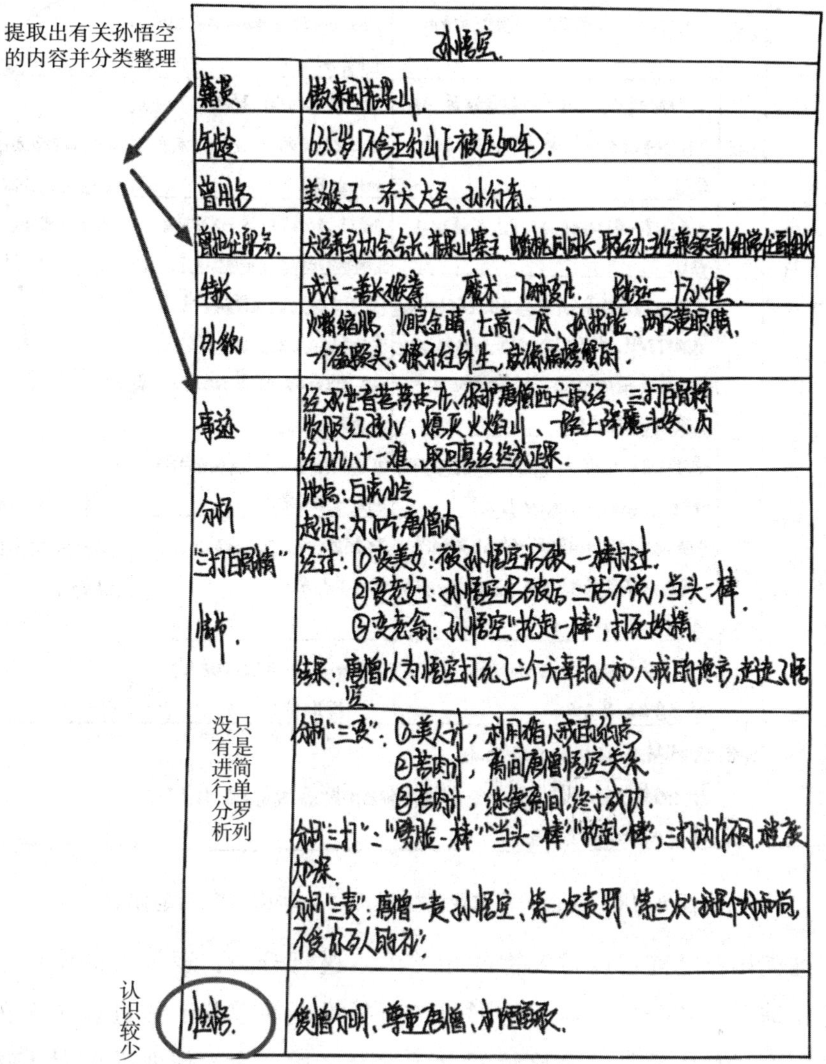

图 8-17　中下水平作业学生学习"比较阅读"后的作业

2. 中等水平作业学生的分析意识更加明显，具备初步推断意识（图8-18）

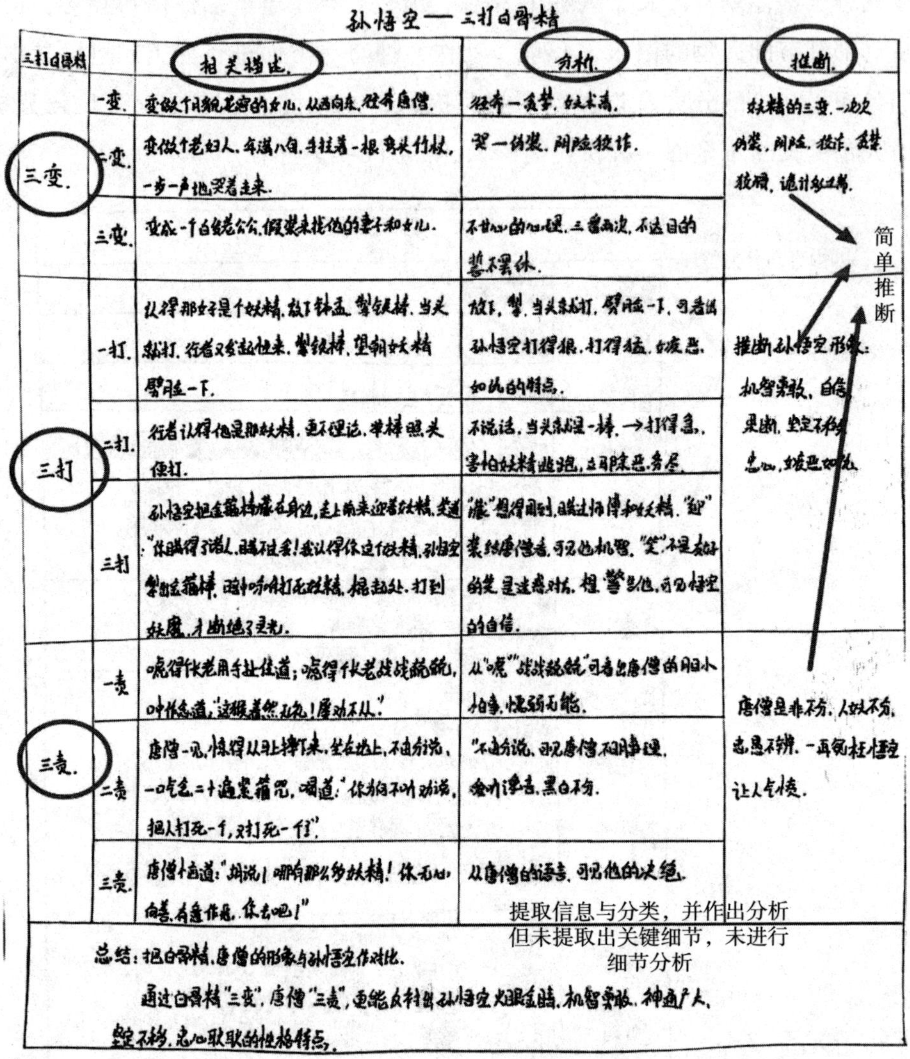

图 8-18 中等水平作业学生学习"比较阅读"后的作业

这类作业之前可以对人物的相关内容进行分类，罗列不同维度下的内容但是缺乏具体分析，对人物形象的概括推断简单化，在进行了对孙悟空降妖除魔过程中重复叙事比较阅读的学习之后，这类作业学生对人物相关内容划分的维度进一步完善，初步运用"比较阅读"方法对具体的重复叙事进行分析，由之前只关注到孙悟空神性的一面，现在通过对事件进行比较分析初步有了自己的思考，能够综合认识推断孙悟空其他方面的人物形象特点，说明在第一次实践之后，中等水平作业学生已明确"比较阅读"的基本程序，接下来还需进一步分析表现孙悟空细节描写的重复叙事，推断出人物独特的性格特点（图 8-19）。

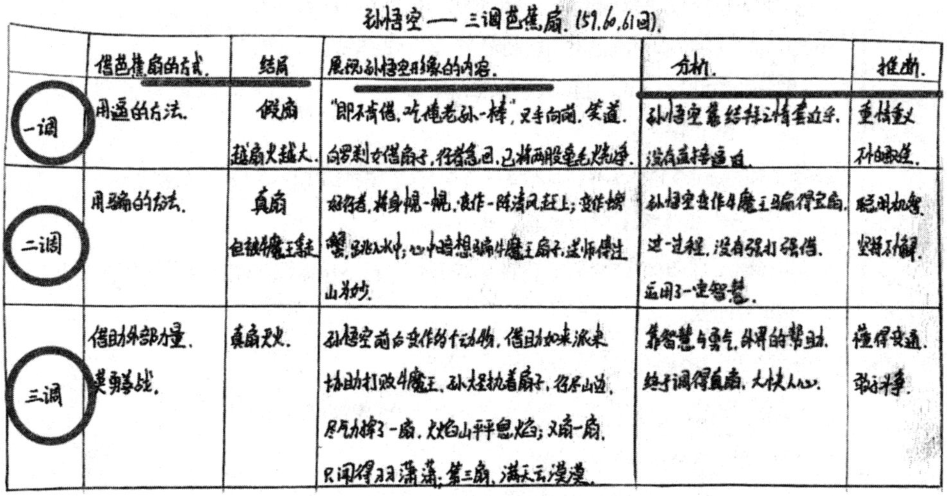

图 8-19　中等水平作业学生学习"比较阅读"后的作业

3. 优秀水平作业对重复叙事的比较分析更加深入具体，对人物形象进行了推断

在之前学情作业中，这类作业就有清晰的维度划分，可以准确而全面地提取与人物相关的信息，具有良好的分类意识，能够对相关内容进行具体分析，表达自己独特的见解。在进行比较阅读实践之后，优秀水平作业学生能够在之前形成的孙悟空认识基础之上，提取出关键信息并对细节描写进行分析比较，推断归纳孙悟空形象特点，对人物认识更加全面，甚至还能举一反三，如图 8-20 和图 8-21 所示。

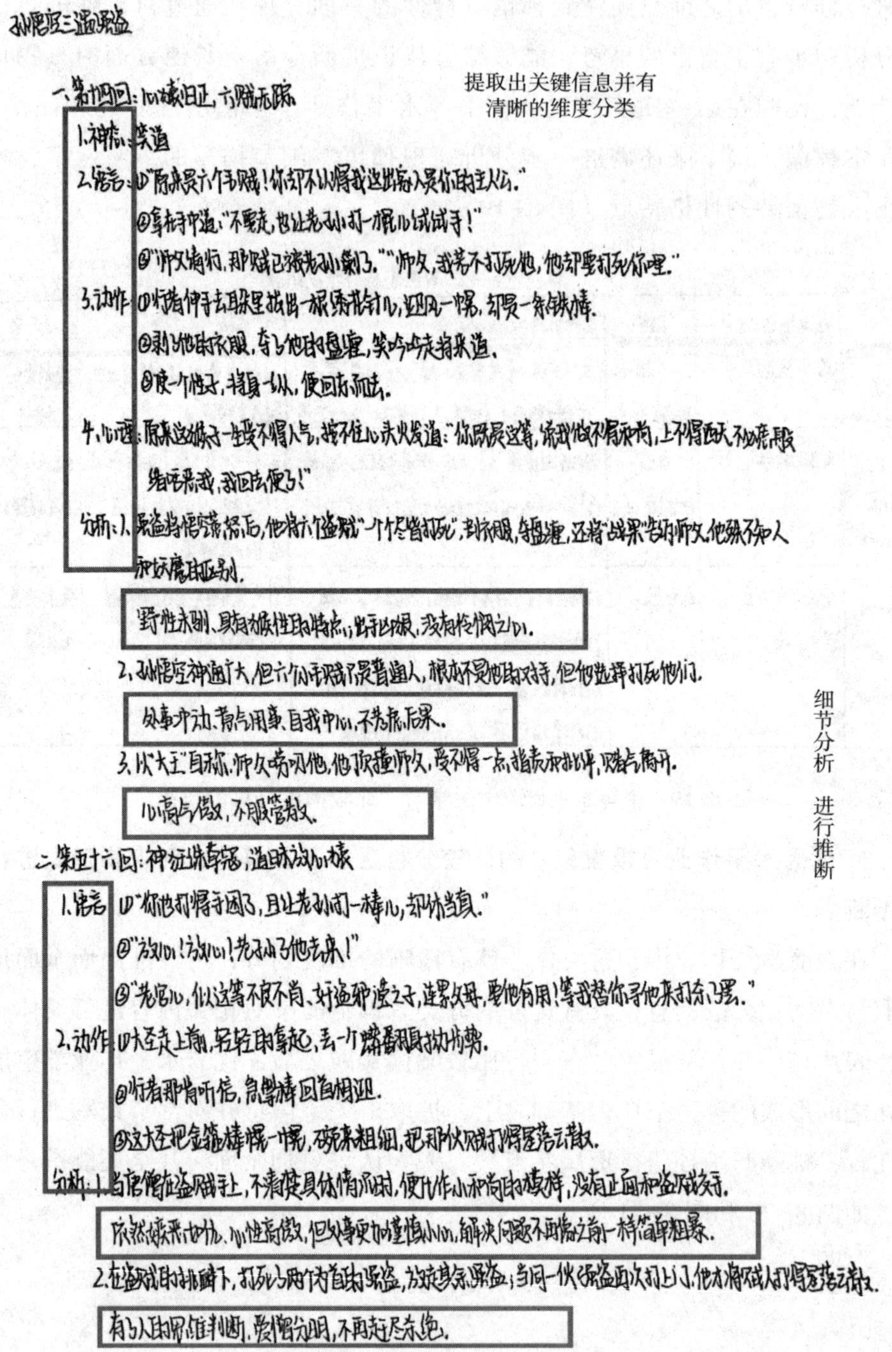
孙悟空三遇强盗
一、第十四回：心猿归正，六贼无踪
提取出关键信息并有清晰的维度分类
1.神态：笑道
2.语言：①"原来是六个毛贼！你却不认得我这出家人是你的主人公。"
②拿在手中道："不要走，也让老孙打一棍儿试试手！"
③"师父请行，那贼已被老孙剿了。""师父，我若不打死他，他却要打死你哩。"
3.动作：①行者伸手去耳朵里拔出一根绣花针儿，迎风一幌，却是一条铁棒。
②剥了他的衣服，夺了他的盘缠，笑吟吟走将来道。
③使一个性子，将身一纵，便回东而去。
4.心理：原来这猴子一生受不得人气，按不住心头火发道："你既是这等，说我做不得和尚，上不得西天，不必恁般绪聒恶我，我回去便了！"
分析：1.强盗将悟空围后，他将六个盗贼"一个个尽皆打死"，剥衣服，夺盘缠，还将"战果"告诉师父。他殊不知人和妖魔的区别。
野性未驯、具有妖族性的特点；出手凶狠，没有怜悯之心。
2.孙悟空神通广大，但六个小毛贼只是普通人，根本不是他的对手，但他选择打死他们。
处事冲动、意气用事、自我中心，不考虑后果。
3.以"大王"自称，师父劝说他，他顶撞师父，受不得一点指责和批评，赌气离开。
心高气傲，不服管教。
细节分析 进行推断
二、第五十六回：神狂诛草寇，道昧放心猿
1.语言 ①"你也打得手困了，且让老孙间一棒儿，却休当真。"
②"放心！放心！老孙认了他去来！"
③"老官儿，似这等不良不肖、奸盗邪淫之子，连累父母，要他何用！等我替你寻他来打杀了罢。"
2.动作 ①大圣走上前，轻轻的拿起，丢一个蟒翻身拗步势。
②行者那肯听信，急掣棒回首相迎。
③这大圣把金箍棒幌一幌，碗来粗细，把那伙贼打得星落云散。
分析：1.当唐僧在盗贼手上，不清楚具体情况时，便化作小和尚的模样，没有正面和盗贼交手。
依然嫉恶如仇、心性高傲，但处事更加谨慎小心，解决问题不再像之前一样简单粗暴。
2.在盗贼的逼迫下，打死了两个为首的强盗，放走其余强盗；当同一伙强盗再次打上门，他才将贼人打得星落云散。
有了人的思维判断，爱憎分明，不再赶尽杀绝。

图 8-20 优秀水平作业学生学习“比较阅读”后的作业

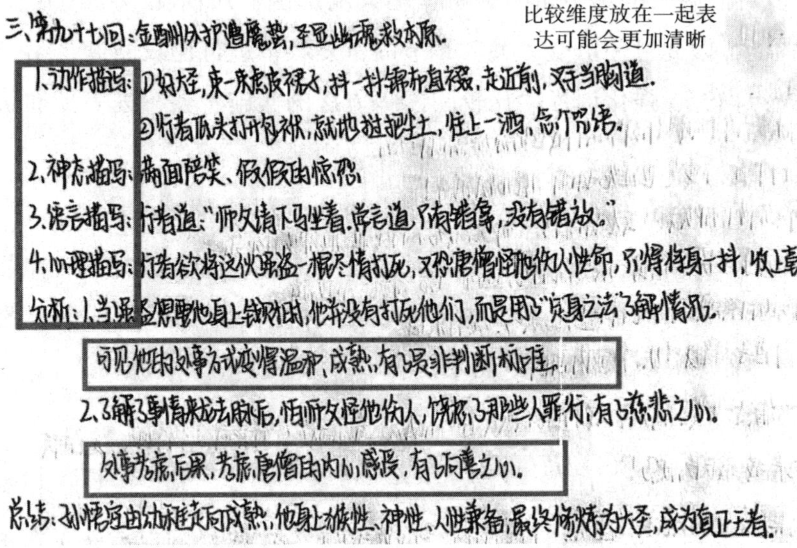
三、第九十七回：金酬外护遭魔蛰，圣显幽魂救本原。
1、动作描写：①好大圣，束一束虎皮裙子，抖一抖锦布直裰，走近前，叉手当胸道。
②行者低头打开包袱，就地挝把尘土，往上一洒，念个咒语。
2、神态描写：满面陪笑、假假的惊恐
3、语言描写：行者道："师父请下马坐着。常言道，只有错拿，没有错放。"
4、心理描写：行者欲将这伙强盗一棍尽情打死，又恐唐僧怪他伤人性命，只得将身一抖，收上毫毛。
分析：1、当强盗想要他身上钱财时，他并没有打死他们，而是用"定身之法"了解情况。
可见他的处事方式变得温和、成熟，有了是非判断标准。
2、了解了事情来龙去脉后，怕师父怪他伤人，饶恕了那些人罪行，有了慈悲之心。
处事考虑后果，考虑唐僧的内心感受，有了向善之心。
总结：孙悟空由幼稚走向成熟，他身上妖性、神性、人性兼备，最终修炼为大圣，成为真正王者。

图 8-21　优秀水平作业学生学习"比较阅读"后的作业

8.2.3.3　有关孙悟空重复叙事比较阅读访谈分析

在进行了第一次《西游记》中孙悟空重复叙事比较阅读的实践后，教师结合访谈提纲再次了解学生在进行比较阅读具体方法的学习效果，进一步掌握学生运用比较阅读方法后的实际情况，随机挑选 25 名学生进行课中访谈。访谈发现：学生对《西游记》整本书阅读与研讨兴趣提高，比较阅读方法适合探究《西游记》重复叙事内容，运用"比较阅读"方法分析孙悟空形象，可以提升学生信息提取与分类——异同分析——推断逐层推进的思辨思维能力。

总之，大部分学生对孙悟空形象认识不再简单化了，但中下和中等水平作业学生对"比较阅读"方法的运用还需进一步加强，对孙悟空身上富有人性一面的认识还有待提高。

8.2.4　第二阶段实践：孙悟空"哭"细节重复叙事的比较阅读

综合《西游记》整本书内容来看，文中对孙悟空"哭"细节的描写多达

29处，多处"哭"的细节可以分类出不同的原因，从而在"哭"中感受其丰富的内涵，因此对孙悟空"哭"细节的重复叙事进行比较阅读是第二阶段实践的重点内容，强化训练"比较阅读"方法的实施步骤，进一步推断孙悟空人性的一面。

8.2.4.1 孙悟空"哭"细节重复叙事比较阅读教学设计

针对大部分学困生和中等生缺乏对孙悟空人性方面的推断，笔者设计以下教学设计开展对孙悟空"哭"细节比较阅读的实践，教学实践框架图与教学设计具体如图8-22和表8-5所示。

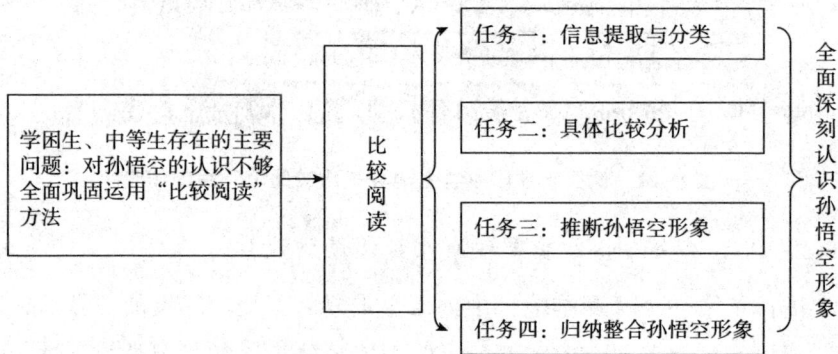

图 8-22　第二阶段实践框架图

表 8-5　孙悟空"哭"细节重复叙事比较阅读教学设计

	《西游记》中孙悟空"哭"细节重复叙事的比较阅读教学设计
教学目标	（1）继续巩固"比较阅读"的思维程序，强化学生比较思维方法的运用 （2）学生进一步认识孙悟空人性化的形象特点
教学课时	2课时
教学方法	自主学习，讲授，讨论
教学过程	一、导入 　　鲁迅曾说："神魔皆有人情，精魅亦通世故"，孙悟空虽是小说中塑造的一个神魔形象，但他却具有像人一样的喜怒哀乐和精神品质。这节课我们重点品味孙悟空的"哭"，看看你能从不同的哭中能够读出怎样的内容

教学过程	二、学生独学 （一）阅读知识链接，了解如何分析人物形象 如何分析人物形象：通过人物描写分析人物性格，从情节、环境等侧面细节加以分析，对表现人物的细节之处比较分析，完善对人物形象的认识，依照人物形象可分析主题思想 依此可见，分析人物形象需要对具体内容进行具体分析，才能推断出丰富的人物形象 （二）基础感知 梳理孙悟空"哭"的细节描写，并进行分类 （三）攻坚克难 分析分类好的具体内容，对不同的"哭"进行比较，推断孙悟空的形象特点 三、明确运用"比较阅读"方法分析孙悟空"哭"的细节描写 （一）信息提取与分类 针对学生在第一次实践中出现的信息提取方面的问题，重新细化信息提取，是提取有关比较点的关键信息，而不是泛泛而谈的重复叙事。本次教学内容以孙悟空"哭"细节的重复叙事为探讨主题，学生提取出的关键信息是有关孙悟空"哭"的细节描写，在同样"哭"的表现中进行分类与分析，从而加深对孙悟空形象的理解 与群猴喜宴之间，忽然忧脑，坠下泪来 — 第一回　　　　第五十一回 — 空着手败了阵，扑梭梭两滴眼泪 悟空闻此言，满眼堕泪道 — 第二回　　　　第五十七回 — 止不住泪如泉涌放声大哭 止不住腮边泪坠，停云住步 — 第二十七回　　　　第六十五回 — 滴泪想唐僧，仰面朝天望，悲嗟忽失声 脱脱的哭起来，泪出痛肠，放眼便哭 — 第三十回　　　　信息提取：孙悟空的"哭"　　　　第六十六回 — 不觉对功曹滴泪道 把眼挤了一挤，扑簌簌泪如雨落 — 第三十一回　　　　第七十三回 — 止不住眼中流泪 把眼揉了一揉，揉出些眼泪来 — 第三十一回　　　　第七十七回 — 忽失声泪如泉涌 叹罢，那珠泪如雨 — 第三十三回　　　　第八十三回 — 止不住眼中流泪 燎得眼花燎乱，忍不住泪落如雨 — 第四十一回　　　　第八十六回 — 止不住腮边泪滴

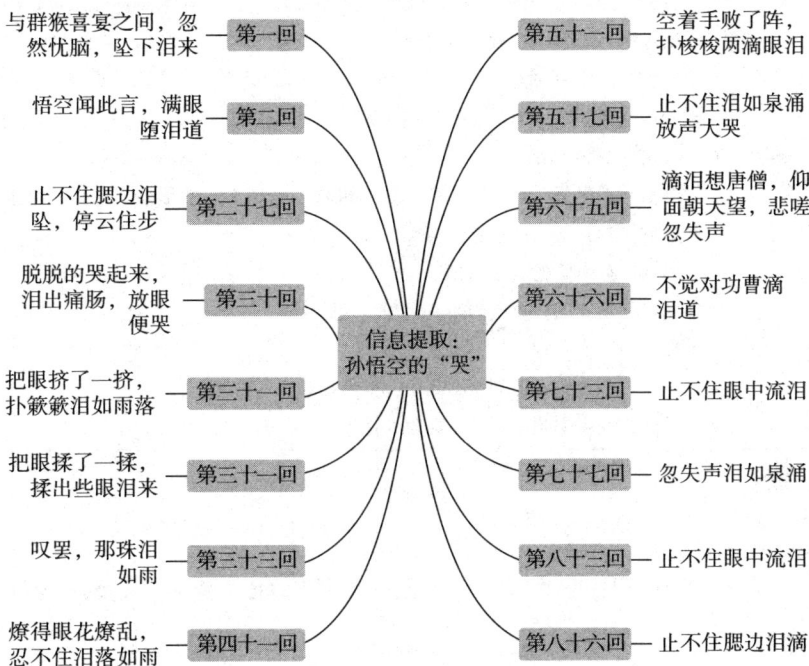

续表

教学过程	

孙悟空"哭"信息分类

真性情的"哭"
- 为人生苦短而哭 —— 第一回
- 为离别之情而哭 —— 第二回
- 因身体疼痛而哭 —— 第四十一回、七十三回
- 被师傅误解而哭 —— 第二十七回
- 因自尊受辱而哭 —— 第三十回
- 内心悲伤无助而哭 —— 第三十三、五十一、六十五回
- 为师父而哭 —— 第七十七、六十六、八十三、八十六回

计谋性的"哭" —— 第三十一、三十二回

倾诉性的"哭" —— 第五十七、六十六回

（二）异同分析

信息提取与分类之后发现，同样都是孙悟空"哭"的描写，但每次"哭"的原因不同，从哭的方式中分析其中的差异，进而比较其中的意味

如从这三次"哭"的描写中比较分析："把眼揉了一揉，揉出些眼泪来""止不住眼中流泪""止不住泪如泉涌放声大哭"

分析：第一个"哭"是故意的，孙悟空使用了蒙骗的手段；第二次是因为身体疼痛流出眼泪，是身体自然性地流泪；第三次是孙悟空受到委屈心理难过的"哭"，从"揉出""眼中流""放声大哭"可看出，"哭"的程度有所不同，最后一次程度最深，比较阅读这些细节描写更能体会到孙悟空柔情人性的一面

（三）推断归纳

孙悟空不仅是一个勇于斗争、聪明机智、坚韧不拔的形象，更是一个爱憎分明、忠心耿耿、具有人的思想感情与性格特征的形象

形成对孙悟空的全面认识：猴性、神性、人性兼具，为我们展示出了由天生自然的猴向具有情感的社会人的转变历程

四、谈启发

感受到孙悟空独特的精神品质，读出孙悟空的成长

五、作业：完善对孙悟空形象的认识

8.2.4.2 孙悟空"哭"细节重复叙事比较阅读的实践作业分析

1. 中下水平作业学生运用"比较阅读"相关程序，初步推断出孙悟空人性的一面

在经过第二阶段比较阅读实践后，这类学生的大部分相较之前的认识有

了明显的进步，他们对孙悟空的“哭”进行关键信息提取与分类，并作出自己的理解，在孙悟空降妖除魔中表现出的神通广大一面认识基础上，进一步感受到其人性的一面，建立起对人物的真实感受，如图 8-23 所示。

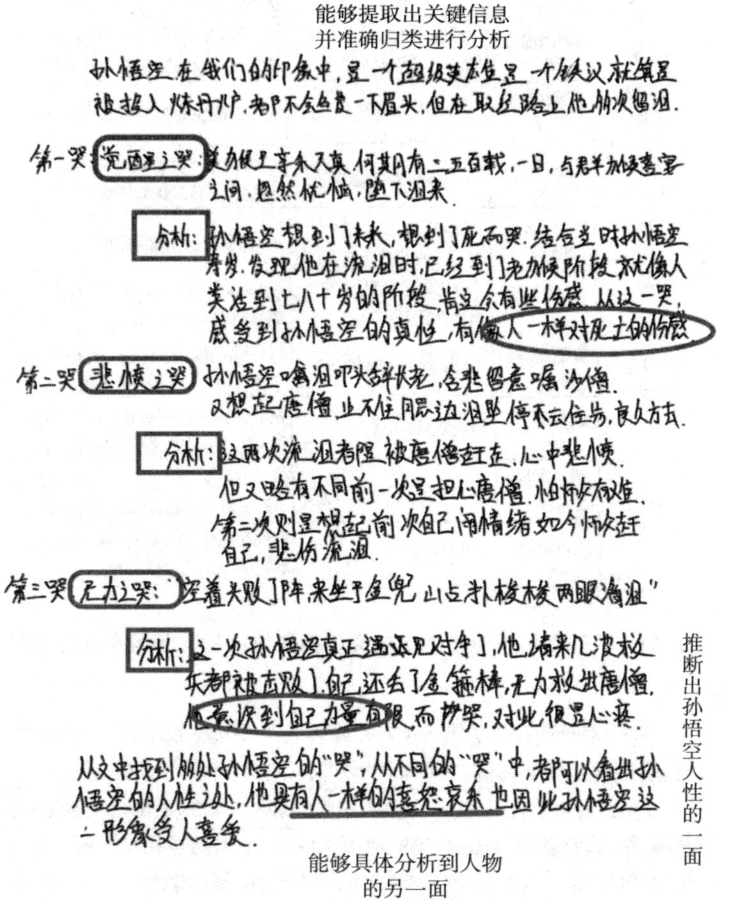
能够提取出关键信息
并准确归类进行分析
推断出孙悟空人性的一面
能够具体分析到人物
的另一面

图 8-23　中下水平作业学生比较阅读孙悟空“哭”重复叙事后的作业

2. 中等水平作业学生清晰呈现相关内容，比较全面地认识孙悟空形象

第二阶段实践后，中等水平作业学生用表格方式清晰地呈现提取出的关于孙悟空“哭”细节的原文，并进行归类总结“哭”的原因，推断出人物身上的多面性，对孙悟空形象有更为深刻的认识，并结合生活实际进行思考，体会到人物身上成长的力量，受到精神的启迪，如图 8-24 和图 8-25 所示。

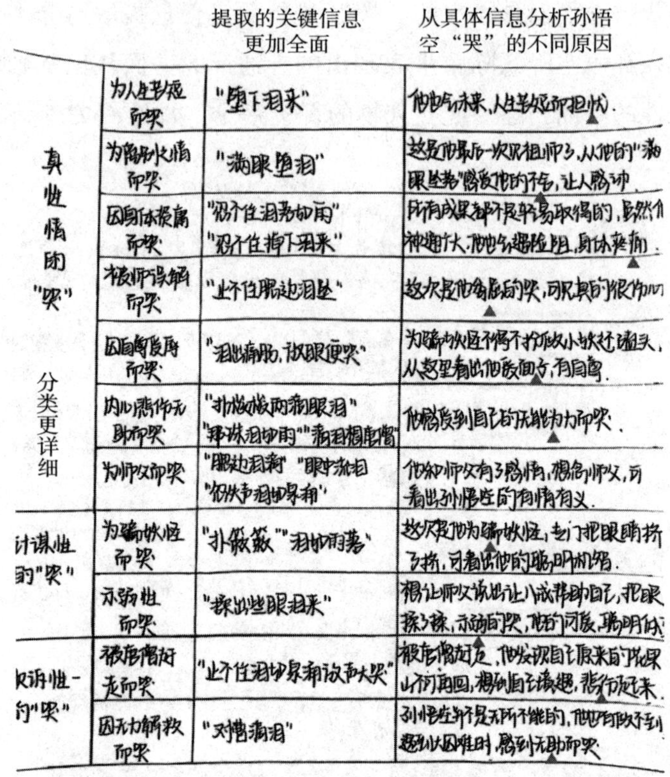

图 8-24　中等水平作业学生比较阅读孙悟空"哭"重复叙事后的作业

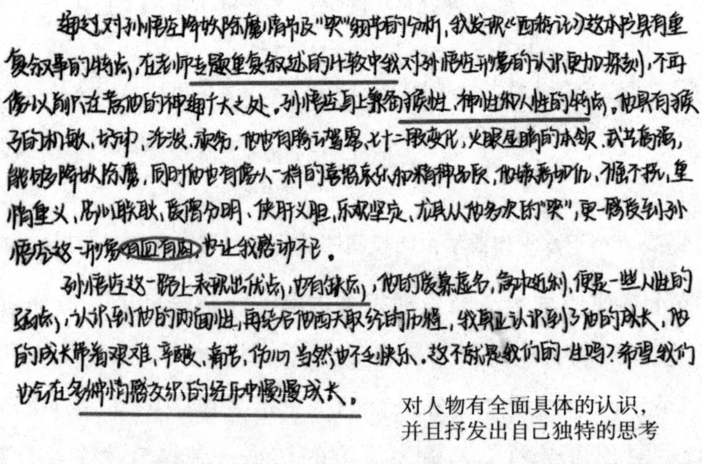

对人物有全面具体的认识，
并且抒发出自己独特的思考

图 8-25　中等水平作业学生比较阅读孙悟空"哭"重复叙事后的作业

经过第二阶段对孙悟空"哭"这一细节比较分析的实践之后，发现大部分中下和中等水平作业学生对"比较阅读"方法运用得更加准确，尤其是对关键信息提取与分类这一步骤与第一阶段实践相比有很大的进步，在具体分析中能够将提取出的内容进行合理归类，分为两大层次进行具体分析，结合具体内容合理推断思考，对孙悟空形象的认识更加全面从而深刻感受人物的精神品质，真正体会到孙悟空神通广大又富有喜怒哀乐人性的一面。由此可见，"比较阅读"可以促进不同层次学生掌握阅读方法、提高学生深入分析理解文本的阅读能力，同时提升学生思维品质。

8.2.5　课例解读

8.2.5.1　运用"比较阅读"方法要精选恰当的文本内容

本课例使用"比较阅读"方法分析《西游记》这一部章回体小说，书中多次出现相似之处，这些重复叙事表现在情节、细节、语词、结构、场景等各方面，为了帮助学生更加深入理解作者写作的用意，以分析人物形象切入，运用比较思维方法来分析文本中体现该人物的重复叙事内容，过程中具体运用比较思维方法，信息提取与分类——异同分析——推断归纳，学生在异同分析比较过程中形成更加立体的人物形象。因此，"比较阅读"方法不是任意文本内容都可使用的方法，只有出现重复可比较的点可以找到异同之处才能够在比较中加深思考的深刻性。

8.2.5.2　要基于文本内容确定有效的比较点，围绕比较点展开深入分析

针对存在异同分析的内容明确比较方向、合理选择比较点，是"比较阅读"教学顺利开展的关键。比较点的设置需遵循探究性、合理性与可比性的原则，突破传统的模式化比较思维，契合语文课程标准中的教学目标，合理安排具体教学。教师基于文本内容定位选取的角度，可以从作品的表达方式、文章主题、结构安排、遣词造句等方面来考虑，"明确比较点"与"信息提取与分类"是相辅相成的关系，在相互促进中师生确定比较点。

"比较阅读"强调的是带着问题去阅读思考，辨别比较分析的过程就是

思考，学生通过阅读与思考的结合，促进对"比较点"的深入理解分析。"比较阅读"的目的不是单纯的理解，而是在比较中达到深度理解，提高阅读成效。师生在"比较阅读"的过程中根据"比较阅读"的目标与方法，采取不同的思维模式有目的地进入文本阅读与分析的过程中，实际"比较"的过程也是分析思考的过程。"比较阅读"方法能够将分析内容外显化，有助于激发学生探究的欲望，深化对文本内容的认识，从而提高学习效率。比较分析应注重分析的多维性与深刻性，分析角度不是单一的，而是从多样的视角中呈现出不同层次的内容，分析时多问些"为什么"，从文本前后找到可以联系的内容探究原因，将分析呈现出丰富深刻的特点。

8.2.5.3　基于比较分析完成推断归纳

"推断归纳"作为"比较阅读"最后一步，看起来是自然得出的结论，实际也需要学生概括整合的能力，将以上运用程序过程中的成效进一步梳理清楚，最后得出有关比较内容的结论观点。实践过程中发现学生推断归纳能力的体现，在于前面比较阅读中信息提取与分类、异同分析过程中的达成情况，前面两步完成到位，能够深入理解后，推断变得顺理成章。"推断归纳"的过程不能忽视，这个过程中需要综合分析成果，进行推测断定，用简洁的语言表达出探究结论。

8.2.5.4　要不断强化学生对"比较阅读"方法的迁移与运用

方法的习得、能力的提高是一个循序渐进的过程，教师要将"比较阅读"方法的运用渗透到日常语文教学实践中，反复强化运用。本研究将"比较阅读"应用于整本书人物形象的探究中，但在语文学习过程中"比较阅读"的适用范围不局限于此，学生通过多次的学习实践逐步习得"比较阅读"方法从而运用于其他文本内容的理解中，学会举一反三，通过迁移此种方法促进思维纵深发展，发展自主探究能力。

8.2.6　课例的教学启迪

8.2.6.1　教师要强化训练学生运用"比较阅读"方法分析文本

"授人以鱼不如授人以渔"，学生的思维需要在一次次的指导中加强训练，在循序渐进的过程中发展理性思维。教师在教学过程中应注重阅读方法的传授，既要立足于学生的实际水平，又在一定程度上给予拔高的梯度发展，选择好学生的最近发展区，深入解读文本内容，丰富学生的阅读经验。

8.2.6.2 针对恰当的文本内容设置合理的比较点

在比较阅读的过程中，比较的文本内容是教师确定好的，教师引导学生明确比较点，灵活有效地运用比较点，激发学生阅读探究的兴趣，使得学生自主进入文本感知与理解，通过布置好比较阅读任务，学生带着问题与探究点深入读思。一个合理的比较点可以将文本中零碎的内容归整在一起，形成类型化的体系。因此，教师在教学中要精选比较点，体现出最大的教学价值。

8.2.6.3 加强学生语文学习中"比较阅读"思维能力的培养

比较阅读是一种序列化、程序化的方法，具体步骤可以分为：信息提取与分类——异同分析——推断归纳，其中的每一步都在训练学生的思维，在整本书阅读过程中学生运用"比较阅读"方法能够形成清晰的阅读思路，教师也能在此步骤中把握方向指导学生的阅读。教师应指导学生以"比较点"为中心进行"比较阅读"方法的实施步骤，加深对文本内容的理解，在文本内容分析过程中不断促进思维的纵深发展，增强思维的周密性。

第9章 学习任务群与项目式学习教学课例解读

9.1 课例1：高中语文"中华传统文化经典研习"任务群教学
——以高中部编版教材选择性必修下册第三单元为例

本课例由王建英老师指导汉语言文学专业师范生冯子凯设计，并进行了教育实习及以此为基础的2023年毕业论文设计。

《普通高中语文课程标准（2017年版，2020年修订）》中提出的"语文学习任务群"以任务为导向、项目为载体，整合学习情境、学习内容、学习方法和学习资源，着眼于培养语言文字运用基础能力，充分考虑问题导向、跨文化、自主合作、个性化、创造性等因素，并关注语言文字运用的新现象和跨媒介运用的新特点，引导学生在运用语言的过程中提升语文素养；学习任务所涉及的语言学习素材与运用范例、语文实践的话题与情境、语体与文体等，覆盖历来语文课程所包含的古今"实用类""文学类""论述类"等基本语篇类型；学习任务群的学习方式以自主、合作、探究性学习为主要学习方式，在学习中追求语言、知识、技能和思想情感、文化修养等多方面、多层次目标发展的综合效应，而不是学科知识逐"点"解析、学科技能逐项训练的简单线性排列和连接。❶ 学习任务群的设计，旨在引领高中语文教学的改革，力求改变教师大量讲解分析的教学模式。

---

❶ 中华人民共和国教育部．普通高中语文课程标准（2017年版，2020年修订）［S］．北京：人民教育出版社，2020．

陆志平指出语文学习任务群正是基于语文核心素养的单元设计❶；王本华认为，"任务群首先规定课程内容，明确高中学段语文教学的基本内容，同时规定学习思路，通过解决任务提升语文素养"❷，他们都强调学习任务群致力于提升学生的语文学科核心素养。

有些学者分析了学习任务群的构成特点，首先是"学习任务"，郑桂华认为，其特点是"目的性、过程性、整体性和真实性，学习任务群标志着语文学习在本体定位上从知识——文本转化为语言实践活动"❸；其次是"群"，岳峰、于大鹏认为，"学习任务群摒弃了以往单篇教学为主、脱离生活实际、教师一讲到底的教学模式，呈现出整合性、真实性、自主性的特点"❹；蔡可认为，"学习项目作为学习任务群的具体呈现方式，立足于学科核心素养，整合目标、任务与内容，是理解任务群概念的关键要素"❺。由此可见，语言实践的学习任务转向、基于任务群或项目的整合学习是学习任务群的重要特点。

总之，学习任务群首先要从培养学生核心素养出发，明确核心目标，围绕核心目标设计具体可行的学习任务或项目，有效整合相关课程资源，将单篇教学和单元教学相结合，在实现目标的过程中落实学生学习的主体地位。

9.1.1 "中华传统文化经典研习"任务群的课标要求

"中华传统文化经典研习"任务群旨在引导学生通过阅读中华传统文化经典作品，积累文言阅读经验，培养民族审美趣味，增进对中华优秀传统文化的理解，提升对中华民族文化的认同感、自豪感，增强文化自信，更好地传承和弘扬中华优秀传统文化。具体如下。

❶ 陆志平. 语文学习任务群的特点 [J]. 语文学习，2018（3）：4-9.
❷ 王本华. 任务·活动·情境——统编高中语文教材设计的三个支点 [J]. 语文建设，2019（21）：4-10.
❸ 郑桂华. 高中语文学习任务群的教学建议 [J]. 中学语文教学，2017（3）：9-12.
❹ 岳峰，于大鹏. 浅谈"学习任务群"视域下的高中语文专题教学 [J]. 盐城师范学院学报（人文社会科学版），2019，39（4）：103-107.
❺ 蔡可. 语文学习任务群的整体框架及相互关系 [J]. 语文建设，2018（25）：9-12.

9.1.1.1　精读代表作品，体会文化价值

新课标指出，本任务群总的学习目标是"选择中国文化史上不同时期、不同类型的一些代表性作品进行精读，体会其精神内涵、审美追求和文化价值"❶。中华传统文化自身的特殊性决定了精读的必要性。中华文明数千年绵延不断，典籍浩如烟海，文学作品水平不一，通过研读，可以做到"闻一知十"，对于传统文化有一个宏观的把握。课标给出的读物大致可以分为三类：

（1）先秦诸子作品，如《论语》《庄子》《道德经》。

（2）史传散文，如《史记》。

（3）文人散文作品，如《楚辞》、唐诗宋词等经典篇章。这在很大程度上给了学生选择的空间，学生可以选择感兴趣的文章，集中一篇或几篇，进行高质量地阅读。

中华民族传承了几千年的优秀传统美德、丰厚人文精神，在现代社会仍然有着重要价值，当今社会呈现学科交叉融合发展的趋势，需要具有合作意识、创新意识和批判意识的复合型人才，对于研读经典，应要求学生"以客观、科学、礼敬的态度认识作品对中国文化发展的贡献"❷。对待中华文化，应该取其精华，去其糟粕，既不盲目崇拜，也不搞文化虚无，要在研习中培养辩证看待事物的习惯，为今后的人生道路做好准备。

9.1.1.2　梳理文言知识，提高文言语感

新课标指出，"梳理所学作品中常见的文言实词、虚词、特殊句式和文化常识，注意古今语言的异同。"❸古代汉语的表达方式与现代白话文区别较大，了解把握文言表达特点是独立研读古代文学作品、提高文言阅读语感和阅读能力的重要基础。要重视成语、俗语等汉语词汇中蕴含丰富的文化信息，还要关注相关的文化常识，通过对这些文化内容的了解学习，既正视传统文

---

❶ 中华人民共和国教育部.普通高中语文课程标准（2017 年版，2020 年修订）［S］.北京：人民教育出版社，2020.

❷ 中华人民共和国教育部.普通高中语文课程标准（2017 年版，2020 年修订）［S］.北京：人民教育出版社，2020.

❸ 中华人民共和国教育部.普通高中语文课程标准（2017 年版，2020 年修订）［S］.北京：人民教育出版社，2020.

化存在的局限，更增强对中华民族的认同感与自豪感。

9.1.1.3 分析文学作品，学习表达艺术

我国古代的文学典籍往往文史哲不分家，这意味着，一篇经典的作品，既有文化历史信息，也有文章结构等信息，还体现价值观、思维方式和审美情趣等个性特征，语言的运用与表达和文化的传承与理解，都是文言散文学习的重要部分。因此，学习中要增强对作品思想内涵、文化内涵和表达艺术的理解，通过随笔、短评、小论文等方式，分析鉴赏作品的内涵与表达艺术，尝试将所学的表达艺术运用到语言实践中，锻炼和提高自己的语言表达能力。

9.1.1.4 在丰富的阅读活动中积累古代作品阅读经验

古代作品的教学，教师需要运用多种方法引导学生学习文本内容，做到衔接自然、深入浅出、生动有趣。要多诵读、背诵积累，即使是背诵也要做到"有感而背"；还要引导学生熟读精思，多层面地组织传统文化经典学习，如从情感入手探究文章的脉脉深情，从结构入手学习文章的行文布局，从语言入手体会语言表达的委婉与得体，感受作品的深厚底蕴与艺术特色。此外，教学要积极组织学生讨论中华传统文化经典，个性化、创造性地解读经典作品，引导学生在具体学习情境中学习中华民族文化；同时积累写作素材，提高写作水平；在讨论过程中，教会学生选择恰当的观点，尊重他人的观点，帮助学生在交流中共同进步。

9.1.2 语文教材中的"中华传统文化经典研习"任务群

统编本高中语文必修教材中，"中华传统文化经典研习"任务群的四个单元分别对应先秦诸子散文、历史散文、古典诗词和古代文人散文，可结合"百家争鸣""历史撰述""诗教传统""抒情言志"的社会历史文化场景引导学生阅读相关文化经典作品，围绕相关话题展开讨论和思考，由点到面地认识中华文化的博大与精深。

选择性必修教材中的"中华传统文化经典研习"任务群分别设置了四个小的专题单元，每一单元既服务于中华优秀传统文化的继承与发展，又代表中华优秀传统文化的不同侧面。这样的单元设置，既凸显了学习任务群的规

定性，又留出一定的拓展空间，教学自由延展的同时又不失空泛、无序。关于"中华传统文化经典研习"任务群在选择性必修教材的单元分布，如表 9-1 所示。

表 9-1　选择性必修教材"中华传统文化经典研习"任务群的单元分布

先秦诸子散文	历史散文
◆ 选择性必修上册第二单元 ◆ 感受先秦时期百家争鸣的盛况；领会先秦诸子对于社会人生的洞察；思考其思想学说的现实意义，感受不同的论说风格	◆ 选择性必修中册第三单元 ◆ 鉴赏作品的叙事艺术和说理艺术，领会历史观念、家国情怀和担当精神；丰富文言文的语言积累，把握古今汉语的差异与联系
古典诗歌	古代文人散文
◆ 选择性必修下册第一单元 ◆ 品味诗歌之美，把握诗歌蕴含的传统文化精神，认识诗歌的当代价值；了解古典诗歌的发展脉络，比较不同体裁诗歌的差异	◆ 选择性必修下册第三单元 ◆ 把握课文的思想情感和文化观念；反复诵读，涵咏品味，把握文意；做些梳理与评点，领会章法之妙和细节之美

如"文人散文"单元，该单元是"中华传统文化经典研习"任务群的第四个单元，根据教材编写的要求，所选的散文都是经过时间沉淀的经典，蕴含了丰富的精神内涵、审美追求与文化价值，单元散文的类型共分为六种："表""志""序""辞""传""记"，包含了古代散文不同类型，可引导学生感受古代散文名篇的魅力，体会古人的思想情感和人生感悟，进一步感受与理解中华传统文化，如表 9-2 所示。

表 9-2　"文人散文"单元概况

课文	概况
《陈情表》 《项脊轩志》	《陈情表》从往事写起，集中陈述"诏书切峻"和"刘病日笃"的矛盾，全文情真意切，不加渲染而自能动人；《项脊轩志》围绕"喜"和"悲"展开，志物怀人，悼亡念存，很能打动人心
《兰亭集序》 《归去来兮辞》	《归去来兮辞》反复铺陈、连续咏叹，抒写自己回归田园、重返自然的欢愉，也透露出对自我与世俗、生命与自然的思考；《兰亭集序》从文人雅集写起，很快沉浸到对暂与久、悲与欢、生与死等问题的思考中，发出了一连串的叹息

续表

课文	概况
《种树郭橐驼传》	《种树郭橐驼传》有着很强的现实针对性。 文中由种树之道"移之官理"，借郭橐驼之口指出"长人者"政令频出的危害，批评了当时的弊政
《石钟山记》	《石钟山记》是一篇游记，详述出游之缘由、见闻和感想。文章不只是游记，在登山临水的兴致之中，始终萦绕着求真辨伪的旨趣

9.1.3 "中华传统文化经典研习"学习任务群的教学

新课标在"中华传统文化经典研习"学习任务群的教学提示中明确指出，"通过阅读中华传统文化经典作品，积累文言阅读经验，培养民族审美趣味，增进对中华优秀传统文化的理解。"❶ 作为中华传统文化经典研习任务群的最后一个实施单元，应该巩固前两册阅读经验的成果，并有所提升，为学生开始下一阶段的研讨打下坚实的基础。

该单元整体为中国古代文人散文，可以分层落实单元任务，并体现散文文体特点。

9.1.3.1 重视基础任务，梳理文言知识

任务群8"中华传统文化经典研习"旨在引导学生通过阅读中华传统文化经典作品，积累文言阅读经验。文言文阅读离不开在文言字、词、句的正确理解，梳理文言知识可以敦促学生主动学习，巩固课堂学习内容，加强积累，进而形成文言"语感"。单元学习任务应重视夯实文言基础知识任务，充分利用注释、《古汉语常用字典》等加强文言梳理。教师可以根据单元文本，引导学生制作知识卡片，卡片可以是一词多义，也可以是词类活用，如该单元中《陈情表》，文中的"衅""闵""悯""区区"等词，之前文言文阅读时较少遇到，学生可以将其整理到一块，丰富自己的古典散文的阅读经

❶ 中华人民共和国教育部. 普通高中语文课程标准（2017 年版，2020 年修订）［S］. 北京：人民教育出版社，2020.

验。状语后置是常见的语言现象，教师可以组织学生以小组为单位，探讨状语后置的特点，并在文本中找出相关的例子，有意识地探究现象背后的规律，达到迁移学习的目的。

此外还要注意运用单元学习中提到的语文知识培养学生阅读能力，如借助对偶句的特点阅读陌生文本时，可以推断句中出于相同位置的词语、语义往往相近或相反。如《归去来兮辞》中"悟以往之不谏，知来者之可追"，"谏"和"追"根据位置相同的特点，再加之"不"和"可"，可推知二者意思相对，从而得出"谏"的非常用义"补救"。教师可以进行课内回顾，找出一些类似的句子，强化学生的类推思维，充分利用相关的语言技巧，进行合理推测，增强独立阅读文本的能力。

9.1.3.2 "沉浸式"阅读文本，体悟丰富情理

该单元的阅读任务载体主要是一篇篇具体的课文，阅读的时候需要反复诵读，涵咏品味，把握文意，做梳理、评点，领会章法之妙和细节之美，深入把握课文的思想情感和文化观念。

1. 圈点批注重要词句，品读脉脉深情

圈点批注是学生在初中阶段就必须掌握的读书方法，这种方法自古就被重视和运用，这一传统的阅读方法可以促使学生慢读、细读、涵咏品味，进行"沉浸式"阅读，帮助学生在阅读的过程中把握文章内容、理解文本的内涵、体会作者情感，从而有效提高学生的阅读能力。以《项脊轩志》为例，速读的目的是通一通文章，整体感知作者描写项脊轩的方面，了解作者的行文思路：先介绍项脊轩的修缮原因、位置等要素，然后介绍发生项脊轩中的生活；精读应该抓住"余多可喜，亦多可悲"中的"喜"和"悲"，分别找出表现，以情感线索梳理文章，深入思考体味作者情感之变；再如作者的遣词造句，如作者用"轩"和"室"称呼"南阁子"，采用的称呼十分正式，说明作者年轻时壮志凌云，希望重振家业；还有作者对于妻子的思念表达得十分含蓄，枇杷树是妻子逝世时种植的，斯人已逝，枇杷树亭亭如盖矣，树犹如此，人何以堪？细读品味，沉浸阅读，可以拉近读者与作者的心理距离，进而走近作者的心灵世界，理解作者的所思所感。

2. 善用知人论世，品鉴思想内涵

作品是作家在一定时代背景下或经历中思想感情的产物，所以，在品鉴思想内涵时，需要结合作者所处的时代背景和个人的人生经历以更好地理解和评价作品。"中华传统文化经典研习"任务群在教学提示中也提出"就传统文化的历史价值、时代意义和局限等问题，用历史和现代的观念进行审视，表达自己的看法。"[1] 以《种树郭橐驼传》为例，柳宗元在政治仕途中遭遇"二王八司马"事件，远离权力中枢，对于下层民众生活有了更深切的体会，文章针对当时社会现象，批评烦琐的政令有害民生，提倡"与民休息"，体现了柳宗元对社会现实的关注和思考。因此，阅读这篇文章时结合文章的写作背景和作者的个人经历，可使学生更强烈地感受到"文章合为时而作"的创作精神。

3. 诵读经典篇章，体会情感意蕴

经过勾画重点词句和知人论世后，学生对于作品的理解更加深入，已经整体理解了散文的内容、表达方式和主旨意蕴，在这时，对经典散文进行记忆与背诵就会降低难度。教师可以通过示范、配乐、小组合作等方式让学生进行有感情的朗读诵读，体会其中的情感意蕴。在诵读的过程中还可以结合文章的结构特点进一步巩固和背诵课文，如《归去来兮辞》，由"归程"写起，历经"归舍""归园""归田"，结于"归尽"，可以此行文线索引导学生分部分背诵课文、串背全文，通过诵读和背诵，更容易理解和体会作品表现的情感状态与人生境界。

4. 把握文章结构，探究散文内部差异

古典散文讲究章法，重视文章的结构和内在联系，就连一些看似信笔写就的作品，也大有章法可循。教师可以抓住文章结构的一两个亮点，与学生共同探讨，使学生明白，同一文体内部，由于目的不同，结构会有所差异。

以《陈情表》和《石钟山记》为例，《陈情表》是一篇应用型散文，有着明确的写作目的：向皇帝委婉地表达自己的拒绝，因此不适合采取开门见

---

[1] 中华人民共和国教育部. 普通高中语文课程标准（2017年版，2020年修订）[S]. 北京：人民教育出版社，2020.

山的手法。作者从自己的身世写起，陈诉一连串不幸遭遇：父丧母嫁、幼弱孤苦、门衰祚薄、祖母夙婴疾病，即"闵凶"，前两处突出"臣无祖母，无以至今日"，后两处强调"祖母无臣，无以终余年"，二者因果关联，虽然并未直接指出，但把"臣"与祖母的相互依赖的关系写足写全，为下文做了坚实的铺垫和有力的蓄势。《石钟山记》是一篇游记型散文，寓说理于记叙，为表达观点，又在叙事的基础议论。首先解释了探察石钟山的原因，行文思路是生疑—探疑—解疑；然后表达个人观点，总结全文。作者最想表达的是"事不目见耳闻，而臆断其无，可乎?"两篇文章由于目的不同，所形成的写作结构也不尽相同，这些都是师生应该注意到的。

9.1.3.3　组织微型专题，进行整合阅读

"中华传统文化经典研习"任务群的教学提示指出，"在具有一定阅读量的基础上，组织学生展开交流和专题讨论"。单元研习任务明确指出："本单元的六篇文章都具有深厚的文化内涵，从不同方面体现出中国人的传统观念，通过小组讨论、探究这些文化观念在当今社会的价值"。针对该任务，本单元可以营造真实的学习情境，以微型专题为载体，充分调动学生学习的积极性，具体可组织如下专题。

1. "尊奉孝道，眷恋家园"专题

适合该专题的教材资源有《陈情表》《项脊轩志》《归去来兮辞》。

请先阅读《陈情表》。古人云："读李令伯《陈情表》而不坠泪者，其人必不孝"，教师可以从生活出发，营造真实的学习情境——"爱的接力赛"组织学生的阅读活动。在接力赛的前半程，思考"李密孤苦伶仃，祖母如何用爱浇灌李密的心灵?"（用原文回答）到了比赛后半程，思考"祖母逐渐年老，李密又是如何照顾祖母的呢?"（用原文回答）通过"爱的接力赛"，学生需要找出相关的语句，从而推动学生自主阅读积极思考，课堂不再是传统课堂教师一字一句的讲解，而是让学生在阅读探究中自己体会"报养刘之日短"的无奈和心酸。

《项脊轩志》（自读课文）可以作为《陈情表》的拓展阅读，鼓励学生寻找归有光思念母亲和祖母的痕迹，向学生抛出一些拓展性的问题：归有光为什

么对于母亲的态度是"泣",而对于祖母则是"长号不自禁"？在理解文情的基础上再引导学生思考问题，"归有光对于祖母的感情和李密又有那些异同呢？"通过对比阅读，引导学生更深入地理解文本内容，领会作者的深意。

《归去来兮辞》"序"简要介绍了辞官的原因，"幼稚盈室，瓶无储粟，生生所资，未见其术"，加之"心惮远役，彭泽去家百里"，作者做官本非自愿，仅是为了谋生，暗示了一点：作者难以割舍对亲人和家园的眷恋。阅读本篇，可以引导学生体会陶渊明对亲人和家园的这种眷恋之情。

在此基础上，再进行深层的推测阅读。陶渊明和李密仅仅是眷恋家园吗？二者背后又有哪些隐含的意味？

这样的专题阅读，既关注每篇文章自身的问题，又注意文章之间的对比联系的整合阅读，可以加深学生对古人"眷恋"情感的体会和理解。

学习教材资源后，可以引导学生观察生活。"老人将子女告上法庭，请求赡养"的现象屡见不鲜、《民法典》对于"居住权"的解释……讨论现代社会法理和孝道的关系，使学生从现代社会的角度思考"尊奉孝道，眷恋家园"。

2. "旷达善思，体悟文化"专题

该专题可以选取《兰亭集序》《种树郭橐驼传》，联系选择性必修上册学习过的《〈论语〉十二章》和《〈老子〉四章》。学生通过《论语》《老子》等节选，对于先秦时期的儒家和道家思想已经有了一定的了解，到魏晋这些思想有没有变化。这个问题可以作为此专题的核心问题贯穿始终。

魏晋名士崇尚"清谈"，道家思想备受青睐，王羲之也概莫能外，但是，《兰亭集序》表达出的生死观，又与道家思想略微不同；《种树郭橐驼传》以种树喻治民，因事明理、针砭时弊，"文章合为时而著"的态度值得关注。

时随境迁，面对社会问题，儒家思想和道家思想都有了新的发展。"一死生为虚诞，齐彭殇为妄作"，对于道家的"消极避世，清静无为"提出质疑，展现了儒家的积极进取；《种树郭橐驼传》强调"植木之天"和"顺木之性"，与孟子的"斧斤以时入山林，材木不可胜用也"取向有相似之处，但也闪烁着"无为而治"的道家智慧。引导学生思考、探讨文中表现的中国古代思想的内涵，可以增强对于中华优秀传统文化的自信，强化其辩证思维。

9.1.3.4　关注学生发展，优化教学评价

中华传统文化经典研习任务群下的文人散文学习具有自主性与探究性，教师应该在具体的评价过程中，全面考查学生的学习情况，优化教学评价，做到真正帮助学生发现并解决问题，提高其语文学科核心素养。

一方面，教学评价要围绕核心目标，选择评价内容。如"文人散文"单元重点培养学生对文章理解（内容理解和形式理解）及文化理解能力，评价内容应体现这一核心目标。如就文章形式方面理解的教学评价（也属于"审美鉴赏与创造"的范畴），就可以让学生正确区分散文作品的风格，《陈情表》委婉抒情言志，《项脊轩志》笔触细腻，《种树郭橐驼传》类比说理的风格。在区分不同风格的同时，学生一定程度上可以感受到古代散文的风格多变，对中华传统文化会有更进一步的理解。

另一方面，关注学生差异，设置分层评价。学生是独特的个体，他们在个体发展中形成的学习能力、思维习惯都不相同，设置统一的评价标准，难以体现个体的发展与进步。在"文人散文"单元中，根据学生的结构分析能力，可以设置三层评价："用自己的话概括文章大意，画出思维导图"属于基础性评价，所有学生都应达到这种水平；选择性评价要求 60% 的学生达到"能够比较两篇或多篇文本的差异"，如《陈情表》和《项脊轩志》，《归去来兮辞》与《陈情表》，《种树郭驼橐传》与《石钟山记》等；拔高性评价主要针对阅读鉴赏能力强的学生"能够联系以前学过的散文作品，尝试归纳不同类型散文的风格"。通过分层评价，既兼顾了大多数学生的能力水平，又对能力较强的学生提出更高的要求。

9.1.4　课例解读

9.1.4.1　加强语文学科核心素养的培养

新课标指出，"语文核心素养是语文育人价值的集中体现"[1]，语文教学

---

[1] 中华人民共和国教育部. 普通高中语文课程标准（2017 年版，2020 年修订）[S]. 北京：人民教育出版社，2020.

要培养学生的语文核心素养。"中华传统文化经典研习"学习任务群主要目的是在学习中华传统文化经典的过程中，增强学生的语文学科核心素养。

该单元"文人散文"阅读中对文言知识的梳理，可增强学生的文言语感，提高学生的语言理解能力。传统经典中的语言具有经典性，是作者字斟句酌之后的精妙表达，如《归去来兮辞》中"悟以往之不谏，知来者之可追""木欣欣以向荣，泉涓涓而始流"等，为我们呈现了众多优秀语料，学生在阅读、赏析、模仿的过程中，潜移默化地提高语言运用和表达能力。

研习传统文化经典，要引导学生透过语言的字面义，感悟作品深邃的思想，促进思维能力的提升。如《陈情表》与《归去来兮辞》的对比阅读，对李密和陶渊明眷恋家园背后的隐含深意，结合时代文化背景和创作倾向进行深层推测，可提高学生思维的深刻性、逻辑性和辩证性。又如白居易的另一名篇《琵琶行》，可从作者对于事件的描写中感受到"同是天涯沦落人，相逢何必曾相识"的黯然神伤，进而意识到怀才不遇、物是人非的深深怅惘。

中华传统文化经典蕴含着丰富的审美价值，经典文学性散文的阅读也是审美阅读，通过审美阅读既可以培养学生的审美趣味，提升学生发现美、感受美、创造美的能力，也能从中领略中华审美文化，如王维的山水田园之美、李白的飘逸豪迈的浪漫之美，杜甫的忧国忧民的人格之美等，对这些传统文化经典的美进行赏析与品读，潜移默化地影响着学生的审美趣味与文化认知。

9.1.4.2 突出以"学"为主的教学方式

语文课程结构与教材的改变，对教师的教学方式提出了更高的要求，以前的单篇教学可以保障知识讲解的全面性、文本挖掘的深入性，然而容易导致教师走向知识本位的教学，忽视学生的学习兴趣和学习主体地位，影响课堂的质量和效率。学习任务群的教学超越了单篇教学，注重多篇组合教学，注意单篇教学和任务教学的统一，增加了阅读的问题性、探究性、系统性，有助于提高学生问题探究的综合学习能力。当然，学习任务群并不是完全否认单篇文本的价值，部分经典作品必须要求学生完整地阅读篇章，对于作品的解读仍然需要通过单篇教学完成。学习任务群立足于素养中心，促进学生有效学习，提升学生的语文能力，为学生今后的求学、工作打下坚实的基础。

9.1.4.3　进行"专题"研习，增进学生对优秀传统文化的认识

选择性必修课程是在高一必修课程的基础上，进一步满足学生的阅读研习兴味，体现选修课程的个性化要求。选择性必修教材中的任务群教学，可以就某个议题展开专题研习，增进学生对优秀传统文化中某方面思想观念的认识。对于一个民族而言，文化的发展是其长久不衰的精神密码，每个民族都会有自己独特的文化，如中国的君子文化、日本的武士文化、英国的绅士文化等，这些文化内核一定程度上促进了不同国家的形成。"中华传统文化经典研习"学习任务群可以帮助学生深入理解传统文化知识，感悟中华传统文化的理念，提升文化自信，增强民族凝聚力，不论岁月如何变迁，让其精神内核留在人们的心里，如"人生自古谁无死？留取丹心照汗青"的爱国主义精神，"老吾老以及人之老，幼吾幼以及人之幼"的仁爱精神，"封侯非我意，但愿海波平"的担当精神等，教师在引导学生阅读这些文章内容的同时，可以组织讨论其历史意义与时代价值，使学生正确对待传统文化，不断提高文化自信，甚至对传统文化进行创造性转化、创新性发展，促进优秀传统文化的发展。

9.2　课例 2：《朝花夕拾》整本书阅读的项目式学习

该课例由路遥老师指导 2021 级学科教学（语文）方向的研究生米姣贞设计，并于 2022 年 9—12 月在山西省运城市盐湖区东康中学七年级实习期间执教。

《义务教育语文课程标准（2022 年版）》提出"读好书，读整本的书"的要求，指出初中学段每学年可阅读两三部名著，探索个性化的阅读方法，可开展专题教学构建阅读整本书的经验，来感受经典名著的艺术魅力、丰富自己的精神世界❶，且将整本书阅读纳入了拓展型学习任务群，可见课标对学生整本书阅读的重视。部编版初中语文教材中推荐的名著阅读题材丰富，

---

❶ 中华人民共和国教育部. 义务教育语文课程标准（2022 年版）［S］. 北京：北京师范大学出版社，2022.

篇幅较长，学生阅读整本的书容易产生畏难情绪，语文教学需要采用有效的教学方式充分调动学生的学习积极性，使学生投入整本书的阅读中。

夏雪梅团队在巴克教育所研究的基础上结合中国的本土情况，对项目化学习进行了界定："学生在一段时间内对与学科相关的驱动性问题进行深入持续的探索，在调动所有知识、能力、品质等创造性地解决新问题、形成公开成果中，形成对核心知识和学习历程的深刻理解，能够在新情境中进行迁移。"❶ 褚树荣认为"语文项目化学习是在真实或模拟的语境中，精心设计项目学习任务，整合相关资源，通过语文实践活动，习得语文关键能力，获得语文学习成果，建构语文学习经验，形成语文核心素养和人文价值观念的学习模式。"❷ 李熹提出"语文项目化学习即在某一复杂、真实、具体的语文生活事件中，学生通过融合朗读、辩论、演讲、写作、讨论等多种语文学习方式开展的综合性、研究性的言语实践活动。"❸ 由此可见，项目学习注重通过创设贴合真实情境的问题来驱动学生的阅读兴趣，在解决问题中进行多样的言语实践活动，并形成公开且有高质量的学习成果，既能展现学生的个性，也能够反映出学生对核心知识的理解。

因此，本课例探讨在《朝花夕拾》整本书阅读教学中运用项目学习，以调动学生的学习积极性，促进整本书阅读教学方式的改革。

9.2.1　语文教材中的《朝花夕拾》

《朝花夕拾》是鲁迅先生的一本回忆性散文集，部编版初中语文教材（2016 年版）中将其编排在初一上册第三单元，这是学生进入初中学段接触到的第一本名著，教材的导读要求是"消除与经典的隔膜"。据调查了解，初一学生对民国背景知识缺乏一定的了解，对鲁迅文白交杂的语言感觉阅读困难，因此对《朝花夕拾》的阅读存在一定抵触心理，阅读兴趣较低，学生较感兴趣的是"鲁迅的生命成长历程""鲁迅的童趣"类似题目，也希望老

❶ 夏雪梅. 项目化学习设计：学习素养视角下的国际与本土实践 ［M］. 北京：教育科学出版社，2018：10.
❷ 褚树荣. 素养需要实践：语文项目化学习刍议 ［J］. 中学语文教学，2021（4）：17-22.
❸ 李熹. 语文项目化学习的内涵、特征及教学启示 ［J］. 江苏教育研究，2021（Z1）：49-53.

师能够提供形式丰富的读书活动，或具体的阅读指导和评价。因此，基于教材对《朝花夕拾》阅读要求，试图通过整本书的项目化设计，探讨"鲁迅先生的成长"这一学生比较感兴趣的问题，引导学生走进名著，消除与经典的隔膜，激发阅读兴趣，学会阅读整本书，进而亲近更多的文学作品。

9.2.2　《朝花夕拾》整本书阅读项目学习设计与实施

9.2.2.1　确定《朝花夕拾》项目学习目标

根据《义务教育阶段语文课程标准（2022 年版）》对"整本书阅读任务群"的教学要求、语文教材对《朝花夕拾》的阅读要求和实习学校学生的学情，遵循项目学习的特征和教学原则，确定《朝花夕拾》整本书阅读的项目学习目标：

（1）通读全书，圈点勾画，梳理鲁迅先生的成长历程，熟悉文集内容。

（2）精读表现身边人物的散文，理解其对作者成长的影响，感受作者从充满天真童趣的小孩到深沉自省的成人的成长历程。

（3）指导学生学会多样的阅读方法，学习圈点勾画法、关键词归纳法、多篇串联式批注法等阅读方法，学习如何阅读经典作品。

项目学习时间确定为 10 个课时。

项目学习计划见表 9-3。

表 9-3　《朝花夕拾》项目计划

项目主题："带露折花秀芬芳，我与鲁迅共成长"				
核心知识：鲁迅先生的成长史				
驱动问题：2022 年是鲁迅先生逝世 86 周年，为此我们班级将举办鲁迅先生纪念会，请同学们积极参加并思考如何制作"带露折花秀芬芳，我与鲁迅共成长"的书册。"				
项目课时	项目实施进程	项目内容	学习支架	学习目标
第一周	项目准备	通读全书，确定阅读疑难点；教师进行及时指导	圈点勾画法	确定阅读疑难点，为项目选题做准备
第二周（1课时）	入项	1. 明确项目任务 2. 团队对项目任务进行展开讨论	学习成果评价量表和汇报表现评价量表	以学生为主体，明确项目流程

项目课时	项目实施进程	项目内容	学习支架	学习目标
（2课时）	子项目一：为书册设计封面	1. 收集有关鲁迅的资料以及《朝花夕拾》的阅读价值 2. 阅读原著，了解故事情节并进行梳理	1. 封面设计要求和规范 2. 情节梳理表	1. 锻炼学生合作、创新解决问题的能力，使学生形成独特的个人阅读体验 2. 锻炼学生概括、总结能力；培养学生良好的阅读习惯
第三周（1课时）	子项目二：探究鲁迅成长历程	1. 绘制鲁迅成长坐标 2. 梳理鲁迅成长经历，分析鲁迅各时期的性格特点	童年鲁迅梳理表 青年鲁迅"转变"梳理表 中年鲁迅梳理表	锻炼学生梳理、分析的能力，体会作者不同阶段的情思和心境，理解小鲁迅到大鲁迅的转变
（2课时）	子项目三：分析鲁迅成长中的人物	1. 绘制人物图谱 2. 分析人物形象以及对鲁迅成长的影响	1. 思维导图运用方法 2. 人物形象读书卡	
第四周（1课时）	子项目四：书写成长感悟	从鲁迅的成长关联自身的成长，进行成长反思，形成一篇读后感悟		培养学生反思、感悟和写作能力
（2课时）	举办"《朝花夕拾》读书交流会"	1. 各个小组汇报本组作品的创作过程和优点 2. 参会人员依据评价量表对成长书册和汇报表现进行评分，最终选出一本最佳"书册"和"最具表现力的团队"		1. 锻炼学生展示、表达、交流的能力 2. 培养学生反思、决策的能力

9.2.2.2 《朝花夕拾》整本书阅读项目学习开展过程

1. 提炼核心知识确定项目主题

根据教材中对《朝花夕拾》的阅读要求"消除与经典的隔膜"以及《朝花夕拾》的主要内容、创作意图、思想情感和实习学校学生的年龄特征和学情，确定《朝花夕拾》的核心知识为"梳理"方法，并运用该方法梳理鲁迅先生的成长历程，并以"带露折花秀芬芳，我与鲁迅共成长"为项目主题。

2. 设置问题情境

项目学习是通过提出本质问题引发学生的思考和探究，并在语文实践活动中去解决问题。而本质问题的挑战性和抽象性较大，因此需要教师创设一个学生感兴趣的问题情境，促使学生更加积极地去思考、探索和实践，本项目设置的是："2022 年是鲁迅先生逝世 86 周年，为此我们班级将举办鲁迅先生纪念会，请同学们积极参加并思考如何制作'带露折花秀芬芳，我与鲁迅共成长'的书册"。

3. 项目实施

本项目以"如何制作'带露折花秀芬芳，我与鲁迅共成长'的书册"为驱动问题，引导学生理把握《朝花夕拾》的主要内容、理解有关鲁迅成长感悟的思想情感，最后用"举办《朝花夕拾》读书交流会"的形式检验各个团队的学习成果。本项目按实施过程共分为四个子项目，目的在于提高学生的理解能力、分析能力、总结能力、归纳能力、创新能力、合作能力，使学生能够在实践中进行探索与学习，如图 9-1 所示。

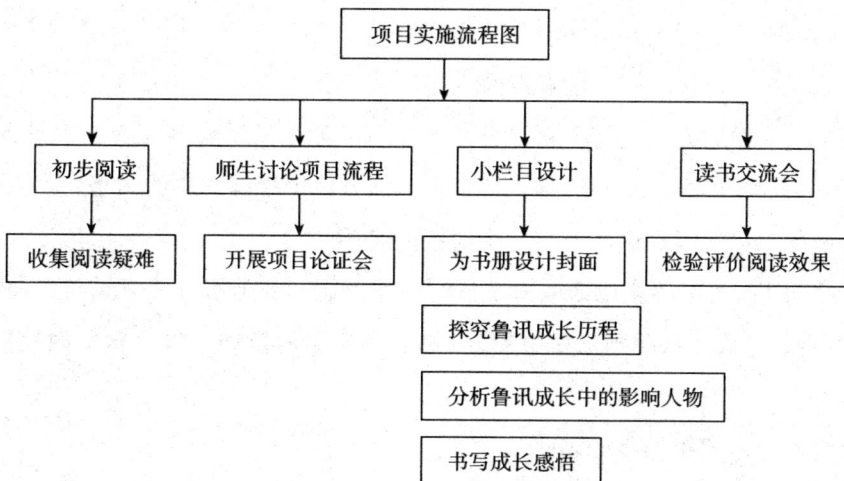

图 9-1　《朝花夕拾》项目实施流程图

项目流程共分为三个阶段，第一阶段为流程讨论阶段，首先，学生在通读全书后，收集和总结阅读疑难点。其次，依据学生的阅读困惑拟定书册中小栏目的具体内容；进而讨论项目流程并确定项目方案。最后，根据学生的

特长和兴趣，划分小组，实施项目。

第二阶段为栏目设计阶段，共分为 4 个子项目，分别是为书册设计封面、探究鲁迅成长历程、分析鲁迅成长中的影响人物、书写成长感悟。

子项目一：为书册设计封面

任务要求：收集有关鲁迅的资料以及《朝花夕拾》的价值；运用"圈点勾画法"通读全书，了解文章内容；为书册设计封面，要求图形和色彩与人物各方面成长相关联。

设计意图：此栏目主要激发学生的阅读兴趣，通过设计封面，为学生创设一个阅读情境，促使学生亲近文本，从而激发他们的阅读热情和积极性。

子项目二：探究鲁迅成长历程

任务一：绘制鲁迅成长坐标

任务要求：搜索式速读十篇文章，按时间（对应鲁迅的年龄）、地点绘制鲁迅成长坐标。并思考十篇散文的顺序是否能调换？

设计意图：

绘制成长坐标主要引导学生聚焦《朝花夕拾》的整体构思，通过搜索式阅读的方法，抓住时间、地点以及人物的生活经历。将《朝花夕拾》中的十篇散文以新颖的方式进行重新组合，意在引导学生发现《朝花夕拾》是按照作者成长顺序进行构思和编排，使学生能从整体上把握文章的脉络。

任务二：梳理鲁迅成长中各个时期的经历

活动 1：运用"多篇串联批注法"仔细阅读《狗猫鼠》《阿长与山海经》《五猖会》《从百草园到三味书屋》，感受小鲁迅的童趣，体会童年时期的鲁迅形象。

梳理鲁迅童年趣事如表 9-4 所示。

表 9-4　鲁迅童年梳理表

篇目	"小鲁迅"年龄	童年趣事	谈"小鲁迅"当时的心境，分析"小鲁迅"性格特点
《狗猫鼠》	7~10 岁		
《五猖会》	7 岁		

篇目	"小鲁迅"年龄	童年趣事	谈"小鲁迅"当时的心境，分析"小鲁迅"性格特点
《阿长与〈山海经〉》	11 岁		
《从百草园到三味书屋》	12 岁		
总结：童年的鲁迅是			
原因分析（结合原文及自己的感受）			

设计意图：

通过聚焦具体的篇目，梳理鲁迅童年时期的生活趣事让学生对鲁迅的童年有一个基本认识并产生共情，体会鲁迅孩提时代的欢乐与烦恼。梳理中注意把握不同文章间的联系，从而能更好地理解少年时代的小鲁迅。

活动 2：运用"关键词归纳法"阅读《父亲的病》《锁记》《藤野先生》，了解青年鲁迅的生活道路，并结合相关的背景资料理解鲁迅的"五次转变"对其成长的影响。

梳理鲁迅青年"转变"如表 **9-5** 所示。

表 9-5　鲁迅青年"转变"梳理表

次数	篇目	辗转时、地	年龄	关键内容	转变原因	心境
第一次	《琐记》	绍兴—南京	18 岁			
第二次	《琐记》		18~22 岁			
第三次	《琐记》	南京—日本				
第四次	《藤野先生》					
第五次	《藤野先生》	仙台—东京	26 岁			
总结：青年的鲁迅是						

续表

原因分析（结合原文及自己的感受）

设计意图：

《父亲的病》这一篇散文记叙了作者人生的转折，他从无忧无虑的少年变成了承担家庭责任的大人，教师要提示学生注意梳理作者成长的转变。在《琐记》和《藤野先生》这两篇散文中，作者一共有五次转变，这五次转变是作者求学之路的转变，也是作者寻找生命意义探寻人生目标的过程，成长也在悄然发生，教师要指导学生仔细阅读文本，寻找鲁迅"出走"的关键性内容及缘由，再结合相关的资料，让学生体会青年时期鲁迅的迷茫和坎坷。

活动 3：重点阅读小引部分的内容，并结合相关的背景资料，探寻中年鲁迅的处境

梳理鲁迅中年经历如表 9-6 所示。

表 9-6　鲁迅中年梳理表

阶段	篇目	写作时间	地点	"我"的状态
惨案前	《狗猫鼠》	1926. 2. 21		
	《阿长与〈山海经〉》	1926. 3. 10		
惨案后		1926. 5. 10	北京居山本医院	
			德法医院	
			木匠房	
厦大时期		1926. 9. 18		
		1926. 10. 7		
		1926. 10. 8		
		1926. 10. 12		
		1926. 11. 18		
广州	《小引》		广州白云楼记	
	《后记》	1927. 7. 11		

总结：十篇散文创作的时间历时半年左右，1926 年 5 月 10 日—1926 年 11 月 18 日，小引后记的写作大约两个月的时间。期间鲁迅一直处于（　　）生活状态，先后辗转（　　）—（　　）—（　　），内心（　　），一开始被北洋政府通缉，后又受到文人墨客的排挤，于是想要从记忆中寻找一些美好的东西，使自己能得到"闲静"

设计意图：

《小引》这部分的内容是在"大鲁迅"的视角下完成的，通过让学生仔细阅读《小引》并结合相关的背景资料，让学生体会鲁迅颠沛流离的生活状态，了解鲁迅渴望"闲静"而不得的苦闷，以及在纷乱的环境中也不忘战斗的责任和担当。

如学生在项目学习中绘制的图 9-2"鲁迅人生轨迹图"。

图 9-2　鲁迅人生轨迹图

子项目三：分析鲁迅成长中的人物

活动 1：绘制人物图谱

任务要求： 梳理鲁迅成长过程中的人物及其出现的篇目，并用思维导图画出人物关系图。

活动 2：为人物作画

任务要求： 选择一个你感兴趣的人物，在书中梳理出与其相关的事件，并分析人物形象以及对鲁迅成长所产生的影响。并为人物作一幅漫画。

人物形象梳理表如表 9-7 所示。

表 9-7　人物形象梳理表

人物	
所在篇目	
外貌	

性格	
相关情节	
"我"对他（她）的感情（总结性话语+原文）	
对我成长的意义	

设计意图：

鲁迅在成长过程，对他产生影响主要有四类人，家人（父亲）、亲友邻居（阿长、衍太太）、老师（寿镜吾先生、藤野先生）、朋友（范爱农），有的人带给他童年的温馨与欢乐，如长妈妈；而有的人却让他看尽世态炎凉间接逼他出走他乡，如衍太太等。鲁迅塑造的人物形象是阅读《朝花夕拾》不可错过的一大亮点，这些人物都直接或间接地影响了鲁迅对社会、时代的思考。因此，通过设计"鲁迅成长中的影响人物"这一子项目，目的在于引导学生走进人物深处，提高学生的阅读思考能力。任务一，通过让学生绘制人物思维导图，意在使学生更直观形象地理解与鲁迅相关的人物以及他们之间形成的关系连接，也为之后的任务学习奠定基础；任务二，通过让学生选出自己喜欢的人物，整合与人物有关的事件，分析人物形象，并谈其在鲁迅成长过程中的影响。这一任务的完成需要学生在各篇目中找到与人物相关的事件，并进行细致的分析，帮助学生理解鲁迅与各个人物之间更深层次的联系。

明确梳理方法：

根据一定的学习目的，对材料内容按一定的角度进行分析、整理和呈现，便于发现其中的联系或规律，是一种常见的有效学习方式。

子项目四：书写成长感悟

任务要求： 读完《朝花夕拾》我们见证了鲁迅先生的成长历程，从鲁迅先生的成长中你受到了哪些启发？回想你的成长历程，是否也有温情和欢乐，障碍和壁垒呢？或又有哪些人物影响了你，你又发生了哪些变化？撰写一篇不少于500字的《朝花夕拾》读后感悟，从鲁迅的成长关联自身的成长，进行成长反思。

设计意图：

初一的学生刚告别小学步入初中，也是从"童年"时代向"少年"时代的转变，学生对于"成长"应该也会有很多独特的感悟和体验，有话可说，因此设计了"书写成长感悟"这一子项目，通过鲁迅先生的成长历程让学生联系自身成长，学生的童趣是否和小鲁迅的一样？鲁迅先生成长中壁垒是否学生也有同样的困惑？通过读写任务，让学生联系自己的生活体验，沿着鲁迅先生的思考引发自己的成长思考。

4. 成果展示

成果主要包括项目的阶段成果和项目的终极成果。

阶段成果：在各个子项目中自己或小组所承担的任务所形成的成果，包括查找资料，组内分工讨论等，主要形式为封面设计、手抄报的设计、思维导图的绘制、人物漫画的创作等成果。

终极成果："带露折花秀芬芳，我与鲁迅共成长"为主题的书册

学生在完成《朝花夕拾》整本书阅读的项目活动之后，将举办"读书交流会"，邀请七年级有兴趣的师生进行参观并评价。

5. 评价与反思

项目学习的评价强调对项目的全程进行评价，包括过程性评价和结果性评价。

过程性评价：主要是对学生在项目学习过程中阅读情况的评价和行为表现的评价。在本项目中主要是对学生在完成阅读任务单和读书卡的情况进行评价；表现性评价主要从学生的情感态度、合作交流、思维能力进行评价。依据表9-8对学生的行为表现进行评价。

表9-8　过程性表现评价量表

请每位同学在此项目活动中就自己的表现从以下方面进行打分，5分最高分，1分还需继续努力		评价主体		
		自评	互评	师评
情感态度	能积极主动参与学习活动，对学习活动的各个环节都献言			
合作交流	能主动配合小组内工作，虚心听取各成员意见也能主动表达自己观点			
思维能力	思维敏捷想法新颖，出现问题能冷静思考并能提出合理的解决方案			

结果性评价：结果性评价主要是对项目的成果进行评价，包括对阶段成果的评价和终极成果的评价。阶段成果在本项目中主要有封面设计、手抄报的设计、思维导图的绘制、人物漫画的创作等成果，这些成果的评价可以通过小组汇总，并评出"创意小组"。

本项目的终极成果是设计"带露折花秀芬芳，我与鲁迅共成长"为主题的书册，依据夏雪梅老师在《项目化学习的设计》一书中的审美性实践评价量规，制订符合本项目成果的评价量规，主要从内容和形式两方面进行制订，如表 9-9 所示。

表 9-9　终极成果评价量表

请对项目的终极成果从以下方面进行打分，5 分最高分，1 分还需继续努力		评价主体		
		自评	互评	师评
内容	1. 主题明确、新颖独特			
	2. 能围绕主题，认真搜集资料，并对资料进行精心筛选和整理			
	3. 能围绕主题，小栏目设置合理，内容完整丰富			
形式	1. 创意制作，具有亮点			
	2. 版面整体协调、合理、美观			
	3. 图片选择或者设计巧妙，色彩搭配得当，引人注目			

第三阶段为公开成果，通过举办"读书交流会"，让学生们在交流会上运用多种形式来汇报作品的设计思路、内容以及团队合作情况和创作感想。并通过表 9-10 终极成果评价量表对被汇报的小组进行评价。

表 9-10　汇报表现评价量表

请对汇报小组的表现从以下方面进行打分，5 分最高分，1 分还需继续努力		评价主体		
		自评	互评	师评
汇报内容	1. 作品内容及设计思路，新颖独特，吸引观众注意			
	2. 包含团队合作的过程，体现团队精神			
语言表达	1. 语言表达得体大方，条理清晰，流利连贯			
	2. 语言风格独特，具有一定的感染力			
呈现形式	汇报形式多样丰富，具有吸引力和创新性			
时间控制	汇报时间控制在 10 分钟以内，超过时间酌情扣分			

项目成果进行展示时，被评价的小组要认真听取其他小组和教师的意见，在此基础上进行反思和修改。教师也可对学生的阶段性成果给予评价，并及时指出学生存在的问题再加以点拨和指导。切忌将自己的观点强加给学生，要给学生提供一个挑战自己和独立解决问题的机会，在实践中获得知识，提升自我。

9.2.3　课例解读

9.2.3.1　聚焦核心知识，创设驱动问题

1. 聚焦学习方法的核心知识

项目学习注重核心知识，核心知识是指关键的学科概念和能力，以及对学生成长和发展的重要知识。核心知识一般包含两类，一类是语文学科中关键概念和能力，例如阅读的方法能力、文章的写作手法等；另一类是与学生所处的生活世界有关的概念，例如成长、友情等。项目学习不仅可以整合分散的知识，还能将知识进行迁移转换，构建新的核心知识，从而解决实际问题。

《朝花夕拾》是鲁迅先生 1926 年创作的十篇回忆性散文，文中涉及众多的人和事，思想感情丰富。《朝花夕拾》中不仅有作者生命成长过程的变化，还有关于儿童教育的思考、民俗文化的表现、文章独特的艺术手法等，但本项目学习不能全部涉及，重点关注作者的成长历程。"绘制成长坐标"这一项目活动，引导学生通过搜索式阅读的方法，抓住人物的主要生活经历加以梳理，容易形成对全书的总体认识。

2. 围绕"成长"创设驱动问题

项目学习通过构建问题情境来激发学生的思考与探究，驱动问题的创设可以结合学生的年龄特点，联系学生的生活经验，找到学生感兴趣的情境，以此激发学生学习的热情，拉近学习与生活的距离。本课例创设了鲁迅先生逝世 86 周年的纪念活动情境中制作"带露折花秀芬芳，我与鲁迅共成长"书册的项目任务，其中又设置了不同的驱动问题引导学生把握整本书内容。如梳理书中鲁迅先生的成长历程。首先思考鲁迅成长经历的阶段，再引导学

生通过用绘制"人物成长经历图"。其次让学生探讨鲁迅先生在不同阶段的性格特点，并提出一个开放性的问题"你认为童年的小鲁迅到青年的鲁迅再到中年的大鲁迅有了哪些变化？"以此带领学生展开针对性阅读，并引导学生抓住鲁迅成长阶段中的重要事件，理解鲁迅不同阶段心境的变化；最后，教师引导学生思考"从鲁迅先生的成长历程中你获得哪些精神启迪？并关联自身成长书写读书感悟"，逐渐加深对文本的理解。运用一个又一个驱动问题引导学生从浅层次的阅读走向深入研读，促进了学生对整本书的理解，最终提高阅读整本书的能力。

9.2.3.2 制订项目计划，进行活动分工

1. 制订项目计划，明确项目流程

在确定了项目主题后，教师要设计出一套切实可行的项目计划方案，该方案要明确每一节课要完成的项目内容和要达到的目标，让学生们对整个项目活动进程有一个清晰的认识。除此之外，教师还可以通过制订项目计划，让小组成员对项目任务进行合理的分配，并妥善安排每个项目任务完成时间。这样可以有效地指导学生们正确处理项目活动中遇到的问题，使得整个项目活动顺利地完成。同时有助于教师更好地掌握项目活动的进程，从而发挥指导和协调各方面的作用。

2. 尊重个体差异，合理划分小组

在项目实施过程中，团队合作发挥着非常重要的作用，在确定了项目主题并制订好项目计划之后，老师们接下来要做的事情就是要充分地尊重学生的个体差异，将学生分成不同的小组，用小组合作来完成项目任务。在对学生划分小组之前，教师要对学生各方面的情况有一个了解，比如学生的阅读基础、能力特长、兴趣爱好、性格特点等方面，确保每个小组都能够充分发挥作用，促使项目活动能顺利有效地完成。

本课例中教师首先是合理安排小组人数。首先根据实习班级的人数，共划分成8个小组，每个小组的人数控制在 6~8 人。其次，精心搭配小组成员。在学生自愿组成小组的基础上，教师根据实际情况进行适当地调整，全

面了解学生阅读基础、能力特长、兴趣爱好、性格爱好等，优化小组成员的组合。最后，明确组内成员分工，学习小组成立后，让学生自己推选出小组长，并明确小组长所承担的职责。在整本书阅读项目学习过程中，小组在共同学习时，小组长的职责是监督每一位组员的阅读进度，给小组中的成员分配与其相对应的项目任务，组织他们就任务的实施及作品的制作展开讨论和交流，并及时向老师反馈等。小组成员必须密切合作，才能促进小组内部的项目活动顺利进行并取得成功。在《朝花夕拾》项目活动中，组内成员的具体分工一般是收集和整理资料 2 人，作品制作 2 人，过程记录 1 人，成果汇报 1 人，如图 9-3 所示是学生组内分工情况。

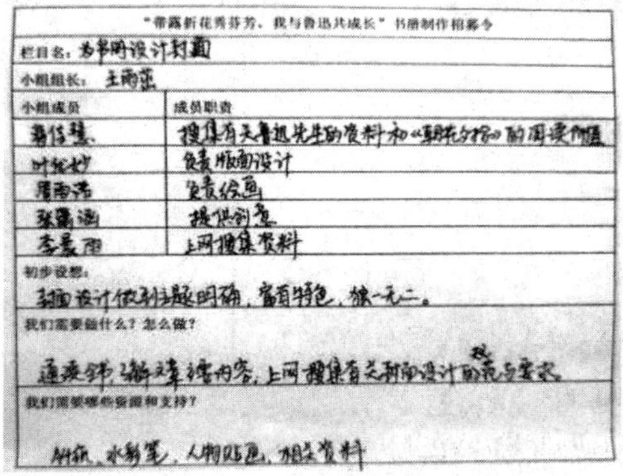

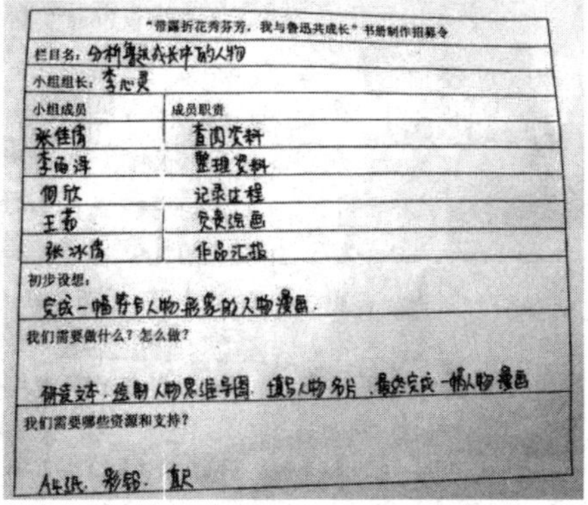

图 9-3　项目学习的组内分工图

9.2.3.3　提供阅读方法，巧用任务清单

1. 提供阅读方法

项目学习的主体虽然是学生，但在整本书阅读中教师的指导也是不可缺失的一个环节。在《朝花夕拾》整本书阅读中，除了梳理方法，还给学生提供了圈点勾画法、多篇串联批注式阅读、关键词归纳法、搜索式阅读法等阅读方法。圈点勾画法是一种边阅读、边勾画标记的阅读方法，主要运用在初读阶段，目的是让学生有意识的在阅读时圈画出自己疑惑或感兴趣的句子，为之后的阅读打下基础，如图 9-4 所示。

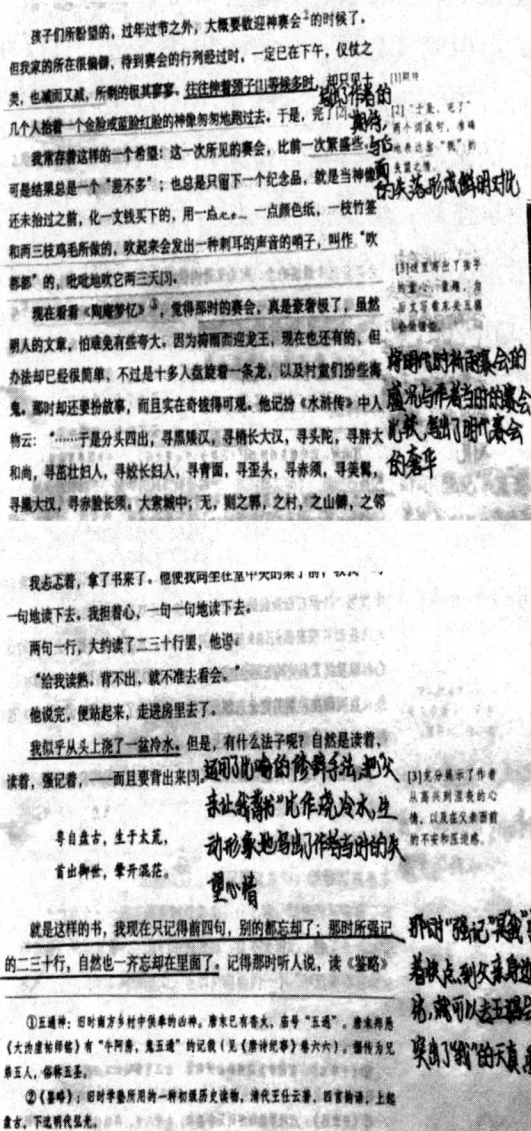

图 9-4　项目学习中的圈点勾画学习

　　批注是在阅读过程中，读者将自己的所感、所思用文字或符号的形式记录在文本中的读书方法，如《朝花夕拾》中分析鲁迅成长中的影响人物——"阿长"，这一人物在多篇中都有出现，本课例指导学生用多篇串联批注法对"阿长"进行批注，如图 9-5 和图 9-6 所示。

我的报仇，就从家里饲养着的一匹花猫起手，逐渐推广至于凡所遇见的诸猫。最先不过是追赶，袭击；后来却愈加巧妙了，能飞石击中它们的头，或诱入空屋里面，打得它垂头丧气。这作战继续得颇长久，此后似乎猫都不来近我了。但对于它们纵使怎样战胜，大约也算不得一个英雄；况且中国毕生和猫打仗的人也未必多，所以一切韬略，战绩，还是全部省了罢。

但许多天之后，也许是已经经过了大半年，我竟偶然得到一个意外的消息：那隐鼠其实并非被猫所害，倒是它缘着长妈妈的腿要爬上去，被她一脚踏死了。

不怪罪隐鼠却嫁祸于猫冤枉了长妈妈

这确是先前所没有料想到的。现在我已经记不清当时是怎样一个感想，但和猫的感情却终于没有融和；到了北京，还因为它伤害了兔的儿女们，便旧隙夹新嫌，使出更辣的辣手。"仇猫"的话柄，也从此传扬开来。然而在现在，这些早已是过去的事了，我已经改变态度，对猫颇为客气，倘其万不得已，则赶走而已，决不打伤它们，更何况杀害，这是我近几年的进步。经验既多，一旦大悟，知道猫的偷鱼肉，拖小鸡，深夜大叫，人们自然十之九是憎恶的，而这憎恶……

门专门回忆她的文章里，我们或许能够找到答案。

长妈妈，已经说过，是一个一向带领着我的女工，说得阔气一点，就是我的保姆。我的母亲和许多别的人都这样称呼她，似乎略带些客气的意思。只有祖母叫她阿长。我平时叫她"阿妈"，连"长"字也不带；但到憎恶她的时候，——例如知道了谋死我那隐鼠的却是她的时候，就叫她阿长。

承前一篇而来，为阿长作补充，写出对阿长此节的情感是憎恶，称呼也"长妈妈""阿妈"变为"阿长"，表达不满迅而又真

精彩分析

唐字这一细节使可见出阿长身份的卑微、地位的低下。【细节描写】

我们那里没有姓长的；她生得黄胖而矮，"长"也不是形容词，又不是她的名字，记得她自己说过，她的名字是叫作什么姑娘的。什么姑娘，我现在已经……

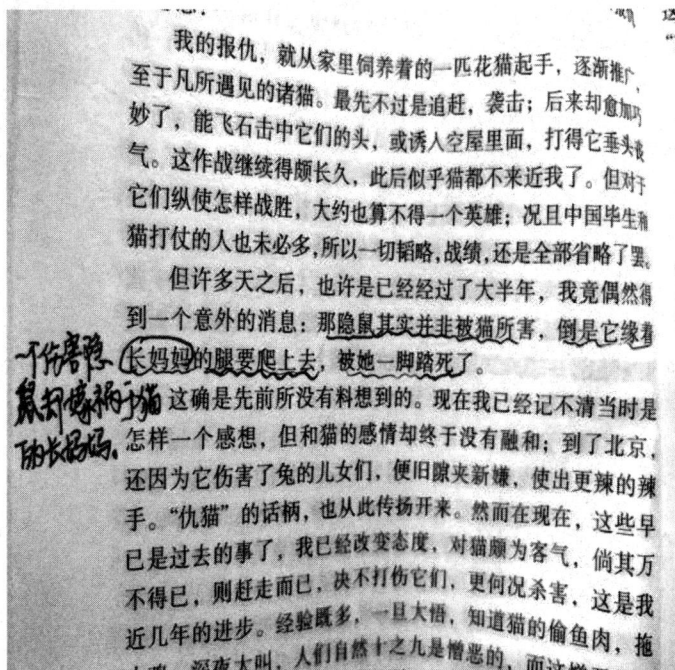

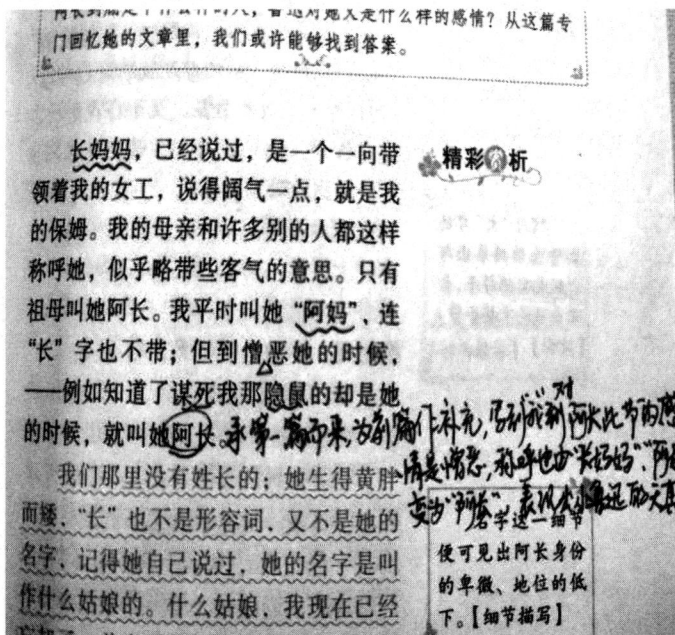

图 9-5　项目学习中的批注学习

一块根像人样。如果不怕刺，还可以摘到覆盆子，像小珊瑚珠攒成的小球，又酸又甜，色味都比桑葚要好得远。

长的草里是不去的，因为相传这园里有一条很大的赤练蛇。*一（给作者自己听来）*

长妈妈曾经讲给我一个故事听：先*讲了这个神话故事，过渡自然。* 【过渡】*讲的就是长妈妈。*

前，有一个读书人住在古庙里用功，晚*间，* 在院子里纳凉的时候，突然听到有人在叫他。答应着，四面看时，却见一个美女的脸露在墙头上，向他一笑，隐去了。他很高兴；但竟给那走来夜谈的老和尚识破了机关。说他脸上有些妖气，一定遇见"美女蛇"了；这是人首蛇身的怪物，能唤人名，倘一答应，夜间便

讲美女蛇的故事

不知从那里听来的，东方朔也很渊博，他认识一种虫，名曰"怪哉"，冤气所化，用酒一浇，就消释了。我很想详细地知道这故事，但阿长是不知道的，因为她毕竟不渊博。现在得到机会了，可以问先生。*所长所不渊博与新面的回答对比*

"先生，'怪哉'这虫，是怎么一回事？……"我上了生书，将要退下来的时候，赶忙问。

"不知道！"他似乎很不高兴，脸上还有怒色了。

我才知道做学生是不应该问这些事的，只要读书，因为他是渊博的宿儒，决不至于不知道，所谓不知道者，乃是不愿意说。年纪比我大的人，往往如此，我遇见过好几回了。

东方朔（前154—前93）：字曼倩，平原厌次（今山东惠民）人，西汉文学家。

这组简洁的对话刻画出我的好奇顽皮和先生的严厉刻板。【语言描写】

全篇文章中都有出现与阅长相关的事件，表现了我对阅长又爱又恨，但她慈祥善良朴质的劳动人民气度。

图9-6 项目学习中的批注学习

2. 巧用任务清单

相对于单篇阅读来说，整本书阅读时长更长、内容更多、内涵更丰富。教师给学生分发阅读任务单，不仅能激励学生每天读书，改变"三天打鱼两天晒网"的读书习惯，还能让学生通过任务单梳理出整本书的脉络结构，加深对文本的理解，更好地把握文本内涵，并及时地记录下自己在阅读过程中所遇到的问题。《朝花夕拾》项目活动中设计的任务单主要包括初读阶段的事件梳理表、研读阶段的读书卡、思维导图等。

9.2.3.4　基于学生成果，进行多样化评价

1. 多样化的成果展示

项目学习成果是指在项目学习完成后产生的作品、产品、报告等。在项目学习中成果可以分为两类，一是制作类的成果，二是解释说明类的成果。在《朝花夕拾》项目活动中"我与鲁迅共成长的书册制作""人物思维导图的绘制""手抄报的制作"等都属于制作类成果；"制作成长书册的设计思路""读书交流会上的感悟分享""作品的汇报"等属于解释说明类成果。成果展示还应包括个人成果和团队成果，在《朝花夕拾》的项目活动中，个人成果主要是"阅读任务单的完成""手抄报的制作""思维导图的绘制"等。团队成果是"我与鲁迅共成长的书册制作"，如图9-7所示。

图 9-7

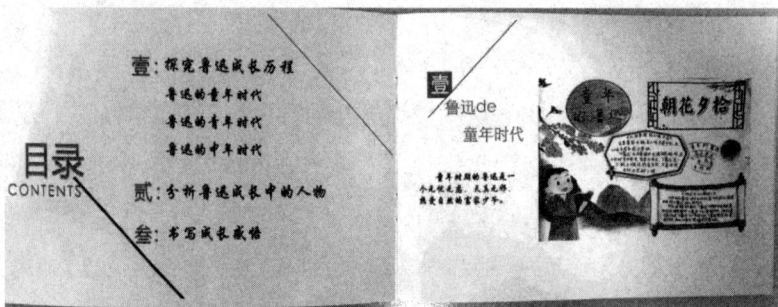

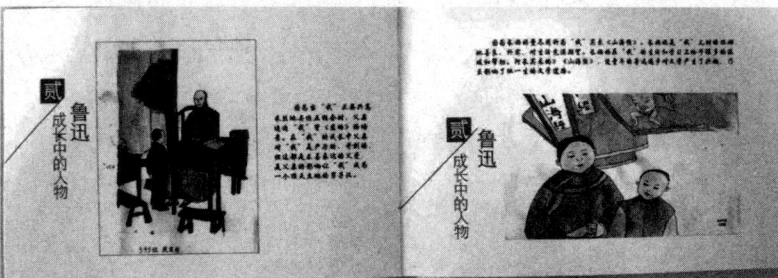

图 9-7　学生小组制作的成长书册

2. 进行多样化的评价

《义务教育语文课程标准（2022 年版）》提出"注重评价主体的多元与互动，以及多种评价方式的综合运用"。❶ 本课例的"成长书册制作"的项目活动中，尽可能做到评价主体多元化，注重教师评价、学生自评和学生互评，项目成果的评价以及终极项目成果的评价都是由师生共同参与制订并进行评价。

评价方式多样化。项目评价主要包括过程性评价和终极性评价。过程性评价主要是对学生实践过程的表现进行评价。过程性评价有助于学生发现学习过程中的问题，认识自我，对学习经验进行总结，也可以帮助老师们更好地掌握教学进度，判断教学成效。在本项目活动中，过程性评价主要通过对学生认知思维和实践过程的评价。

对于实践过程的评价主要集中在对探究实践过程与审美实践过程进行评价。对于探究实践过程的评价，主要是对纸笔作业的检查，例如在"探究鲁迅成长历程"这一子项目中，介入了纸笔测试，通过让学生对不同阶段的鲁迅进行探究和分析来完成阅读任务单的检测。对审美实践过程的评价主要是通过与学生制定评价量表进行评价。如表 9-11 所示的"成长书册的封面设计"的评价量表，学生依据此量表对自己的阶段成果进行评价。

表 9-11　封面设计评价量表

请同学对书册的封面设计从以下方面进行打分，5 分最高分，1 分还需继续努力	评价主体		
	自评	互评	师评
1. 图形和色彩与人物思想内核契合度高			
2. 插图体现书中人物、典型情节			
3. 题目字体字号大小匀称			
4. 色彩与主体搭配和谐			

终极性评价主要是对项目的最终成果的评价。本项目的最终成果是制作"我与鲁迅共成长"的书册，学生以小组为单位，分别从书册的封面设计、探

---

❶ 中华人民共和国教育部 . 义务教育语文课程标准（2022 年版）［S］. 北京：北京师范大学出版社，2022.

究鲁迅成长历程、分析鲁迅成长中的人物、书写成长感悟四个部分为出发点，制作成长书册，并进行展示，学生和教师依据终极成果评价量表（见表9-12）进行评价。

表9-12　终极成果评价量表

请对自己的项目终极成果从以下方面进行打分，5分最高分，1分还需继续努力		评价主体		
		自评	互评	师评
内容	1. 主题明确、新颖独特			
	2. 能围绕主题，认真收集资料，并对资料进行精心筛选和整理			
	3. 能围绕主题，小栏目设置合理，内容完整丰富			
形式	1. 创意制作，具有亮点			
	2. 版面整体协调、合理、美观			
	3. 图片选择或者设计巧妙，色彩搭配得当，引人注目			

评价工具多样化。传统的评价工具主要是背诵、测试、考试。在项目学习中，比较常用的评价工具是评价量表，此外还有调查问卷、档案袋等。调查问卷是教师在实施项目前了解学生学情的资料，可以作为评价的起点。档案袋能够将学生在项目实施中所涉及的与项目有关的信息进行保存，比如项目方案、学习记录、个人成果等，它们都能够成为一个过程性评价的证据。除此之外，在互联网发达的背景下，还可以选择符合时代发展的评价工具，例如可以将学生的学习成果上传到微信公众号、抖音小视频中，可以获得更多网友的评价。

做好总结与反思也是项目实施的一部分。反思是项目学习中不可缺少的一个环节。在项目学习中，教师的作用不只是帮助学生完成项目任务，而在于引导学生掌握项目探究的具体方法，使学生能自主建构知识体系，并在下一次项目学习中有效地运用和组织学习。在项目完成之后，教师可以引导学生对学习过程进行反思，总结经验，从不同角度深入分析存在的问题，以便更好地指导学生进行学习。此外，教师也要自我反思，从自身出发，反思自己在项目学习中所扮演的角色，以及为学生发展所做的努力。

9.2.3.5　转变教学方式，积极应对挑战

项目学习强调学习者的"想"和"做"，不仅要思考，更要动手实践，注重学生学习的实践性、自主性、开放性和综合性，打破传统的整本书阅读教学模式。项目学习在整本书阅读教学中存在的优势不可否认，但在实际的操作中也给学生和教师带来了很大的挑战。

对于学生来说，首先项目学习需耗费较多的精力和时间。项目方案的制订、资料收集和整理、知识整合、项目任务的完成都需要大量的时间。对于课业负担较重的中学生来说确实是一个挑战。其次学生对于项目学习也需要有一个了解和认可的过程。项目学习是一种从国外引进的新型的教与学的方式，学生对这种方式不是很了解甚至从未接触过，因此需要教师讲解或在课后补充一些关于项目学习操作流程的知识，只有了解操作流程，项目学习才能顺利地进行。这些都为学生带来一定的学习负担，因此实施项目学习对学生而言是一个巨大的挑战。

开展项目学习对于教师来说也是一个挑战。就执教者所在的学校来说，除了课研员对项目学习比较了解之外，大多数老师对项目学习的操作流程还是非常生疏的。将项目学习运用在整本书阅读教学中，对教师的教学能力提出了更高的要求。首先，教师要非常熟悉项目学习这种新型的教学方式和操作流程。其次，教师更要熟悉教材，对文本进入深度分析，对教学内容进行整合，并按项目学习的要求进行教学设计。最后，在项目学习过程中，学生的学习从课堂环境拓展到整个社会环境，需要教师具有极强的组织能力，将学生有效地组织起来，共同完成项目任务。这就要求教师不仅要掌握传统的教学方法，还要具备综合素养，能够根据项目任务和学生实际情况进行有效的组织和指导，这对于教师来说也是一个巨大的挑战。

参考文献

课程方案与标准类：

［1］中华人民共和国教育部．义务教育课程方案（2022 版）［S］．北京：北京师范大学出版社，2022.

［2］中华人民共和国教育部．义务教育课程标准（2022 版）［S］．北京：北京师范大学出版社，2022.

［3］中华人民共和国教育部．普通高中课程方案（2017 年版，2020 年修订）［S］．北京：人民教育出版社，2020.

［4］中华人民共和国教育部．普通高中语文课程标准（2017 年版，2020 年修订）［S］．北京：人民教育出版社，2020.

著作类：

［1］褚宏启．杜威教育思想引论［M］．长沙：湖南教育出版社，1997.

［2］林崇德．学习与发展［M］．北京：北京师范大学出版社，2003.

［3］裴娣娜．现代教学论（第 1 卷）［M］．北京：人民教育出版社，2005.

［4］叶圣陶，朱自清．精读指导举隅略读指导举隅［M］．郑州：河南教育出版社，1989.

［5］莫提斯·J. 艾德勒，查尔斯·范多伦．如何阅读一本书［M］．郝明义，朱衣，译．北京：商务印书馆，2004；10-12.

［6］王荣生．《语文课程与教学内容》［M］．北京：教育科学出版社，2015.

［7］ 卫灿金．语文思维培养学［M］．北京：语文出版社，1997．

［8］ 孙绍振．文本细读［M］．上海：上海教育出版社，2009．

［9］ 王荣生．小说教学教什么［M］．上海：华东师范大学出版社，2015．

［10］ 余党绪．经典名著的人生智慧［M］．上海：上海教育出版社，2014．

［11］ 余党绪．祛魅与祛蔽［M］．北京：中国人民大学出版社，2016．

［12］ 武宏志．批判性思维初探［M］．北京：中国社会科学出版社，2015．

［13］ 欧阳林．批判性思维与中学语文学习［M］．北京：中国人民大学出版社，2017．

［14］ 董毓．批判性思维十讲［M］．上海：上海教育出版社，2019．

［15］ 于泽元，王雁玲，石潇．群文阅读的理论与实践［M］．重庆：西南师范大学出版社，2018．

［16］ 埃德加·斯诺．红星照耀中国［M］．胡愈之，胡仲特，译．北京：人民出版社，2018．

［17］ 埃德加·斯诺．红星照耀中国［M］．王涛，译．武汉：长江文艺出版社，2018．

［18］ 王君．更美语文课：王君群文教学课例品析［M］．武汉：长江文艺出版社，2018．

［19］ 艾青．艾青诗选［M］．北京：人民教育出版社，2019．

［20］ 程光炜．艾青评传［M］．南京：南京大学出版社，2015．

［21］ 张永健．艾青的艺术世界［M］．武汉：华中师范大学出版社，1998．

［22］ 邓彤．整本书阅读六项核心技术［M］．上海：华东师范大学出版社，2019．

［23］ 尹庆华．名著悦读——初中名著导读创新教学设计［M］．重庆：西南师范大学出版社，2014．

［24］祝新华．促进学习的阅读评估［M］．北京：人民教学出版社，2015.

［25］温儒敏．温儒敏论语文教育［M］．北京：北京大学出版社，2010.

［26］钱理群．鲁迅作品十五讲［M］．北京：北京大学出版社，2003.

［27］吴欣歆．培养真正的阅读者——整本书阅读之理论基础［M］．上海：上海教育出版社，2019.

［28］蔡铁鹰．《西游记》导读［M］．北京：高等教育出版社，2019.

期刊类：

［1］核心素养研究课题组．中国学生发展核心素养［J］．中国教育学刊，2016（10）：1-3.

［2］王蕾．学生阅读素养的评价——解读 PISA［J］．中学语文教学，2008（1）：58-62.

［3］乐中保．PISA 中阅读测试的测评框架与设计思路——兼谈对我国阅读测试的启示［J］．河北师范大学学报（教育科学版），2008（6）：32-35.

［4］董蓓菲．2009 国际学生阅读素养评估［J］．全球教育展望，2009，38（10）：90-95.

［5］孙素英，李英杰，王云峰．阅读能力：测试框架、发展状况及分析［J］．中国教育学刊，2010（1）：59-62.

［6］祝新华，廖先．PISA2009 阅读评估的最新发展：评价与借鉴［J］．教育研究与实验，2010（3）：45-50.

［7］何山．国际阅读素养进展研究对我国阅读教学的启示——以 PIRLS2011 为例［J］．徐州师范大学学报（教育科学版），2012，3（4）：56-59.

［8］冯善亮．为了应用而阅读——PISA 阅读素养测评框架介绍［J］．广东教育（综合版），2014（10）：34-36.

［9］左岚．PISA 阅读素养评估及其对我国阅读课程改革的启示［J］．教

育理论与实践，2015，35（8）：15-17.

[10] 李卫东. 混合式学习：整本书阅读的策略选择 [J]. 语文建设，2016（25）：12-15.

[11] 程翔. 从"整本书阅读"的学科定位谈起 [J]. 中学语文教学，2017（1）：8-11.

[12] 黄益全. 国际阅读素养评价研究对阅读教学的启示——以 PISA、PIRLS 为例 [J]. 新教师，2017（2）：22-25.

[13] 兰丹，魏小娜. PISA2018 阅读策略体系构建及教学启示 [J]. 语文建设，2017（31）：30-33.

[14] 黄志军，王晓诚. PISA 和 PIRLS 数字阅读素养测评框架探析 [J]. 外国中小学教育，2018（1）：1-7.

[15] 张所帅. PISA、PIRLS 和 NAEP 阅读评价项目对我国阅读教学的启示 [J]. 教学与管理，2018（3）：116-118.

[16] 张蒙，王维超. PISA 阅读素养测试变化与对我国语文核心素养教育的启示 [J]. 教育导刊，2018（4）：49-54.

[17] 苏艳彦，杨葛莉. 名著阅读课程化探索——以统编本语文教材八年级上册《红星照耀中国》为例 [J]. 中小学教材教学，2018（7）：14-17.

[18] 皮江红，徐立蒙. PISA 阅读素养评价标准与青少年阅读力培养 [J]. 中国出版，2018（12）：20-22.

[19] 于泽元，王雁玲，黄利梅. 群文阅读：从形势变化到理念变革 [J]. 中国教育学刊，2013（6）：62-66.

[20] 罗良建. 群文阅读：从"在阅读"到"会阅读" [J]. 教育科学论坛. 2015（5）：9-12.

[21] 于泽元，袁伶逸. 群文阅读的内涵、精髓与核心价值 [J]. 基础教育课程，2016（21）：30-34.

[22] 任明满. 整本书阅读的课程化实施探讨 [J]. 语文建设，2018（18）：9-13.

[23] 李方顺．依据文本 聚焦主题 有效整合——整本书阅读教学策略探微 [J]．中学语文教学参考，2018（19）：48-50.

[24] 曾艳娟．紧扣文体特质 有序推进教学——以《红星照耀中国》为例谈如何开展纪实文学整本书阅读 [J]．福建教育，2018（33）：50-52.

[25] 陈芳．整体·整合·整理——开展"整本书阅读"的有效途径 [J]．江苏教育，2018（83）：31-32.

[26] 刘飞．现代文阅读理解的能力类型与训练路径 [J]．课程教学研究，2019（1）：59-66.

[27] 张所帅．PISA阅读能力评价指标的建构与启示 [J]．中国考试，2019（2）：48-54.

[28] 刘川江．整本书阅读教学要有整合意识——叶圣陶、朱自清《略读指导举隅》的启示 [J]．中小学教材教学，2019（4）：56-60.

[29] 刘大伟，蒋军晶．群文阅读教学：概念、价值及实践路径 [J]．南京晓庄学院学报，2016（1）：32-35.

[30] 徐华．"整本书阅读"，从"整体、整合、整理"中达成 [J]．语文教学通讯·D刊（学术刊），2019（9）：9-12.

[31] 刘姹姹．星星之火可以燎原——《红星照耀中国》的"问题推进式"阅读教学路径 [J]．湖南教育（B版），2019（12）：49-50.

[32] 高杰．群文阅读教学议题的选择 [J]．教育与管理，2018（5）：15-17.

[33] 李良益．整体 整合 整理——整本书阅读经验谈 [J]．中学语文教学参考，2019（22）：51-53.

[34] 来凤华．整本书阅读教学的实践策略 [J]．语文建设，2019（5）：29-33.

[35] 谭戎．整本书阅读策略探寻 [J]．中学语文，2019（30）：27-28.

[36] 李猛．专题阅读明路径"红星"照耀助成长——《红星照耀中国》专题阅读创意设计 [J]．中学语文教学参考，2019（35）：68-71.

[37] 杨菁.扫除"阅读盲点",实现深度阅读——《红星照耀中国》整本书阅读教学设计与思考 [J].教育研究与评论(中学教育教学),2020(10):76-79.

[38] 吴英浓.《西游记》奇幻世界背后的艺术与真实——兼谈如何精读《西游记》[J].中学语文教学参考,2019(9):32-33.

[39] 郑桂华."整本书阅读与研讨"任务群:理念细究与实施推进 [J].语文建设,2019(9):4-9.

[40] 倪文锦.群文阅读中的思维策略 [J].课程·教材·教法,2020(2):72-76.

[41] 闫芋锦.高中语文整本书阅读教学整合策略 [J].新教育,2020(2):86-88.

[42] 韩海荣."群文阅读"之"群文整合"策略例谈 [J].中华活页文选(教师版),2020(6):16-17.

[43] 吴欣歆,张悦.对"整本书阅读"目标定位的再思考 [J].语文建设,2020(7):35-39.

[44] 罗彬.整本书阅读与整合性阅读 [J].中学语文教学参考,2020(9):23-24.

[45] 高杰.整本书阅读教学中的"整合" [J].教育研究与评论(小学教育教学),2020(9):40-42.

[46] 李华.整合梳理,有效实施"整本书阅读与研讨" [J].安徽教育科研,2020(16):26-27.

[47] 李辉.探整本书阅读之旨,以活动和语文素养整合 [J].语文教学通迅,2020(16):84-85.

[48] 卢燕崧.构建整本书阅读与整合教材教学的共同体 [J].新课程教学,2020(17):35-36.

[49] 李冬芹.学习任务群指导下的整本书阅读策略探究 [J].中学语文,2020(18):9-11.

[50] 王元华.基于课程属性规范和深化"整本书阅读与研讨" [J].语

文建设，2020（21）：24-28.

[51] 周陈敏，王光龙．运用任务驱动法指导初中阶段整本书阅读的有效策略［J］．语文教学通讯，2020（26）：14-17.

[52] 冯晓波．阅读支架引领下的整本书阅读教学［J］．中学语文，2020（36）：10-13.

[53] 陈红超．《红星照耀中国》的人物特点［J］．中学语文教学参考，2020（36）：71-75.

[54] 林任丁．比较与整合：群文阅读的关键［J］．福建教育学院学报，2021，22（2）：48-49.

[55] 周益民．整本书阅读：基本问题与实践探索［J］．语文建设，2021（4）：4-7.

[56] 王云峰．阅读教学过程中的学习评价框架设计［J］．语文建设，2021（9）：4-8.

[57] 代顺丽．中西方阅读方法比较与互鉴［J］．语文建设，2021（9）：19-22.

[58] 袁海军．基于项目化学习的整本书阅读策略探究［J］．语文教学通讯，2021（11）：25-28.

[59] 冯淑娟．例谈纪实性作品的教学设计［J］．中学语文教学参考，2021（17）：61-63.

[60] 刘文岩．论实用类文本的整本书阅读策略［J］．中学语文，2021（18）：25-28.

[61] 王冠楠，徐鹏．任务驱动式整本书阅读教学：学理辨析与实施建议［J］．语文建设，2021（21）：4-8.

[62] 黄厚江，孙国萍．整本书阅读教学的常见问题及其解决策略［J］．语文建设，2021（23）：29-32.

[63] 李佳，冯晓波．驱动性问题：名著阅读项目化学习的设计路径［J］．中小学班主任，2021（24）：4-6.

[64] 余党绪．基于思辨读写的整本书阅读教学［J］．语文建设，2022

（1）：35-40.

[65] 董毓. 批判性思维的三大误解辨析 [J]. 高等教育研究，2012（11）：64-70.

[66] 袁国超. 论批判性阅读能力的培养 [J]. 语文建设，2018（4）：17-20.

[67] 钟启泉. 批判性思维：概念界定与教学方略 [J]. 全球教育展望，2020（49）：3-16.

[68] 黄伟，梅培军. 语文学习任务群设计与教学三维度 [J]. 语文建设，2018（25）：4-8.

[69] 《语文建设》编辑部. 语文学习任务群的"是"与"非"——北京师范大学王宁教授访谈 [J]. 语文建设，2019（1）：4-7.

[70] 王本华. 任务·活动·情境——统编高中语文教材设计的三个支点 [J]. 语文建设，2019（21）：4-10.

[71] 王本华. 依托统编语文教材建构学生语文素养 [J]. 课程·教材·教法，2021，41（6）：64-65.

[72] 沈丽玲. 高中语文学习任务群研究述评 [J]. 教学与管理，2022（27）：67-71.

[73] 陆志平. 语文学习任务群的五个关键词 [J]. 语文学习，2022（11）：13-15.

[74] 张雅靓，徐鹏. 基于语文学习任务群的学习主题辨析 [J]. 语文建设，2023（3）：4-7.